中文社会科学引文索引来源集刊CSSCI

经济法学评论

Economic Law Review

中国人民大学经济法学研究中心主办

史际春　主编

姚海放　副主编

VOL.21
（2021）No.1

中国法制出版社

CHINA LEGAL PUBLISHING HOUSE

CONTENTS｜目录

讲　座

卷首语

Economic Law Review

加快建设全国统一大市场需要高水平法治支持

加快建设全国统一大市场需要高水平法治支持

姚海放*

2022 年 4 月 10 日，《中共中央、国务院关于加快建设全国统一大市场的意见》（以下简称《意见》）正式发布，明确"建设全国统一大市场是构建新发展格局的基础支撑和内在要求"，要"加快建设高效规范、公平竞争、充分开放的全国大一统市场"。这是自党的十八届三中全会《中共中央关于全面深化改革若干重大问题的决定》提出"建设统一开放、竞争有序的市场体系"，以及党的十九大报告要求"清理废除妨碍统一市场和公平竞争的各种规定和做法"之后，以"中共中央、国务院"名义专门发文、从"全局和战略高度"对全国统一大市场建设的再次强调。

《意见》的重要意义不言而喻；各种解读中，不乏有从经济视角阐释《意见》内容的，也有从公平竞争及竞争法治的角度加以阐释的，各有特色。作为一名长期关注经济法治的高校教师，期望借此谈谈对与之相关的高水平经济法治建设的认识。

一、加快建设全国统一大市场是贯彻新发展理念的重要方面

此次《意见》的出台，恰逢较为特殊的政治经济大环境。面对"当今世界正经历百年未有之大变局"，以"新发展理念"为指导，"构建国内国际双循环相互促进的新发展格局"，① 成为我国的现实选择。

当然，适当地将观察的时间纵轴拉长可以发现，建设全国统一大市场并不

---

* 中国人民大学经济法学研究中心研究员，中国人民大学法学院副教授、法学博士。
① 《中共中央政治局常务委员会召开会议》，载《光明日报》2020 年 5 月 15 日。

仅仅是应对当前国际国内经济社会发展状况的救急之策,更是长久以来我国社会主义市场经济体制建设的追求。早在 1993 年,党的十四届三中全会通过的《中共中央关于建立社会主义市场经济体制若干问题的决定》就明确提出"建立全国统一开放的市场体系,实现城乡市场紧密结合,国内市场与国际市场相互衔接,促进资源的优化配置""创造平等竞争的环境,形成统一、开放、竞争、有序的大市场"。① 多年来,相关表述一再出现在高层级的党和国家文件中,应当说这是一项长期的工作任务。同时还应认识到,建设全国统一大市场需要精心维护,因为其是一项动态工程,而不是某个具有明确临界标准的"建成与否"的是非判断。换言之,即使在高度统一的大市场环境中,如果出现某些因素或事实,也仍会拖全国统一大市场建设的后腿。因此,建设全国统一大市场,不仅仅是法律、规章、制度的建设,还应当注重过程维护和及时纠偏。翻译成法律领域的表达,就是既需要加强全国统一大市场的相关法制建设,也需要注重这些法律制度在实践中如何落实,以及如何系统性地避免问题的再次发生。要言之,建设全国统一大市场,是一项持之以恒的任务,需要高水平的法治理念、法律制度、执法司法等各环节的密切配合。以下略谈《意见》出台后的一段时间内集中出现的观点。

一种观点是在"国内国际双循环"背景下来理解《意见》的出台背景,如"国内主循环国际次循环"观点,即"国内大循环处在主体地位,是国际循环的基础和保证,国际循环则起着带动和优化的作用,是国内循环的外延和补充"②。个人认为,该观点在特定时间段和特殊国际经贸条件下是可行的,但"以国内大循环为主的'双循环'"格局提出,具有多方面的考虑:一方面,直接的原因是经过改革开放 40 多年的努力,我国已成为世界第二大经济体,但在新冠疫情全球大暴发及贸易摩擦等因素影响下,国际贸易面临较大萎缩;我国作为出口大国,在产品出口减少情况下,客观上需要靠国内消化即国内循环。另一方面,更深层次的原因是,倡导国内循环为主也是改变国际上认为中国是出口导向型经济认识的需要,是随着我国经济体量和国民收入水平提高、服务

---

① 《中共中央关于建立社会主义市场经济体制若干问题的决定》(中国共产党第十四届中央委员会第三次全体会议 1993 年 11 月 14 日通过)。

② 刘志超:《以扩大内需为基点畅通双循环》,载《黑龙江日报》2020 年 11 月 15 日。

业在经济总量中的比重加大后的必然趋势。① 因此，对国内国际双循环的主体和补充关系，应当辩证地看待：国内大循环是当前的必要选择，但这并不意味着将国际大循环完全定位为"国内循环的外延和补充"，更不意味着放弃国际大循环。事实上，我国就一直在努力拓展国际经贸交往，提出"一带一路"等合作发展倡议；即使在疫情影响下，外向型经济仍然是稳定我国经济增长、对冲需求下行的重要力量。② 更何况在双循环新发展格局下，国际产业链供应链关系发生变化，我国的应对策略是强调保障产业链供应链自主可控安全稳定，既要"加快构建能够吸引全球产业链生产要素源源不断流入中国的高水平开放型经济发展新局面"，又要支持企业"高质量跨越，从而得以布局全球高端产业链，实现高效利用全球先进资源……提升产业链的国际化水平"。③ 要言之，大国博弈"深度的结构性变化和格局重构，使得世界主要竞争对手之间的利益相互关联、交叉、重合，在客观上向着'利益共同体'或'命运共同体'的方向演变……对中国而言，则是要坚定不移地向着市场经济的方向，以深化改革推进更大开放，走出世界各国共同的市场经济发展道路，全方位融入全球经济，成为人类命运共同体中负责任的大国"④。

　　另一种对构建全国统一大市场的认识，将其重点放置在流通领域或公平竞争领域。一则小故事表明，将建设全国统一大市场的要点放置于流通领域或关注公平竞争审查，是不够的：某市相邻的甲乙两区，甲区的各方面条件较好，在吸引外来投资方面也颇有优势；乙区也想在吸引外资发展经济方面有所作为，并进行工业园区等基础设施建设等前期工作。但无奈的是，限于地理位置原因，乙区修建的市政道路始终无法与甲区的道路连接：甲区市政道路一旦修到临近乙区边界的几百米就停止了。乙区政府负责人通过与甲区政府负责人沟通、向市政府打报告请求协调等方式，始终无法解决"断头路"的问题。出现这种情况的原因是甲区政府担心：一旦道路与乙区进行了连通，居民买房和外来投资

　　① 参见林毅夫：《论中国经济——挑战、底气与后劲》，中信出版社 2021 年版，第 36-37 页、第 195-197 页。

　　② 参见中国财政科学研究院"企业成本与地方财政经济运行"专题调研组：《V 型复苏与产业链供应链有效修复——2020 年外向型经济发展调查报告》，《财政科学》2021 年第 1 期。

　　③ 石建勋、卢丹宁、徐玲：《第四次全球产业链重构与中国产业链升级研究》，《财经问题研究》2022 年第 4 期。

　　④ 金碚：《世界大变局下中国改革开放新格局》，《经济体制改革》2020 年第 5 期。

的需求将会部分地从甲区转移至乙区,这将直接影响甲区的经济业绩和财政收入。从此一例,以小见大地说明:影响全国统一大市场的因素,不仅仅表现在流通领域或者因地方竞争而引发的地方保护主义,其更广泛地涉及财政利益关系、组织运作体系、人员考核激励等因素。在一定程度上,近年来提出的"优化营商环境"倒是更契合主题,只是优化营商环境是以企业为视角,考察涉及企业从投资建设到最终退出的全生命周期的相关法律、法规和政策的便利性,而构建全国统一大市场则是从更为宏观的整体市场角度所进行的观察和完善。两者的共同处也非常显著:无论是建设全国统一大市场,还是优化营商环境,都是一项系统性、长期性工作,处理好市场和政府的关系都是其中的关键。①

二、构建全国统一大市场需要哪些基础制度的统一?

《意见》在第一部分"总体要求"的"指导思想"中明确要求"充分发挥法治的引领、规范、保障作用,加快建立全国统一的市场制度规则",在"工作原则"中提出要"立破并举,完善制度",并且在第二部分"强化市场基础制度规则统一"提出"完善统一的产权保护制度、实行统一的市场准入制度、维护统一的公平竞争制度、健全统一的社会信用制度"四方面,着重强调了制度建设的重要意义。有观点将"统一制度规则"比喻成市场运行的"软环境",认为其是建设全国统一大市场的根本前提和重要支撑。②

《意见》第二部分的标题是"强化市场基础制度规则统一",明确加快建设全国统一大市场所需要统一的制度规则是有具体界定的,并不是所有的制度规则都是"强化统一"的对象,也并不是"越统一越好"。因为我国改革开放的实践经验表明,地方政府在招商引资等方面具有一定程度的自主性,地方政府之间的竞争把中国推到了世界上最受欢迎的投资目的地的第一位。我国自改革开放后就一直探索社会主义制度与商品经济相结合的理论与实践。1992 年党的十四大确立我国经济体制改革的目标是建设社会主义市场经济体制,1993 年第

---

① 参见姚海放:《关于优化营商环境的几点审思》,载史际春主编:《经济法学评论》(第 18 卷第 2 期),中国法制出版社 2019 年版,第 13 页。

② 参见罗英、张盈欣:《建设全国统一大市场的关键是制度规则统一》,《中国市场监管研究》2022 年第 5 期。

八届全国人民代表大会第一次会议通过《宪法修正案》①，修改《宪法》第十五条第一款为"国家实行社会主义市场经济"。2018年《宪法》序言修改中增加"发展社会主义市场经济"的表述，"作为宪法规范，使有关市场经济的政策与原则的法治化，具有严格的法律规范要素，对整个国家的经济生活、经济政策、企业自主权以及贸易等领域发挥统一规范的作用"。② 经过30年社会主义市场经济体制的建设，《中共中央关于党的百年奋斗重大成就和历史经验的决议》中将"政府与市场关系"概括为"明确必须坚持和完善社会主义基本经济制度，使市场在资源配置中起决定性作用，更好发挥政府作用"。③

在"社会主义市场经济"宪法规范指引下，遵循"市场经济是法治经济"的要义，需要进一步完善与市场经济相适应的中国特色社会主义法律体系。广义而言，"对社会主义市场经济法律体系建设问题，重点是经济领域的立法，具体包括市场主体的法律、规范市场行为和维护经济秩序的法律、宏观调控领域的法律、有关分配制度和社会保障领域的法律以及其他推进民主政治建设和公民基本权利方面的法律"。④ 从部门法的视角，这些内容的法律制度完善，直接涉及宪法、民商法、经济法、劳动和社会保障法、行政法、刑法等法律部门，进而更广泛地涉及环境资源能源、知识产权等所有的部门法领域。

狭义而言，可以将保障社会主义市场经济的法律制度简约为"市场经济"和"社会主义"两个部分，分别对应"使市场在资源配置中起决定性作用"和"更好发挥政府作用"，转译为"法律体系"的表达分别为：

"使市场在资源配置中起决定性作用"，需要相应的法律制度确立市场主体制度、产权制度、交易制度以及权利保护制度。抽象而言，市场是一个个独立的法律主体，在明确各种产权关系的前提下，基于理性与自利的驱动完成各种资源交易的过程；同时，为保障各类权利的享有、确保交易的如约履行，则需要对侵权或不履约行为追究责任。基于此，市场发挥资源配置功能所需要的最

---

① 编者注：为行文简便，本书法律名称均用简称，略去"中华人民共和国"表述。
② 韩大元：《中国宪法上"社会主义市场经济"的规范结构》，《中国法学》2019年第2期。
③ 《中共中央关于党的百年奋斗重大成就和历史经验的决议》（2021年11月11日中国共产党第十九届中央委员会第六次全体会议通过）。
④ 韩大元：《中国宪法上"社会主义市场经济"的规范结构》，《中国法学》2019年第2期。

基础法律制度, 包括法律主体制度、产权制度①、合同等交易制度以及侵权制度。主体制度需要确立市场主体的类型、各类主体的权利 (行为) 能力及责任能力、各类主体进入或退出市场的资质条件 (市场准入与退出), 以及各类主体从事市场活动的基本组织及行为规范。这其中, 作为我国计划经济体制向市场经济体制过渡的特殊问题, 贯彻政企分开原则以确保国有主体作为独立主体公平参与市场, 以及在公有制条件下发挥国有主体的社会经济诸项目标功能, 是我国适应市场经济的主体制度的特殊问题。此外, 在主体的市场退出方面, 现有的《企业破产法》基本满足企业市场退出需求的条件下, 要创设个人破产的法律制度, 应当在全国统一的制度安排下加以推进。产权制度中, 传统以不动产和动产为核心的物权制度在《民法典》中有较为完整、稳定的规则, 而以证券 (股权) 和知识产权为代表的工业时代的财产权利分别在公司证券法及知识产权法领域也形成了较为成熟的规则; 数字经济条件下的数字资产, 以及碳排放权、水权等资源能源环境权利的界权及交易规则方兴未艾, 在一定程度上是今后统一大市场制度规则建设的重点。在交易制度中, 既包括以《民法典》合同编为代表的基本交易制度, 也有股权证券、期货衍生品、知识产权、艺术品、数字资产、资源能源等特殊领域的交易制度。无论是基本交易制度还是特殊领域的交易制度, 从构建统一大市场的目标出发, 应力求交易规则的协调统一, 并且尽可能与国际通行交易规则相衔接。

在强调 "使市场在资源配置中起决定性作用" 的同时, 还应当辩证看待市场的作用, 认识到市场机制的不足并谋求弥补, 这也是 "更好发挥政府作用" 的着力点。抽象而言, 市场发挥相应功能需要满足一系列假设, 包括理性经济人、充分竞争、低交易成本等; 同时市场自身或经济运行带有周期性和波动性的特点, 需要将其周期性波动控制在合理范围, 避免市场崩溃。但现实是, 满足市场发挥功能的各前提并不是天然具备的, 因此需要依靠外在于市场的力量恢复、促进市场发挥功能的条件: 任何主体都无法达到完全理性而只能是有限理性, 在特定条件下还需要法律倾斜性保护弱势主体, 如 (金融) 消费者、诚

---

① 近代以前, 重要的财产主要体现为土地等不动产, 法律上以物权或财产权加以指称。伴随工业革命以后的社会发展, 知识产权等新型权利也日益重要, 近年来数据及其衍生性权利亦然, 法律领域渐次表现为知识产权法、数据法的蓬勃发展。因此, 此处以 "产权" 概称, 泛指驱动经济发展有意义的各项有形及无形财产权利, 而不仅局限于物权的范畴。

实且不幸的破产债务人等；理想的充分竞争时常被不竞争与恶性竞争行为所破坏，反垄断和反不正当竞争法律制度就成为维护公平竞争的法律利器；而各种标准化、信息披露等制度的设计，在降低市场主体的信息成本、交易成本等方面起到重要功能。广义而言，司法制度和社会信用制度对保障履约以降低交易成本也是至关重要的。除上述以克服市场自身不足为目标的市场规制法律制度外，维护经济稳定发展的宏观调控法律制度，包括规划和产业法、财税法、金融法、对外贸易法等，都体现了"更好发挥政府作用"的要义。

如是，一个将"使市场在资源配置中起决定性作用"和"更好发挥政府作用"的"社会主义市场经济"的理论要点，转换为保障建设全国统一大市场的以民商法和经济法为主干的"市场基础制度规则"，框架与轮廓较为清晰地展现出来了。

三、强化市场基础制度规则统一立法的两个问题

明确了"强化市场基础制度规则统一"的具体内容后，统一制度规则涉及的法律立改废也是需要审慎思考的。本文认为，当前立法中涉及"法典化"和"部门法与领域法关系"两个问题，是应当系统考虑的。

首先是当前在多个部门法领域都掀起了"法典化"热潮，这可以认为是制定《民法典》所带来的一个后续效应。"民法典为其他领域立法法典化提供了很好的范例……要总结编纂民法典的经验，适时推动条件成熟的立法领域法典编纂工作。对有多部法律的某些领域，条件成熟时进行法典编纂。"[1] 在各部门法学界，至少有刑法、行政法、经济法、环境法、诉讼法等都提出了法典化的设想。[2] 面对高涨的法典化热情，学界可能还需要更冷静地回答一些问题：

第一，法典化的意义与局限。制定法典是大陆法系国家的传统，我国历史上也有多部重要法典或法律的制定实践。《民法典》"把我国多年来实行社会主

---

[1] 徐显明：《论坚持建设中国特色社会主义法治体系》，《中国法律评论》2021 年第 2 期。

[2] 参见周光权：《我国应当坚持统一刑法典立法模式》，《比较法研究》2022 年第 4 期；马怀德：《中国行政法典的时代需求与制度供给》，《中外法学》2022 年第 4 期；吕忠梅、田时雨：《论具有中国特色环境法典的编纂》，《中国法律评论》2022 年第 2 期；程信和、曾晓昀：《经济法典"总则"论》，《法治社会》2021 年第 2 期；程信和、曾晓昀：《经济法典"分则"论》，《法治社会》2021 年第 3 期；张卫平：《民事诉讼法法典化：基本要求与构建》，《河北法学》2022 年第 8 期；等等。

义市场经济体制和加强社会主义法治建设取得的一系列重要制度成果用法典的形式确定下来，规范经济生活和经济活动赖以依托的财产关系、交易关系，对坚持和完善社会主义基本经济制度、促进社会主义市场经济繁荣发展具有十分重要的意义"[1]。但一直以来，法典化始终无法解决法律稳定性与适应性的关系问题。法典化固然能解决构建公民法律生活方式、作为国家构建的重要部分发挥国家统一性的作用，但其在现代国家构建中无法全面应对风险社会、文化多元、数字经济、全球化影响等诸多挑战。[2] 另外，在社会转型时期面临社会关系尚未趋于稳定，或者在当代经济社会快速发展的状况下，以"想象了一个总体上保持不变的静态社会生活"和"想象了一种均质的领土空间"[3] 作为制定法典的前提，是否还能满足，值得深思。例如，尽管有学者认为"编纂法典可以一次性解决法律体系存在的问题，促进法治建设，并保障高质量发展"，[4] 但关注现实条件下的就业和劳动关系，考虑到数字经济、人工智能和产业转型等因素，或许"在一国法律体系之内煞费苦心建立起来的法律体系最终要在国家无法通过立法指引其发展的领域中重新变得支离破碎……放弃法律体系的想法可能才是一种务实的态度"。[5] 概言之，在面对诸多部门法都倡导"法典化"的趋势面前，冷静分析各部门法法典化的利弊，诚有必要。

第二，法典化与单行法的关系。提出这一问题，是考虑到当今社会关系纷繁复杂，已不可能通过若干部法典将需要法律调整的社会关系全部囊括其内。一种务实的操作是在法典中做出原则性规定，再通过其他单行法细化规定。如此，一方面可避免法典的臃肿或结构上的畸形，另一方面也适宜在单行法中根据社会现实变化而修改法律，协调法律安定性与适应性的关系。以《民法典》为例，其在第一百二十七条提及"法律对数据、网络虚拟财产的保护"，并释放了单行法律进行规定的空间；而对自然人的个人信息，则是在第一百一十一条确立其为民事权利的基础上，在人格权编第六章设定了个人信息的基本范围

① 习近平：《充分认识颁布实施民法典重大意义 依法更好保障人民合法权益》，《中国人大》2020年第12期。
② 参见郑智航、曹永海：《国家构建视野下法律制度的法典化》，《苏州大学学报（哲学社会科学版）》2022年第3期。
③ 朱明哲：《法典化模式选择的法理辨析》，《法制与社会发展》2021年第1期。
④ 参见叶静漪、李少文：《国家治理视野下的劳动法典编纂》，《行政法学研究》2022年第5期。
⑤ 朱明哲：《法典化模式选择的法理辨析》，《法制与社会发展》2021年第1期。

及利用处分的基本规范，为《个人信息保护法》提供了法典规范支撑。不过，单行法与《民法典》关系的处理仍然可能存在问题，如《公司法》。伴随《民法典》时代的《公司法》修订，学者发现《公司法》总则的内容大量被《民法典》所汲取，当公司法学界对公司类型的研究开始迈向公开公司与封闭公司的新分类之时，①《民法典》第七十六条第二款列举"营利法人包括有限责任公司、股份有限公司和其他企业法人等"则限制了我国公司类型的改进空间，使得《公司法》修改的讨论只能"在维持我国公司类型'二分法'既定体例不变的前提下"②来开展研究。

其次，如何处理部门法与领域法的关系，不仅是如何看待法律体系的理论问题，更涉及如何有效利用立法资源的问题。部门法的概念与理论，来源于苏联法学的创设：为有别于资本主义法律体系的下位划分概念，苏联法学未采用传统罗马法式的公法私法划分，而采用调整对象与调整方法相结合的标准对法律体系进行划分，并由此产生了部门法或法律部门作为法律体系的下位概念。③部门法概念与理论的引入，经过数十年发展，已然成为我国构建法律体系、开展法学教育和研究的基本概念。2011年，时任全国人大委员长的吴邦国同志宣布，"一个立足中国国情和实际，适应改革开放和社会主义现代化建设需要，集中体现党和人民意志的，以宪法为统帅，以宪法相关法、民法商法等多个法律部门的法律为主干，由法律、行政法规、地方性法规等多个层次的法律规范构成的中国特色社会主义法律体系已经形成"。④当然，在肯定部门法划分的理论与实践价值⑤的同时，学者也敏锐地体察到僵化部门法概念及划分标准所带来的不良后果，倡导"法的部门划分理论应服从实践的要求""对法的部门划分宜粗不宜细""抛弃囿于法律调整手段的特性而对复杂社会关系作'基本'定性，从而区分基本法律部门和综合法律部门的思路，改按社会活动的领域和法律调

① 参见王保树：《公司法律形态结构改革的走向》，《中国法学》2012年第1期。
② 沈朝晖：《公司类型与公司法体系效益》，《清华法学》2022年第2期。
③ 参见张继恒：《范式转型与理论拓掘：经济法"地位之争"再评论》，载《人大法律评论》(2013年卷第1辑)，法律出版社2013年版，第40页。
④ 吴邦国：《在形成中国特色社会主义法律体系座谈会上的讲话》，载《人民日报》2011年1月27日。
⑤ 参见叶必丰：《论部门法的划分》，《法学评论》1996年第3期。

整的宗旨来划分法律部门"。① 此后,财税法学界所倡导的"领域法学"概念②,大体也是相似的思路。

有学者认为,从部门法到领域法的法律结构转型,是法律面对现代社会子系统多元分化的结果,即催生出"拼盘式单行立法",但在行业单行法立法中仍存在路径依赖,由此保留了"各领域的拼盘式立法在解释适用中仍被习惯性地切割处理,以各自部门法的逻辑独立运行"。③ 且不论该观点呈现的理由是否正确,至少立法中按部门法设计立法与按行业领域制定行业单行立法的现象是客观存在的。④ 由此产生的一个问题是,相关规则在部门法的立法与领域法的立法之间重复甚至抵牾。这一现象在涉数字领域的立法中尤为突出,例如,《电子商务法》在起草过程中就存在定位问题,即该法究竟是电子商务管理法、电子商务合同法(民事责任法)抑或电子商务促进法(产业法)。显然,这是将传统部门法划分思维带入了电子商务领域立法之中。而立法结果固然有立法者与行业从业者的意志与利益博弈,但也多少与主要参与立法的专家所专长的部门法领域有关。《电子商务法》中关于电子商务合同订立与履行、电子商务争议解决等部分,一定程度上重复了《合同法》《消费者权益保护法》等法律的规定。此种重复,虽然宣示了立法对电子商务领域规范发展的决心,但也存在立法资源浪费、不利于法律体系简约协调等问题。甚至在《电子商务法》开始实施之后,仍有专家认为"电商领域的不正当竞争问题、垄断问题、消费者保护问题、合同法问题也越来越多……涉及这些问题,如何确定妥当的法律适用原则,如何界定这些法律中的规定与《电子商务法》的规定的关系,有不少疑惑……应该说只要借助于合理的法解释技术以及法政策研究,这些问题的解决都可以在《电子商务法》中找到答案"。⑤ 既然可以借助法解释和法政策研究

---

① 史际春:《经济法的地位问题与传统法律部门划分理论批判(续)》,《当代法学》1992 年第 4 期。

② 参见刘剑文:《论领域法学:一种立足新兴交叉领域的法学研究范式》,《政法论丛》2016 年第 5 期;梁文永:《一场静悄悄的革命:从部门法学到领域法学》,《政法论丛》2017 年第 1 期。

③ 参见宋亚辉:《社会基础变迁与部门法分立格局的现代发展》,《法学家》2021 年第 1 期。

④ 鉴于部门法概念根深蒂固,也有将行业法论证为部门法的观点,如劳凯声:《教育法的部门法定位与教育法法典化》,《教育研究》2022 年第 7 期;来小鹏:《论作为独立法律部门的网络法》,《法学杂志》2019 年第 11 期;王永杰:《论老年法是相对独立的部门法》,《南都学坛》2015 年第 6 期;牛忠志:《论科技法在我国法律体系中的部门法地位——兼论传统法律部门划分标准的与时俱进理解》,《科技与法律》2007 年第 5 期;等等。

⑤ 薛军:《电子商务法实施中的新课题》,《人民法治》2019 年第 5 期。

等方法解决问题，则制定《电子商务法》从法律体系完善的角度而言，必要性大打折扣。毕竟如果存在电子商务领域的不正当竞争问题、垄断问题，能够通过《反不正当竞争法》或《反垄断法》的解释和适用加以解决，又何必在《电子商务法》中重复规定相关规则？在人民法院受理案件确定案由以及法官选择规范加以裁判之时，内容相同的规则如何选择，也可能会成为现实的问题。而如果电子商务领域的不正当竞争问题、垄断问题无法通过现有的《反不正当竞争法》《反垄断法》的相关规范的适用予以规制，则可以考虑修改《反不正当竞争法》或《反垄断法》，以适应电子商务兴起的法律调整需要。事实上，2017 年《反不正当竞争法》修订中，"针对当前互联网的快速发展，专门增加相应条款，以规范互联网市场主体的不正当竞争行为"，成为"最大亮点"；[①] 2022 年《反垄断法》修订，"积极应对数字经济时代反垄断工作的新挑战"[②]，也是本次修法的重要缘由和显著亮点之一。由是，从领域法的角度考虑加强立法的必要性时，更需要以部门法的眼光审视立法的必要性，避免原本可以集约规定的规则散落于各个领域当中，以强调领域立法的个性而不断重复内容相同的规则，实质性地忽视法律解释和适用的一整套理念和技术的运用。

* * * * * * * * * * * * * *

　　本辑专题栏目收录了四篇反垄断领域的论文。杨佩龙博士生的论文《反垄断指南的规范属性》认为，反垄断指南中绝大多数条款是行政解释性规范，有少部分为行政创制性规范。反垄断指南本身应为行政强制性规范，但实践中因"指南"等形式问题而被误认为具有"任意性"。对反垄断指南的规范属性定位，在突破强制性规定和任意性规定二分的基础上，可以用法律规则说的理论，界定反垄断指南为第一性规则中的行为要件，其产生基础是第二性规则中的"承认规则"。高清纯博士生的论文《中欧反垄断执法程序性权利保障比较研究》比较了中欧反垄断执法中被调查经营者等主体的程序性权利异同，针对我国反垄断调查中程序性权利保障的规范及实践问题提出了具体完善建议，以期回应

---

① 李小健：《鼓励和保护市场公平竞争——反不正当竞争法修订草案获通过》，《中国人大》2017 年第 21 期。

② 参见时建中：《新〈反垄断法〉的现实意义与内容解读》，《中国法律评论》2022 年第 4 期。

《反垄断法》修改、反垄断执法法治化和优化营商环境的现实需求。赵泽宇博士生的论文《数据可携带与互操作机制在反垄断法下的结合适用》介绍了数据互操作和数据可携带权之间的关系，认为两者不仅是法律赋予大型数字平台的义务，也是观察相关市场竞争度的指标。数据可携带权与互操作要求的实施，涉及个人信息保护、反垄断及行业法规范的协调，各监管机构应权衡利益、选择最佳法律适用方案。袁正和赵雨生硕士生的论文《国有企业"竞争中性"原则辨析》说明了竞争中立或竞争中性概念产生发展的三个阶段，批"竞争中立"挺"竞争中性"；认为可吸取竞争中性原则的合理成分参与国际经贸交往，维护我国利益。

论坛栏目收录的文章包括：崔文涛博士生与王斐民教授合作的论文《经济政策与经济法理念的统合问题》分析了经济法理念与经济政策间的指导、制约等互动关系，将经济政策区分为"基本政策—配套政策"，而经济法正是连接两者政策的方式，从而构建"基本政策—经济法—配套政策"的分析框架。王昊宇硕士生的论文《税法目的条款的设置基准与范式构造》认为，特定目的税收法律规范中应当规定特定目的条款，内容应突出税收特定目的并附以税收法定内涵的规范目的，但无需规定税收固有的筹集收入目的。确定特定目的，应坚持体系协调原则，引导税法规范和税制要素作协同立法；同时也要满足以税收法定原则为代表的形式正义以及社会可接受性评判为代表的税收实质正义的要求；并采用"规范目的+特定目的"的二元结构优化税法目的条款。彭程博士生的论文《论消费税税收立法中征税客体的选择》认为消费税课征税客体呈现出筹资性税目与调控性税目杂糅的情况，但以立法原意和税制演变的视角考察，其客体选择逻辑是一致的。据此逻辑，按照"扩大消费税征收范围"的改革方向，今后可考虑增加私人飞机、含糖饮料等课税项目，并将客体扩展至奢侈型服务类型。丁燕教授与孔凡诚的合作论文《我国企业破产重整债务豁免所得税的实践检视与立法进路》从破产重整中的实务问题引发思考，认为我国对于重整企业豁免债务所得税应当采取课税除外的立法路径，在实质层面建立"重整例外"规则，在程序层面建立税务部门提前介入制度。吴尚轩副研究员的论文《证券市场变革下的双层股权上市规制路径构造》详细介绍了在美国三大证券交易所采用双重股权结构设计的中概股公司的状况，并介绍了美国三大交易所规制双重股权结构的竞争博弈过程，认为可以此为镜鉴解决京沪深三地交易所之间差异化定位及规制同质化的问题。具体措施包括：通过强化市场机制，淡化证券交易所科层色彩；保持适度行政权力引导，避免为过度争夺上市资源引发逐底竞争；避免规制体系同质化，保持资本市场吸引力；发掘企业科技创新潜力，探索提升准入门槛灵活性；强化关键性约束手段，系统实验"日落条款"设计与实施；初步探索任期表决制可能性，为构造不同证券交易所间差异化竞争提供切入点。王若川硕士生的论文《大额持股披露的特殊规则研究》以《证券法》第六十三条规定与有大额持股需求的机构投资者的披露实践间存在不便之处入手，建议通过明晰大额持股披露特殊监管规则的具体内容，包括适用主体的具体范围、"无控制意图"的具体认定标准、披露应当遵循的具体流程、具体方式等，实现差异化、精细化信息披露的制度安排。张龄方博士生的论文《个人金融数据安全监管进路研究》强调了强化个人金融数据安全监管的必要性，基于个人金融数据所具备的私益性和公益性、封闭性和开放性、静止性和流动性的多重悖论属性，构建监管框架时应厘革监管主体架构、扩展监管对象范畴、推动监管方式迭代，以期有效发挥个人金融数据作为生产要素的基础作用，进而推动金融产业创新和有序发展。郑翔教授和高婕的论文《智慧停车政府规制的必要性和制度设计》聚焦城市智慧停车平台（企业）规制主题，进行了深入调研，强调智慧停车不仅是技术构架问题，更包括政府规制、平台运营、个人信息保护等多方面法律问题，需要更新智慧停车相关法律设计，实现公共资源的合理利用。张艺博士生和尹艺霏助理的论文《防范化解重大风险与政府投资项目"后评价"的法律完善》对《政府投资条例》规定的项目后评价制度进行研究，针对当前该项制度运行中的不足，建议强化后评价法律规范及实施细则，构建相关评级机构体系，明确评价内容、方法和指标，明确评价流程，强化评价结果的约束力。

讲座栏目选登史际春教授在兰州大学法学院的讲座《规制时代的法治解读》，说明规制是宪法法律概括授权，政府在概括授权的范围内自由裁量、相机抉择，对经济社会的某一个领域或某一种事物进行管理监督。规制是社会化条件下国家治理的必然应变，也是经济法的本质与核心。相应地，法治运作转为政府在尊重市场和社会基础上进行事前、事中、事后全方位监管，表现为三种规制时代的法治模式：第一，社会和市场充分自治，加政府指导监管，加司法审查；第二，法律概括授权，加公私主体自由的裁量和行为，加问责制；第三，法的政策化和政策法治化。

专题

Economic Law Review

反垄断指南的规范属性[*]

杨佩龙[**]

目　次

一、问题的提出

自 2007 年《反垄断法》颁布以来，我国反垄断委员会依据《反垄断法》（2007 年）第九条[①]，先后制定、发布了《关于相关市场界定的指南》等 8 部反垄断指南。[②] 2019 年起，反垄断委员会发布反垄断指南的进程呈现加快趋势，仅 2019 年便发布了 5 部反垄断指南。但《立法法》至今未明确反垄断指南的法

---

[*] 本文为国家社科基金 2020 年度青年项目"宏观调控主体法律责任体系构建研究"（20CFX055）的阶段性成果。
[**] 北京大学法学院博士研究生。

① 《反垄断法》于 2022 年 6 月 24 日修正时将该条序号变更为第十二条，以下行文称第十二条。
② 包括《关于相关市场界定的指南》（2009 年发布）、《关于汽车业的反垄断指南》（2019 年发布）、《横向垄断协议案件宽大制度适用指南》（2019 年发布）、《关于知识产权领域的反垄断指南》（2019 年发布）、《垄断案件经营者承诺指南》（2019 年发布）、《经营者反垄断合规指南》（2020 年发布）、《关于平台经济领域的反垄断指南》（2021 年发布）、《关于原料药领域的反垄断指南》（2021 年发布）。

律位阶，使得实践中出现了反垄断指南适用规则不明的问题。因此，明晰反垄断指南的规范属性及其适用规则显得尤为重要。

"指南"一词最早见于汉朝张衡所著《东京赋》，本义是指明方向的意思。① 而在法律体系中的"指南"，究竟指向已存在的方向还是新方向，可将当前对于反垄断指南规范属性的概括分为两类。一类认为，反垄断指南是跨部门解释，并提出"反垄断指南应归为单一部门解释，其法律地位同于或低于部门规章"的观点；② 另一类则认为反垄断指南属于填补规则漏洞的法律创制行为。③ 但两类观点的分析并未从立法论和法解释学路径深入讨论，而是直接给出结论与判断。这种论断难以在不同观点之间产生真正的对话。

法律实践中也出现了反垄断指南法律效力不明的问题：法院在如何适用反垄断指南上存在不确定性。如在"北京锐邦涌和科贸有限公司与强生（上海）医疗器材有限公司等纵向论断协议纠纷上诉案"④ 中，法院引用《关于相关市场界定的指南》；但在"北京奇虎科技有限公司诉腾讯科技（深圳）有限公司、深圳市腾讯计算机系统有限公司滥用市场支配地位纠纷上诉案"⑤ 中，法院并没有援引《关于相关市场界定的指南》，也没有依照该指南第二条规定的"相关市场的界定通常是对竞争行为进行分析的起点"，对涉案相关市场进行界定。

经济法学界对于反垄断指南的法理定位缺乏相应法理分析，行政法学界和法理学界则未将经济法领域中的反垄断指南作为重点研究对象。由此，本文的核心目的是借助行政法和法理学的相关理论，分析与界定反垄断指南的规范属性，以期为反垄断指南适用提供理论参考。

本文讨论的具体问题有三：第一，如何依据传统法理界定反垄断指南的规范属性？第二，反垄断指南是强行性规范还是任意性规范？第三，在现行《立法法》框架下，反垄断指南与经济法的整体法律框架如何兼容？

---

① 《东京赋》："鄙哉予乎！习非而遂迷也，幸见指南于吾子。"
② 王炳：《我国反垄断指南的尴尬法律地位与救赎方法》，《政法论丛》2018 年第 6 期。
③ 参见孙晋：《数字平台垄断与数字竞争规则的建构》，《法律科学》2021 年第 4 期。
④ 参见上海市高级人民法院 （2012）沪高民三 （知）终字第 63 号民事判决书。
⑤ 参见最高人民法院 （2013）民三终字第 4 号民事判决书。

二、反垄断指南规范属性的传统法理界定逻辑

反垄断指南规范属性的传统法理界定逻辑，可以简单地采用逐层推进的方式进行梳理。本文基于传统法理对反垄断指南进行三次界定，每次界定都是在明确反垄断指南内涵与外延的基础上，明确其在现行法制框架下的规范属性。

（一）初次界定：规范性文件中的行政解释性规范或者行政创制性规范

本文采用逐次排除的界定方式，对反垄断指南规范属性的初次界定需从相对较大的范围着手。基于此，反垄断指南的初次定位结果是规范性文件中的行政解释性规范或行政创制性规范。

1. 作为规范性文件的反垄断指南

《上海市行政规范性文件管理规定》第二条规定，规范性文件是指"除政府规章外，由行政机关依照法定权限、程序制定并公开发布，涉及公民、法人和其他组织权利义务，具有普遍约束力，在一定期限内可以反复适用的公文"①。我国行政法学界认为除行政法规、规章和具体行政行为以外的，由行政主体制作的，针对不特定相对人的所有书面文件，即为规范性文件。② 综合来看，行政规范性文件可以定义为：行政机关制定的具有普遍效力，针对不特定相对人，可以反复适用的非立法性文件。③

对反垄断指南进行要件审视，可明确其具有规范性文件的属性。从主体上看，《反垄断法》第十二条明确反垄断委员会是国务院设立的机构，主要负责组织、协调、指导反垄断工作。但国务院设立的委员会并非都属于实体机构。根据国务院办公厅 2008 年发布的《关于国务院反垄断委员会主要职责和组成人员的通知》，反垄断委员会的"具体工作由商务部承担"，反垄断委员会的组成人员也由其他国务院部门的工作人员兼任。国务院办公厅于 2018 年发布的《关于调整国务院反垄断委员会组成人员的通知》中，继续保持了反垄断委员会的

---

① 与之类似的规定还有《广东省行政机关规范性文件管理规定》第二条：本规定所称规范性文件，是指除政府规章外，各级行政机关依据法定职权制定发布的，对公民、法人或者其他组织具有普遍约束力的，可以反复适用的文件。

② 参见罗豪才主编：《行政法学》，北京大学出版社 1996 年版，第 159 页。

③ 参见孙首灿：《论行政规范性文件的司法审查标准》，《清华法学》2017 年第 2 期。

非实体性特征,并规定"国务院反垄断委员会办公室设在市场监管总局,承担国务院反垄断委员会日常工作"。所以,反垄断委员会虽是行政机关但并非国务院下设的实体行政机构,亦不属于部委,无权发布部门规章。

从形式上看,2017 年修订的《行政法规制定程序条例》第五条规定,行政法规的名称一般称"条例",也可以称"规定""办法"等。国务院根据全国人民代表大会及其常务委员会的授权决定制定的行政法规,称"暂行条例"或者"暂行规定"。但国务院各部门和地方人民政府制定的规章不得称"条例"。2017 年修订的《规章制定程序条例》第七条明确,规章的名称一般称"规定""办法"。可见,"指南"的命名形式亦与行政法规、部门规章不同。

反垄断指南更不是具体行政行为。反垄断指南是《反垄断法》所规定的特殊法律文件种类。依据现有的法制框架可将其划入规范性文件的范畴。

2. 作为解释性规范或创制性规范的反垄断指南

将反垄断指南定位为规范性文件后,还可再定位。根据规范性文件的不同法律效果,可分为:行政创制性规范、行政解释性规范、行政指导性规范和行政告知性规范。[①]

在具体讨论前,需意识到一个隐含问题:如何统一条文的性质与文件的性质?法律条文是法律文件的基本构成单位,但法律条文的性质与法律文件的性质并不一定等同。例如,行政解释性规范和行政告知性规范可以并存于同一规范性文件之中。为便利讨论,本文直接讨论反垄断指南中占多数条文的规范属性,并以此替代反垄断指南这一规范性文件的法律属性。

第一,反垄断指南并非行政告知性规范。行政告知性规范是指"为了告知相对人或下级行政主体需要知道的事项,而并未设定、变更、消灭或确认权利义务"的行政规范。[②] 行政告知性规范的作用主要在于通知,而通知的前提是相关内容已经由其他法律规范所确立。例如,地方政府会转发国务院及其部委制定的法律规范文件。此种"转发型"规范便是最典型的行政告知性规范。反垄断指南所规定的内容,并非《反垄断法》或其他法律规范所确立的条文。如

---

① 参见叶必丰、刘道筠:《规范性文件的种类》,《行政法学研究》2000 年第 2 期;但也有学者认为,规范性文件应当分为三类,即行政创制性文件、行政解释性文件和行政指导性文件。参见姜明安:《行政法与行政诉讼法》,北京大学出版社 2011 年版,第 178 页。

② 叶必丰、刘道筠:《规范性文件的种类》,《行政法学研究》2000 年第 2 期。

《反垄断法》第二条第二款明确了"相关市场"的定义，但未明确具体的界定方法。《关于相关市场界定的指南》详细规定了界定方法，由此可知其并非行政告知性规范。

第二，反垄断指南并非指导性规范。指导性规范是指"行政主体对不特定相对人事先实施书面行政指导时所形成的一种行政规范"。[①] 性质上，行政指导在于主体与目的上的行政性，以及方式上的非强制性，[②] 那么反垄断指南是否具有强制性呢？以《关于相关市场界定的指南》为例，内容上存在"……界定相关市场还应考虑时间性"的表述。此类表述明确了行为规范的内容，但此类行为规范针对的对象是反垄断执法机构，而非行政相对人。另外，上述指南中也并不存在相应的惩戒规范内容。由此，反垄断指南与行政指导规范的区别在于行政行为所指向的对象。前者指向执法行政机关，后者则是行政相对人。[③]

可能存在的争议是，《关于相关市场界定的指南》虽然没有直接指向行政相对人，但其通过指导的执法机关，可以间接指导行政相关人。换言之，行政执法规则的公示，同样可以指导相对人的行为。这一说法确有合理性，但很难达成共识。

但还有一种思路，可以明确反垄断指南并非行政指导规范。性质上，行政指导不具备行政强制性的原因，在于行政立法的限制。行政指导必须以现有的法律规范、国家政策、社会价值为前提。若是脱离上述的现存规则基础，就会使得行政指导滑向行政立法。从这一角度而言，反垄断指南并不具备上述前提，其所规定的内容，并不能直接从现有的上述三种规则基础上提炼。因此，反垄断指南并非行政指导规范。

至此，本文已经初步明确了在传统法理框架下，反垄断指南属于规范性文件中的解释性规范或创制性规范。本文将于后两次定位部分，进一步探讨反垄断指南与行政解释性规范、行政创制性规范之间的关联。

---

① 叶必丰、周佑勇：《行政规范研究》，法律出版社 2002 年版，第 115 页。

② 仅就我国行政法学关于行政指导的理论，便存在"非权力性事实行为说""非权力性行政职权相关行为说""非强制性权力性事实行为说""权力性行政行为说"和"非强制性行政行为说"等主张。其中"非强制性行政行为说"近年逐渐获得更多认可。如章志远：《行政指导新论》，《法学论坛》2005 年第 5 期；王士如：《中国行政指导的司法救济》，《行政法学》2004 年第 4 期。本文以"非强制性行政行为说"作为行政指导性规范的研究起点。

③ 行政指导的对象是特定行政相对人还是不特定行政相对人，理论上存在研究空间，本文不进行延伸。

(二) 第二次界定：作为行政解释性规范的反垄断指南

本文在问题提出部分已介绍，行政解释和行政创制是当前我国学者对反垄断指南的两种主要定位。此部分将重点讨论反垄断指南为何可以作为行政解释性规范（证成）。至于反垄断指南为何不是行政创制性规范（证伪），将在第三次界定中进行。

第一，首先需要明确行政解释的性质。一般认为，现行法律解释体系是在《宪法》、1981 年全国人大常委会《关于加强法律解释工作的决议》（以下简称1981 年《决议》）和《立法法》的框架下形成的。① 现行法律解释体系包含立法解释、司法解释和行政解释。行政解释有较多的争议尚未解决，如国内学者似乎未达成其定义的共识。有学者认为行政解释应为"行政机关对某一规范所做的正式成文解释"，也包括非正式的"解释文件"或"结论"。② 也有学者认为："行政解释，其解释主体是国务院及主管部门，解释范围是对具体应用法律问题所进行的解释。"③ 还有学者主张，行政解释"是行政主体以适用行政法为目的，对行政法律规范的含义进行探求和说明的活动"。④ 在如此多元化的主张中，学者对于行政解释主体、形式和适用范围都存在不同的观点。本文选取诸多学说中的共同要素，结合 1981 年《决议》和全国人大常委会颁布的《法规、司法解释备案审查工作办法》，认为行政解释是指行政机关针对行政执法工作中具体应用行政法律、法规的问题进行解释的行为。

第二，反垄断委员会是适格的行政解释主体。行政解释的定义并未对行政机关提出过多的限制性要求。具体规制上，1981 年《决议》已经对行政解释的适用条件进行了一定的限缩，第三条规定："不属于审判和检察工作中的其他法律、法令如何具体应用的问题，由国务院及主管部门进行解释。"那么，需要判断反垄断委员会是否为主管部门。

对于"主管部门"一词，在 1954 年颁布的《地方各级人民代表大会和地方各级人民委员会组织法》中便已出现。然而，如何界定"主管部门"，标准或方法却仍处于模糊状态。学界未对此问题进行讨论，实务中却屡屡出现主管

① 参见丁戊：《法律解释体系问题研究》，《法学》2004 年第 2 期。
② 林维：《刑法解释中的行政法解释因素研究》，《中国法学》2006 年第 5 期。
③ 刘莘：《行政立法研究》，法律出版社 2003 年版，第 239 页。
④ 朱新力：《论行政法律解释》，《浙江大学学报（人文社会科学版）》1999 年第 2 期。

部门不清的问题。①

现行法规范中未能直接找到主管部门的定义。法律实践中，可以明确主管部门的两种确定路径。一是部门之间的上下级路线。例如，垂直管理的行政部门中，上级单位对于下级单位而言便是"主管部门"。二是部门之间的职责路线。例如，在《最高人民法院经济庭关于主管单位的上级主管部门应否作为诉讼当事人的复函》曾表述："昆明新雅装饰工程公司（以下简称工程公司）及其主管单位昆明市乡镇企业化工建筑建材公司（以下简称建材公司）由建材公司的主管部门昆明市乡镇企业管理局（以下简称管理局）申请……"管理局之所以作为建材公司的主管部门，是因为管理局具有管理乡镇企业的职责。此外，早期文件中也多见"土地主管部门""陆生野生动物行政主管部门""林业主管部门"等表述，均以行政职责作为"主管"的判断标准。

根据以上标准，是否可以明确反垄断委员会具有主管部门的地位呢？《反垄断法》第十二条规定，反垄断委员会承担"组织、协调、指导反垄断工作"的职责，可以通过职责路线明确反垄断委员会的"反垄断主管部门"身份。但是，主管部门究竟有几个？或者说主管部门是不是唯一且确定的？

在我国，反垄断委员会并非反垄断执法机构，其主要职责是"组织、协调、指导反垄断工作"。在《反垄断法》之前，国家发展改革委、市场监管管理总局（原国家工商总局）、商务部分别对价格垄断、公用企业的滥用行为、外资并购事项具有规制权。② 这种权力分配的体系一方面存在部门分权的因素，另一方面也体现出主管部门应当唯一且确定的法律实践原则。主管部门唯一且确定是为了更好地指导工作与承担责任。如果将反垄断委员会、市场监管部门③都视作"反垄断主管部门"，是否会影响上述法律实践原则及其初衷呢？反垄断委员会职责虽与反垄断工作密切关联，但其并非反垄断执法机构。所以，将两者都视作"反垄断主管部门"并不影响指导工作与责任确定。原则上，两者皆可进行行政解释工作，但《反垄断法》第十二条在适用上优先于 1981 年

---

① 在立法中采用抽象的表达，是我国立法技术的选择。因此才会引发法律适用中的解释需求。然而，在面对行政解释的规则制定时，仍采用抽象表述，以"国务院及主管部门"作为行政解释主体，则又引发了新的解释问题。

② 参见王炳：《我国反垄断指南的尴尬法律地位与救赎方法》，《政法论丛》2018 年第 6 期。

③ 2018 年《国务院机构改革方案》组建国家市场监督管理总局，整合发改委、商务部反垄断执法职责及反垄断委员会办公室等职责。此后，我国反垄断执法机构为国家市场监督管理部门一家执法。

《决议》的一般性规定。① 因此,反垄断指南仍由反垄断委员会制定发布,反垄断执法机构可发布与自身职责相关的、非反垄断指南类的行政解释。

此外,2007年《反垄断法》颁布至今,反垄断委员会发布的反垄断指南中除《关于相关市场界定的指南》外,其余指南均由国家市场监督管理总局(原国家工商总局)和国家发展和改革委员会起草,甚至在大多数情况下直接由起草部门向社会公众征求意见,而反垄断委员会仅作为发布机构。这一过程仍体现了1981年《决议》"由国务院及主管部门进行解释"的精神。稍有不同的是,将最后发布权通过《反垄断法》调配给反垄断委员会。质言之,在这一过程中,真正进行《反垄断法》解释工作的仍是反垄断执法部门,但最后解释发布权归反垄断委员会。② 从这一角度看,《反垄断法》第十二条与1981年《决议》并未产生实质性冲突。③

第三,反垄断指南是对《反垄断法》适用的具体解释,其内容均以《反垄断法》的规定为基础,并进行相应的说明。如《关于原料药领域的反垄断指南》第六条对原料药经营者"一般会构成《反垄断法》第十三条禁止的垄断协议行为"的四种行为进行说明,并未直接为行政相对人创设新的权利义务,而是通过说明的方式解释《反垄断法》。但反垄断指南在外观上看起来像行政创制性规范,是因为《反垄断法》规定过于原则化,因此反垄断指南在细化《反垄断法》时会被误认为具有创设之嫌。

(三) 第三次界定:不属于行政创制性规范的反垄断指南

行政创制与行政解释的分野并不十分清晰。广义的行政解释,可以分为立

---

① 规范层级上,《反垄断法》是法律,1981年《决议》属于具有法律性质的文件。即便将1981年《决议》视作法律,也需遵循"新法优于旧法"和"特别法优先于一般法"的法理规则。更遑论1981年《决议》尚不能等同于法律。

② 解释发布权是解释权的重要组成部分,反垄断委员会指导反垄断相关部门起草反垄断指南是自身解释权的一种行使。

③ 还有学者借助跨部门行政解释的路径来界定反垄断指南的行政解释性规范属性。但这一路径并不妥当,因为不管是1981年《决议》,还是行政法的一般理论,都规定了由主管部门进行行政解释的基本规则。我国未规定跨部门行政解释制度,是因为我国的行政体系划分更加看重权责分配。一方面是解释权分配应当符合全国人大和中央政府的规定,另一方面是解释权的行使者需要承担必要的法律责任。跨部门解释既不能体现更高的行政效率,也不能体现依法行政的要求。探讨此问题,还应当回归1981年《决议》和《反垄断法》第十二条的文本。1981年《决议》中全国人大常委会将行政解释权授予国务院和主管部门。《反垄断法》第十二条规定国务院组建反垄断委员会,并授权其制定、发布反垄断指南,实质上是全国人大常委会将国务院有关反垄断领域的行政解释权转授权至反垄断委员会。实践考察也可以确认这一观点。自2007年《反垄断法》颁布后,国务院至今未出台有关反垄断领域的行政解释。

法性行政解释和执法性行政解释。前者亦属于行政创制的范围，因此不能将行政创制与行政解释视作二元并立的概念；亦不便通过论证反垄断指南不属于行政创制，来证明其具有行政解释的属性。

行政创制性规范是指"行政主体未启动行政立法程序而为不特定相对人创设的权利义务的规则"。① 而行政解释可以分为立法性解释与执法性解释。立法性解释是指"行政主体以立法的形式对法律法规规章条文本身需要进一步明确界限或者作补充规定的问题进行的解释"。② 执法性解释是指"行政执法者在具体的执法过程中对法律法规规章的含义产生了不同的理解，向上级或权威部门请求解释，上级或权威部门作出具有普遍指导意义的阐释或说明"。③

内容上，反垄断指南的绝大多数条款的核心功能在于解释《反垄断法》的相关概念，并对反垄断执法具体工作提供方向指引，即绝大多数条款属于执法性行政解释规范。但同时也存在部分条款直接为不特定相对人创设了权利与义务。如《关于汽车业的反垄断指南》第八条规定"……该授权体系成员应当依法保证消费者的知情权和配件可追溯性"，这一义务性规定并未在其他法律规范中出现。

上述规范应当属于行政创制性规范还是立法性行政解释呢？概念上，立法性行政解释与行政创制性规范有部分重叠。立法性行政解释主要是通过"立法的形式"对上位法律进行解释，而行政创制性规范则是"未启动行政立法程序"而直接为不特定相对人创设权利与义务。由此可见，二者在程序和目的上具有差异。

反垄断指南是否经历了行政立法程序？根据行政法一般理论，行政立法在"动态层面主要是指由行政机关制定法规和规章的活动；在静态层面则主要是指由行政机关所制定的法规和规章的内容和形式"。④ 2015 年《立法法》中主要规定了行政法规和规章的立法程序，第九十九条第三款规定，"有关的专门委员会和常务工作委员会工作机构可以对报送备案的规范性文件进行主动审查"。反

---

① 叶必丰、周佑勇：《行政规范研究》，法律出版社 2002 年版，第 79 页。
② 张弘、张刚：《中国现行的行政解释体制研究》，《学术探索》2007 年第 2 期。此外，该论文中还对立法性行政解释进行了更深入分类："一类是在行政法规规章中对法律概念进行的解释；另一类是以行政法规的形式对法律进行的细化，如《著作权实施条例》。"
③ 张弘、张刚：《中国现行的行政解释体制研究》，《学术探索》2007 年第 2 期。
④ 朱维究、王成栋主编：《一般行政法原理》，高等教育出版社 2005 年版，第 360-361 页。

垄断指南不属于法规与规章,似乎不宜将其直接视作行政立法。因此,反垄断指南中为不特定相对人创设权利义务规范的条款,更贴近行政创制性规范的含义。

由此,可对反垄断指南规范进行具体分类:绝大多数条款属于执法性行政解释规范,另有少部分条款属于行政创制性规范。以上结论,同样可以回应先前学者对于反垄断指南的法理定位存在的争议。由于反垄断指南中行政创制性规范和行政解释性规范共存的现状,使得法学研究者难以直接界定反垄断指南的整体定位。①

三、传统界定逻辑与反垄断指南的功能错位

传统定位的逻辑在于明确反垄断指南的法理地位,然后确定反垄断指南的功能。学界存在强行性规范与任意性规范的二元区分。两者的核心区别在于规范刚性强度,即规范的强制力。有学者将反垄断指南视作"软法",认为"名称为'指导''指引''指南'等的文件,若单纯顾名思义,其应该不具有拘束效力,仅仅是期待个人或组织斟酌利害或信念而自愿遵守,故通常是软法的载体"。② 同时,也有学者认为滥觞于国际法领域中的软法,其本质也属于任意性规范。③ 那么,被学者视作任意性规范的反垄断指南,在实践中具体承担了什么样的角色呢? 讨论反垄断指南的强行性属性与任意性属性,是为了回答另一重要的问题:反垄断指南的效力应当如何认定? 此部分回溯反垄断指南在应然与实然状态下的属性,并尝试对反垄断指南的法律效力问题作出回应。

(一) 本应作为强行性规范的反垄断指南

为讨论反垄断指南的强行性与任意性问题,首先要明确反垄断指南是否具有特殊性。性质上,反垄断指南中的绝大部分规范属于行政授权解释规范,经济法中其他的指南更多属于行政指导性规范。例如,国家发改委 2020 年发布的

---

① 即便以规范性文件中的不同类型行政规范的数量为标准,定义规范性文件的分类也会出现相应的问题。

② 沈岿:《软硬法混合治理的规范化进路》,《法学》2021 年第 3 期。

③ 参见王虎华、肖灵敏:《再论联合国安会决议的国际法性质》,《政法论丛》2018 年第 6 期。作者认为"软法性措辞条款是任意性规则"。

《疫情防控期间投资项目开工建设信息在线报送和远程监测调度指南》，并未提及执法性内容，全文的核心在于指导行政相对人如何通过"全国投资项目在线审批监管平台"申报相关信息，而申报义务是规定于《政府投资条例》和《企业投资项目核准和备案管理条例》之中。另一类经济法领域的行政指南偏向于内部指导性规范。例如，国家发改委 2016 年发布的《商业银行收费行为执法指南》第四条规定，"本指南不对现有法律法规体系进行扩展，不干涉经营者的自主定价权，不额外增加经营者的义务和负担，目的是规范价格行政执法工作，合理引导经营者行为"。至此，反垄断指南相较其他指南的特殊性大致如下：第一，反垄断指南具有法定授权的特征，由《反垄断法》专门授权；第二，反垄断指南的主要构成为行政解释性规范，而非行政指导性规范。

在明确反垄断指南的特殊性后，可对"反垄断指南本应作为强行性规范"的观点进行论述。

第一，反垄断指南提供的执法裁量标准，在应然层面具有刚性约束力。[①]反垄断指南的直观效果，是为反垄断执法工作提供裁量方法和裁量标准。但对于裁量标准的刚性约束力，一直有争议。有学者曾指出，"若认为裁量基准毫无拘束力，则行政执法统一适用的目的势必无从达成。若承认其拘束力，则传统法源论对于行政法规范与行政规则的区分将不复存在，且等于承认行政机关享有原始立法权"[②]。以上观点概括了学界对于裁量标准的矛盾心态。事实层面上，"不论裁量基准以什么形式出现，从其实践效力来看，基准一旦制定颁布，便成为执法人员执法的重要依据，具有规范效力和适用效力。这种内部适用效力，又将进一步延伸至行政相对方，因而具有了外部效力"[③]。

笔者认为，行政裁量基准的目的在于规范行政执法行为，限缩行政裁量权的任意性扩张。从"行政的自我限制"角度来看，行政裁量基准对于行政执法人员具有明确的刚性约束力。但其是否能对司法以及行政相对人产生刚性约束力，仍值得考究。反垄断指南是反垄断行政执法的裁量基准，同时是行政解释

[①]　有学者认为，行政裁量基准具有刚性约束力。参见周佑勇：《裁量基准的正当性问题研究》，《中国法学》2007 年第 6 期。但笔者在此基础上进行了一定的延伸，认为这种刚性约束力是应然状态下的。

[②]　陈爱娥：《行政立法与科技发展》，《台湾本土法学》1999 年第 5 期。

[③]　王锡锌：《自由裁量权基准：技术的创新还是误用》，《法学研究》2008 年第 5 期。

性规范（规范性文件）。其对行政相对人和司法活动的约束力，仍需参照一般法理判定。实际上，反垄断指南作为行政裁量基准，可以间接地影响行政相对人的权利与义务。反垄断指南在司法活动的地位将在后文论述。

第二，作为行政解释的反垄断指南，在应然层面是司法裁判的依据。现有的法律解释体系中，规章制定机关发布的规章解释具有规章的同等效力，国务院发布的行政法规解释同行政法规具有同等效力。① 全国人大常委会的法律解释与法律具有同等效力。②《行政诉讼法》明确人民法院审理行政案件，应以法律、行政法规为依据，以规章为参照。③ 上述规定的基础，在于法律规范的解释权（含解释发布权）归属法律规范的制定机关。④

那么，跨法律位阶的法律解释应当如何界定解释本身的效力呢？最为典型的参照为司法解释的效力问题。司法解释权同样来自 1981 年《决议》的授权。全国人大常委会规定了最高人民检察院和最高人民法院可就检察、审判工作中具体应用法律、法规的问题进行解释。性质上，"司法解释虽然名为解释，但从文本形式看往往具有规范性文件的特征"⑤。2006 年《各级人民代表大会常务委员会监督法》将司法解释的备案规定，纳入第五章"规范性文件的备案审查"之中。"司法解释具有法律效力"，可在司法审判中援引司法解释。⑥ 换言之，司法解释属于强行性规范。

反垄断指南作为行政解释，其与行政法规性质或规章性质的解释，主要区别在于授权的文件有所不同。行政法规、规章可以具有行政解释的效力，是基于 1981 年《决议》授权，反垄断指南可以具有解释的效力则是来自《反垄断法》授权。从授权文件效力看，《反垄断法》相较 1981 年《决议》而言，应具

---

① 《规章制定程序条例》（2017 年）第三十三条；《行政法规制定程序条例》（2017 年）第三十一条。

② 《立法法》（2015 年）第五十条。

③ 《行政诉讼法》（2017 年）第六十三条。

④ 根据《宪法》（2018 年）第五十七条、第五十八条。全国人大常委会是全国人大的常设机关，且是宪法所规定的立法机关，加之《立法法》的规定，全国人大常委会对全国人大通过的法律解释，解释效力等同于法律。

⑤ 陈兴良：《我国案例指导制度功能之考察》，《法商研究》2012 年第 2 期。

⑥ 《最高人民法院关于司法解释工作的规定》（2021 年）第五条、第二十七条；《最高人民检察院司法解释工作规定》（2019 年）第五条。

有更高的法律效力。① "举轻以明重"，依据《反垄断法》制定、发布的反垄断指南应至少具有堪比规章解释的法律地位，即行政诉讼案件中，法院应当以反垄断指南为参照。

（二）强行性规范在实践中的"任意"化

按照前文分析，反垄断指南应当具备充足的强行性要素支撑。那为何在实践中，还会对反垄断指南的具体效力产生争议呢？笔者认为，造成反垄断指南"软化"的因素至少包含两点：

第一，反垄断指南的"任意性规范"形式，削弱了反垄断指南的刚性约束力。当前颁布的 8 部反垄断指南，核心内容乃是裁量方法和裁量基准。② 形式上，反垄断指南对于具体的裁量方法和裁量基准，大都采用了"可以"一词；而采用"应"或"应当"的内容，又没有对应的后果条款。

奥斯丁的"法律命令说"认为，所有的"法"与"规则"都是"命令"，而"命令"的特征便是违背者应遭致不利后果。③ 据此，可将法律规则分为两类：行为规则与惩戒规则。前者表达了立法者所期待的行为模式，后者规定了行为人违反前者时需承担的不利后果。

奥斯丁的上述观点为区分强行性规范与任意性规范提供了法学理论支撑。许多学者主张，"软法是一种规范，是一种行为规则"。④ 也有学者进一步认为"法律、法规、规章中没有明确法律责任的条款"属于硬法中的软法。⑤ 由于缺乏惩戒条款，软法（即本文认为的任意性规范）在执法与司法中无法直接适用。执法者和司法者只能根据行为人的行为，判定行为不法性。但在惩戒不法行为时，由于缺乏惩戒规则，会导致惩戒可能存在"无法可依"甚至是僭越法律的问题。

此外，反垄断指南的形式软化，还体现在指南"效力界定条款"中。《经营者反垄断合规指南》第二十八条规定，"本指南仅对经营者反垄断合规作出

---

① 有学者认为全国人大及其常委会立法性文件也应有法律与规范性文件之分。其中全国人大及其常委会设立的法律，效力应当高于规范性文件。参见黄金荣：《规范性文件的法律界定及其效力》，《法学》2014 年第 7 期。

② 王健：《中国反垄断罚款裁量的不确定性及其克服》，《社会科学战线》2021 年第 5 期。

③ 参见［英］约翰·奥斯丁：《法理学的范围》，刘星译，中国法制出版社 2002 年版，第 17-19 页。

④ 罗豪才、毕洪海：《通过软法的治理》，《法学家》2006 年第 1 期。

⑤ 姜明安：《软法的兴起与软法之治》，《中国法学》2006 年第 2 期。

一般性指引，不具有强制性。法律法规对反垄断合规另有专门规定的，从其规定"。但目前出台的 8 部反垄断指南中，仅《经营者反垄断合规指南》单独声明不具有强制性。《经营者反垄断合规指南》中单列"效力界定条款"，是因为《反垄断法》和相关法律中并不存在合规条款。因此《经营者反垄断合规指南》与其他 7 部指南不同，在内容上更偏向于行政指导。

第二，现行反垄断救济机制的路径构建，使得反垄断指南逐渐脱离"执法指南"的法律定位。现行 8 部反垄断指南都设立了目的条款，明确指南的作用在于"促进执法"。换言之，按照立法者的初始构想，反垄断指南的适用路径应如图 1 所示：

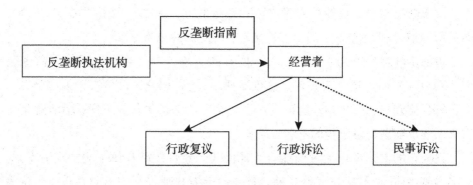

图 1　反垄断指南的理想适用路径

首先，反垄断执法机构依据反垄断指南进行反垄断执法；其次，经营者可以通过行政复议或行政诉讼寻求救济。在行政复议过程中，反垄断指南仍起到指导反垄断执法的作用，存在刚性约束力。在行政诉讼中，依前文分析，法院应当以反垄断指南为参照。

但在许多国家或地区的反垄断实践中，法院都是或曾是反垄断法实施的核心角色。① 根据国家市场监督管理总局公布的数据，2019 年其共立案调查反垄断案件 103 件，结案 46 件，罚没金额 3.2 亿元。② 2019 年各级人民法院受理

① 普通法传统下，法院在反垄断法实施中的地位更加凸显，因为私人诉讼机制更发达。在大陆法系国家和地区，如德国、日本更加偏向行政执法，私人诉讼少。参见何治中：《反垄断法实施的反垄断——论中国反垄断法的私人执行》，《南京师大学报（社会科学版）》2010 年第 5 期。
② 参见国家市场监督管理总局 2020 年 12 月发布的《中国反垄断执法年度报告（2019）》。

520 件反垄断诉讼，其中民事案件 251 件，行政案件 267 件。① 可见，我国反垄断法实施中，法院还是处于核心地位。但在前文提及的"北京奇虎科技有限公司诉腾讯科技（深圳）有限公司、深圳市腾讯计算机系统有限公司滥用市场支配地位纠纷上诉案"中，法院并未援引《关于相关市场界定的指南》。法院所作判决的法理支撑在于本案属于民事诉讼案件，而反垄断指南在民事诉讼案件中的地位并未得到《民事诉讼法》的承认。②

四、反垄断指南规范属性的另一种界定框架

按照法理定位而后确定规范功能的传统范式，作为规范性文件的反垄断指南，既要完成其作为裁量基准的任务，又要在司法活动中"参照规章进行适用"。作为应然层面的强行性规范，又因形式问题在实践中存在被"任意化"的现象，由此引发了诸多争议。针对这些问题，不禁令人想到，若可以超越强行性规范与任意性规范的分类，是否可以抹平法理定位与功能定位间的不契合呢？

（一）另一种界定框架的理论支撑：法律规则说

界定反垄断指南的法理定位时，可尝试探究最初的问题：法律是什么？尽管未有学者直接从"法律规则说""法律命令说"或是"法律规范说"的角度分析反垄断指南，但在其各自分析中却包含上述理论的轮廓。但由于没有刻意对三种理论进行区分，所以在讨论反垄断指南的法理定位时，无法"正本清源"。

---

① 另有 2 件涉及刑事诉讼。在（2019）陕 0116 刑初 383 号判决书中，法院对被告是否构成垄断进行了简要说明："依照我国《反垄断法》的规定，韩某某等人没有达到垄断市场的程度，且从阻止违法营运的角度来讲韩某某的行为不足以达到严重扰乱社会公共秩序的目的"；在（2019）黔 2601 刑初 478 号判决书中，法院未直接界定被告人是否构成垄断行为，但有相关模糊表述"本院认为，本案被告人司某鹏、龙某某、司某宇、姜某、代某某、唐某某出于迫使三强公司加入黔东南办事处，推行《凯里地区商混企业合作方案（草案）》的实施，从而达到统一提高凯里市混凝土销售价格的目的……"

② 《民事诉讼法》没有同《行政诉讼法》第六十三条类似的规定，所以不能直接判定反垄断指南在民事案件中的适用效力。但实践中，许多涉及垄断民事案件依旧肯定了反垄断指南的司法适用性。此外，司法实践中因反垄断提起的行政诉讼案件较少，更多案件集中于民事诉讼中，且民事诉讼中提及反垄断指南的频率较高。

1. 三种学说与规范效力的区分

以哈特为代表的"法律规则说"和以凯尔森为代表的"法律规范说"都是对奥斯丁"法律命令说"的批判与延伸。凯尔森将奥斯丁所指的"法"进行二元划分,将设定义务的规范称为次要规范(secondary norm),将设定制裁的规范称为主要规范(primary norm)。[1] 哈特则在此基础上提出,"法即第一性规则和第二性规则的结合"。[2]

首先要解决第一个问题,即法的构成要件是否必须包含制裁要件(效果要件)。"法律命令说"和"法律规范说"认为法必须包含相应的制裁要件。而哈特认为,法律规则不一定包含制裁要件。[3]

第二个问题,如何对法律条文进行分类。凯尔森从规范构成的角度,将规范分为主要规范和次要规范,前者设定制裁,后者设定法律义务。哈特则在此基础上将法律规则分为第一性规则和第二性规则,前者可以理解为次要规则(+主要规则),[4] 后者则包含"承认规则""变更规则"与"审判规则"。第一性规则设定义务,第二性规则设定权力。[5]

哈特认为,第二性规则为第一性规则服务。单纯的第一性规则,存在不确定性、静止性和无效性三个弊端。不确定是指,单纯设定义务的第一性规则之间存在冲突时,无法确定不同的第一性规则的法律优先效力。例如,《反垄断法》与《宪法》、其他部门法、反垄断指南之间,存在义务上的冲突时,需要有特定的规则进行调整。此外,不确定性的另一体现在于,法律需要被解释。弥补这种不确定性的第二性规则便是"承认规则"。我国法律体系中,《立法

---

① [奥] 凯尔森:《法与国家的一般理论》,沈宗灵译,中国大百科全书出版社 1996 年版,第 68 页。

② 哈特认为,第二性规则由"承认规则""变更规则"和"裁判规则"所组成。其中,"裁判规则"与凯尔森所提的"主要规范"相对应。参见 [英] 哈特:《法律的概念》,张文显等译,中国大百科全书出版社 1996 年版,第 81 页。

③ [英] 哈特:《法律的概念》,张文显等译,中国大百科全书出版社 1996 年版,第 9–10 页。

④ 所谓第一性规则,主要功能在于设定义务。常见的表述为"应当"或者"不应"。这种义务设定来源于社会公意或主权者。只有第一性规则存在的社会,不能称之为现代法治社会,因为第一性规则只能用于评判是否"不法",而现代法治社会不仅需要评判行为的"不法",还需要对"不法"进行相应的制裁,甚至还需要对制裁行为的"不法性"进行评价。由此,我们会发现现代法治国家,不仅制定了包含制裁内容的实体法,还制定了相应的程序法。

⑤ 此处所指与义务相对应的权力,乃是指违背义务时,授予公权力拥有者以惩戒或规制的权力。与一般语境下的"义务—权利"框架有所不同。故需注意此处乃是权力,而非权利。

法》与法律解释便是典型的"承认规则"。第一性规则的静止性是指，立法者在创制第一性规则后，无法保障第一性规则可长久适应社会发展。因此，补充立法、废止立法、新设立法等都是第二性规则中的"变更规则"，主要目的在于解决第一性规则的静止性问题。第一性规则的无效性是指，对于"不法"行为的惩戒范围缺乏规定时，会导致第一性规则的惩戒失序或惩戒不能。因此，裁判者和执法者需要根据第二性规则中的"裁判规则"，保障第一性规则的实施。

在上述三种理论下，如何界定强行性规范与任意性规范呢？为便于讨论，可先借助"法律规范说"理论，将法律条文分为行为要件与制裁要件。"法律命令说"与"法律规范说"中，所有的法都应当是强行性规范，任意性规范由于缺乏制裁要件，不能称之为法。而在"法律规则说"视角下，强行性规范便是包含制裁要件（效果要件）的第一性规则。但是如何理解"包含"的概念呢？是否二者共存于同一条文中才是"包含"？若二者仅是共存于同一部法典，或是存于不同的法典之中，是否也可以理解为"包含"？笔者认为，可以从法统一的视角去看待"包含"概念，即行为要件只要可以与相应的制裁要件相联系，便可视作强行性规范。因此，判定是否构成强行性规范，不仅需要从单个条文入手，也需考虑同一法典中的不同条文，乃至不同法典间的条文。前文所论述的"本应作为强行性规范的反垄断指南"，便以这一观点为法理基础。

对任意性规范的界定，当前学者研究大都采用排除方式以区分任意性规范与强行性规范。即不具有强行性的规范，都可以纳入其所指任意性规范。因此，"法律规则说"视角下的任意性规范，包含了第二性规范和不含制裁要件的第一性规范。

2. 我国的立法实践与法律规则说

为探究我国反垄断指南的法理定位，首先需要探讨我国究竟是偏向"法律规则说"还是"法律命令说"。从我国《宪法》看，我国应更偏向"法律规则说"立法理念。长久以来，我国宪法领域关注《宪法》能否直接作为裁判依据的问题。其实质是《宪法》中并不存在直接对应的"裁判规则"。《宪法》中存在许多有关权利与义务、权力与职责的规则，这些都是典型的第一性规则。但《宪法》中不存在"裁判规则"，因此无法直接适用。

若按"法律命令说"，《宪法》甚至不能称为法律。这显然与我国当前法制实践相违背。"法律规则说"能解释我国的立法制定逻辑。以《宪法》与《反垄断法》间的关联为例,可以更好地释明这一逻辑。

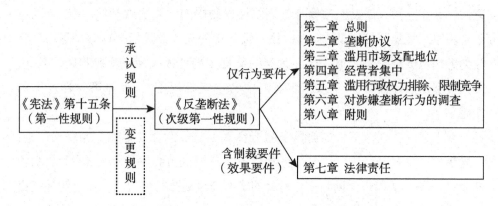

图2 《宪法》与《反垄断法》中的"法律规则说"模型

如图 2 所示,《宪法》第十五条规定"国家实行社会主义市场经济。国家加强经济立法,完善宏观调控。国家依法禁止任何组织或者个人扰乱社会经济秩序"。这一条文属于第一性规则。立法者在变更规则与承认规则的指引下,针对《宪法》第十五条制定《反垄断法》(次级第一性规则)。《反垄断法》第七章"法律责任"为含制裁要件的第一性规则,其余章节为仅含行为要件的第一性规则。但第七章所列制裁要件,皆与其他章节的行为要件相对应。因此,可以认为《反垄断法》属于硬法。且根据"承认规则",《反垄断法》(次级第一性规则)的效力应弱于《宪法》第十五条(第一性规则)。①

(二)反垄断指南规范属性的重新界定:第一性规则中的行为要件

通过前文分析,大致可明确:第一,我国偏向"法律规则说"的立法理念(宏观视角);第二,《反垄断法》中包含了第一性规则和"裁判规则"(中观视角)。在此基础上,本文还需对反垄断指南进行新的界定。笔者认为,反垄断指南是《反垄断法》基于"承认规则"而产生的第一性规则,且属于第一性规则中的行为要件。

第一,反垄断指南是基于"承认规则"的第一性规则。这一论点的主要争议可能在于反垄断指南的产生基础,即反垄断指南作为第一性规则,其基础是

---

① 同时也可将《反垄断法》中的第一性规则,视为对《宪法》第十五条第一性规则的变更规则。

"承认规则"还是"变更规则"？"法律规则说"认为，现代法治国家的"承认规则"极其复杂。若认为最初的第一性规则，是主权者的立法结果，那么"承认规则"便是对立法权的延伸。此处的立法概念是广义的，不仅仅包含创制规则，还包含对规则适用的解释和规则的承认。

而"变更规则"解决法律的创设与废止的问题。二者间的模糊点在于，法律解释究竟解决了第一性规则的不确定问题还是静止性问题。效果上，法律解释似乎对两个问题都可进行回应。但根据"法律规则说"，"变更规则"在于"有意识地清除旧规则或引进新规则而使规则适应正在变化的情况"。① 程度上，对于规则变化方面，"变更规则"对规则改造程度要大于"承认规则"。反垄断指南本身并未对传统的反垄断法制框架进行突破性调整，其核心仍在于解释。

此外，认为反垄断指南是基于"承认规则"的第一性规则，可在一定程度上避免前文提及的行政立法性解释与行政执法性解释的争议。两种解释模型皆基于"承认规则"而产生，且在形式构成上皆属于第一性规则。

第二，反垄断指南是第一性规则中的行为要件。从第一性规则的构成要件来看，行为要件属于第一性规则的必要构成要件。8 部反垄断指南都未单独设立制裁要件，本文将其定位至第一性规则中的行为要件。

这种定位模式要优于传统的法理定位方式。首先，避免了强行性规范任意化和任意性规范强行化的争议，可更加清晰地明确反垄断指南的法理定位；其次，避免了行政解释的内部讨论模糊性的问题，不用从行政立法性解释与行政执法性解释的角度严格区分反垄断指南的条文属性；再次，在讨论反垄断指南的法理定位时，可在反垄断部门法律下，将其与《反垄断法》等其他法律文件进行系统化梳理；最后，对于最为关切的法律适用效力问题，亦可借用第一性规则中的行为要件与制裁要件"联系论"的观点，明晰反垄断指南具体适用规则。

五、结 论

我国法制发展中出现了许多以"指南"冠名的规范性文件。其中，反垄断指南是《反垄断法》所专门规定的特定类型文件。但对反垄断指南的规范属性

---

① ［英］哈特：《法律的概念》，张文显等译，中国大百科全书出版社 1996 年版，第 94 页。

至今尚未达成共识,其中不仅涉及讨论的范式差异,还涉及讨论的前置性问题界定等诸多方面。

本文首先尝试从传统法理的角度,对反垄断指南进行定位考察,通过法教义学方式得出了以下结论:第一,反垄断指南是规范性文件;第二,反垄断指南是行政解释;第三,反垄断指南属于行政执法性解释。

本文又尝试从更宏观的角度,对作为行政执法性解释的反垄断指南进行了第二轮的规范属性界定:反垄断指南本身应为强行性规范,但实践中因形式等问题呈现出"任意化"态势。

在总结上述两个维度的讨论后,本文借助法律规则说以更好地解决反垄断指南的定位与法律适用问题。在法律规则说的视角下,反垄断指南是《反垄断法》基于"承认规则"而产生的第一性规则,并且仅属于第一性规则中的行为要件。这种定位路径与模式,避免了许多观念上的模糊争议,并为反垄断指南的硬法特征作出了理论上的解释。

中欧反垄断执法程序性权利保障比较研究[*]

高清纯^{**}

目 次

党的十九届四中全会明确提出，要加强和改进反垄断执法。2021 年 8 月 30 日，中央全面深化改革委员会第二十一次会议审议了《关于强化反垄断深入推进公平竞争政策实施的意见》，要求"加大监管执法力度""完善反垄断体制机制"。强化反垄断监管一方面需要加大执法力度，另一方面需要因应现实完善执法体制机制。对于后者，反垄断执法程序的优化与效率提升是重要内容。

据观察，世界主要国家的反垄断法一般都有实体法与程序法的融合性，即在规定垄断行为的构成要件、法律责任等实体内容的同时，还对反垄断执法的措施与步骤等程序内容作出安排。[①]《反垄断法》亦具有上述双重属性。然而，包括《反垄断法》及其配套法规、规章以及规范性文件在内的反垄断规范侧重

---

* 本文系研究阐释党的十九届五中全会精神 2021 年度国家社科基金重大项目"在法治轨道上促进平台经济、共享经济健康发展研究"（21ZDA025）阶段性成果。

** 中国人民大学法学院博士研究生。

① 参见王先林：《中国反垄断法实施热点问题研究》，法律出版社 2011 年版，第 4-5 页；徐孟洲、孟雁北：《竞争法》，中国人民大学出版社 2017 年版，第 38-39 页。

规定执法程序、调查权力以及受调查经营者的配合义务,对受调查经营者等主体的程序性权利关注不够。一方面,《反垄断法》没有对此类权利作出较明确规定;① 另一方面,作为行政立法的反垄断配套法规、规章与规范性文件对这类权利的规定较为粗线条且系统性有待提升。进一步而言,相关规范缺失导致我国反垄断执法中受调查经营者等主体的程序性权利保障问题较为突出。

域外经验表明,在反垄断规范中明确受调查经营者等主体享有的程序性权利,并在反垄断执法中加以落实,对于维护受调查经营者等主体的合法权益、确保程序正当、提升反垄断执法的法治化与规范化有着重要的意义。实践表明,竞争监管的科学性有赖于对市场信息的获取与分析,"信息赤字"影响反垄断执法的准确性,更影响反垄断法律的实然性。② 基于"平台、数据、算法三维结构理论"(PDA 范式)③ 分析,方兴未艾的数字经济动态竞争特征明显给竞争执法带来更多挑战,执法机构在"假阳性错误"与"假阴性错误"间进退维谷,④ 暴露出市场竞争监管信息不对称问题越发突出。"信息赤字"的改善,一方面需要执法部门拥抱信息技术构建技术驱动型反垄断执法体系,⑤ 另一方面需要充分发挥执法程序的对话功能⑥和参与功能⑦,构建规制者与被规制者、其他受规制决策影响者的沟通机制,推动协商合作式竞争治理。

《反垄断法》修订背景下,本文拟通过比较中欧反垄断执法中受调查经营者等主体享有的程序性权利,揭示我国在保障这类权利方面存在的问题并提出完善建议,以达到规范反垄断执法、推动反垄断监管现代化、促成市场竞争合作治理目的。以欧盟为比较对象有两个考虑:一是,不同于美国以私人诉讼为反垄断法实施的主要方式,欧盟和我国均以反垄断行政执法为主要实施手段;二是,作为反垄断法公共执行较成熟的司法辖区,欧盟的竞争立法和执法对受调查经营者等主体程序性权利的保障较为完备。

---

① 现行《反垄断法》设专章规定反垄断执法程序,但章节名称却仅为"对涉嫌垄断行为的调查",没有体现对权利的关注。

② 参见黄尹旭、杨东:《超越传统市场力量:超级平台何以垄断?》,《社会科学》2021 年第 9 期。

③ 参见杨东、黄尹旭:《元平台:数字经济反垄断法新论》,《中国人民大学学报》2022 年第 2 期。

④ 参见〔美〕莫里斯·E. 斯图克、艾伦·P. 格鲁内斯:《大数据与竞争政策》,兰磊译,法律出版社 2019 年版,第 267 页。

⑤ 参见杨东:《论反垄断法的重构:应对数字经济的挑战》,《中国法学》2020 年第 3 期。

⑥ 参见江必新:《行政程序法的功能、效用及目标模式》,《比较法研究》1988 年第 4 期。

⑦ 参见章剑生:《现代行政程序的成因和功能分析》,《中国法学》2001 年第 1 期。

一、反垄断执法与程序性权利

（一）反垄断执法程序性权利的概念

反垄断执法程序性权利主要是指在反垄断执法程序中受调查经营者等主体所享有的一类权利。性质上，此类权利是一种程序性权利，不同于反垄断法上规定的经营自由等实体性权利；此类权利存在于反垄断法的公共执行中，也不同于反垄断民事诉讼中作为原告或被告所享有的程序性权利。内容上，此类权利像一个"权利束"，包括获得协助权、知情权、发表意见权、听证权以及秘密信息获得保护权等在内的一系列权利的总称。① 时间上，有的程序性权利贯穿整个反垄断执法过程，有的仅在特定阶段产生。前者以获得协助权为代表，在经营者集中案件中负有申报义务的经营者甚至可以在正式申报前委托律师协助其就申报事项同反垄断执法机构沟通；后者以查阅执法卷宗权为例，一般来说受调查经营者仅在反垄断执法机构完成调查或作出初步执法决定后才可要求查阅执法机构的卷宗。

反垄断执法程序性权利与实体权利构成相辅相成的关系。② 陈述意见权等程序性权利使受调查经营者有权为自身行为辩护，从而保障企业经营自由等实体性权利的实现。反过来，落实实体性权利的要求又促进了程序性权利的发展和完善。

（二）反垄断执法程序性权利的规范依据

我国和欧盟有关反垄断执法中程序性权利的规定大都散落在各自主要反垄断法律及配套法律文件中，③ 从特殊法与一般法的关系来看，由于反垄断执法机构属行政机关，反垄断执法可纳入行政执法范畴，反垄断调查也应依照行政

---

① 参见万江：《中国反垄断法理论、实践与国际比较》，中国法制出版社 2015 年版，第 222－223 页。

② 参见金善明：《〈反垄断法〉文本的优化及其路径选择——以〈反垄断法〉修订为背景》，《法商研究》2019 年第 2 期。

③ 我国现行《反垄断法》《禁止垄断协议暂行规定》《禁止滥用市场支配地位暂行规定》等法律文件规定了部分程序性权利；欧盟反垄断执法程序性权利主要由《欧盟并购控制条例》《欧盟并购控制条例实施条例》《欧共体条约第 81 条和第 82 条实施程序条例》规定。

程序进行,① 因而对反垄断执法程序性进行控制需遵守行政法甚至有关宪法规范的要求,在一般行政法律法规和部门规章中可以找到有关此类权利的补充规范。此外,中欧反垄断执法均强调非正式法律文件或"软法"的作用,两个辖区的执法机构各自制定的指南、指引以及最佳实践等文件中也含有该程序性权利的非正式规范依据。②

(三) 反垄断执法程序性权利主体

享有反垄断执法程序性权利的主体主要是受反垄断调查的经营者,既包括涉嫌达成或实施垄断协议的经营者或行业协会、滥用市场支配地位的经营者,也包括作为经营者集中申报义务人的经营者。但这是狭义理解,广义上享有该类权利的主体还应当包括参与到反垄断执法中的案件举报人以及作为利益相关方的其他经营者。由于中欧反垄断规范均具有域外适用效力,受调查的外国经营者也可以在反垄断执法中主张此类权利。

二、中欧反垄断执法程序性权利之比较

(一) 获得协助的权利

1. 欧盟执法程序中的获得协助权

在一般反垄断调查程序以及集中审查程序中,经营者均须具备适当的能力以积极参与反垄断执法。为确保这一参与,经营者应当享有获得专业人员(尤其是内部律师或外部律师)协助的权利。《欧盟并购控制条例》第 11 条第 4 款、《欧盟并购控制条例实施条例》第 15 条第 5 款以及《欧共体条约第 81 条和第 82 条实施条例》第 18 条第 4 款规定,律师可以代表企业回复欧盟委员会发出的信息请求或者代表企业出席听证。获得协助权是陈述意见权等权利得以实现的重要保障,在保证执法程序公平、正当方面扮演不可忽略的作用。③

---

① 参见吴振国:《统一执法标准和程序,优化和细化制度设计——〈禁止垄断协议暂行规定〉解读》,载《中国市场监管报》2019 年第 8 月 30 日。

② 如我国国务院反垄断委员会制定的《横向垄断协议案件宽大制度适用指南》和《垄断案件经营者承诺指南》,欧盟委员会发布的《关于欧盟运行条约第 101 条和第 102 条程序的最佳实践》《关于欧盟反垄断执法信息公开的最佳实践》等。

③ See Daniel Muheme, Norman Neyrinck, and Nicolas Petit, "Procedural Rights in EU Antitrust Proceedings", in Caroline Cauffman and Qian Hao, ed., *Procedural Rights in Competition Law in the EU and China*, Springer, 2016, p. 131.

　　尽管获得律师等专业人员协助是欧盟反垄断执法中的一项重要程序性权利，以往案例却表明，在遭到突击检查时受调查经营者不能根据该权利主张其律师必须在场。换言之，受调查经营者的律师在场并非欧盟委员会突击检查合法的必要条件。① 同时，在欧盟委员会的口头询问调查中，接受询问的企业员工是否有权主张该权利也并不明确。由于违反欧盟竞争规范在一些成员国可能招致刑事责任，接受询问的企业高管如果在没有律师陪同的情况下作出不利于自身的陈述，可能面临自证其罪的风险。此外，律师等专业人员的协助得以充分实现的一个前提是欧盟确立了律师特权原则（Legal Professional Privilege），即受调查经营者同其律师之间传递的文书不在委员会调查范围之内，经营者为答辩目的向律师透露的有关涉嫌垄断行为的事实和证据不得被强制要求提供给执法机构。② 这一原则帮助受调查经营者免去后顾之忧，使其可以无顾虑地同律师就案件进行沟通。但欧盟法对此亦有限制，认为由于经营者内部律师同受调查经营者存在雇佣关系、缺乏独立性，因而内部律师知悉的有关涉嫌垄断行为的信息不受律师特权原则保护。③ 这样的限制可能使经营者不得不放弃从内部律师处寻求协助，一定程度上限制了经营者挑选协助方的选择权④、增加了经营者获得协助的成本；此外，由于经营者内部律师比外部律师更熟悉企业情况，这种限制也对经营者获得更好的协助构成了障碍。⑤

---

　　① Case C-136/79, National Panasonic v Commission, [1980] ECR 2033, para 19.

　　② 欧盟上诉法院也使用 "Principle of Confidentiality of Written Communications Between Lawyer and Client" 来表述这一权利。See Wouter P. J. Wils, "Legal Professional Privilege in EU Antitrust Enforcement: Law, Policy & Procedure", *World Competition*, Vol. 42, No. 1 (2019), p. 22.

　　③ Case C-155/79, AM & S Europe Limited v Commission, [1982] ECR 1575, paras 21, 22, and 27; Joined Cases T-125/03 and 253/03, Akzo Nobel Chemicals Ltd and Akcros Chemicals Ltd v Commission, [2007] ECR Ⅱ-3532, para 117.

　　④ See Daniel Muheme, Norman Neyrinck, and Nicolas Petit, "Procedural Rights in EU Antitrust Proceedings", in Caroline Cauffman and Qian Hao ed., *Procedural Rights in Competition Law in the EU and China*, Springer, 2016, p. 134.

　　⑤ 这种限制也导致经营者不愿同内部法律人员透露完整的商业信息，使内部法律人员不能很好地履行合规职能。See Luis Ortiz Blanco and Konstantin Jörgens, "Important Developments in the Field of EU Competition Procedure", *Journal of European Competition Law & Practice*, Vol. 2, No. 6 (2011), p. 562. 此外，"劳动雇佣关系会影响内部律师独立性" 的观点也存在商榷之处，实践中欧盟针对企业内部律师制定了诸多严格的行为规范，一定程度上可以维护和确保内部律师的独立性。See Mauro Squitieri, "The Use of Information in EU Competition Proceedings and the Protection of Individual Rights", *Georgetown Journal of International Law*, Vol. 42, (2011), p. 462.

2. 我国执法程序中的获得协助权

我国《反垄断法》未明确规定反垄断执法中受调查经营者享有获得协助的权利,但《市场监管总局反垄断局关于经营者集中申报的指导意见》第 28 条和《经营者集中审查暂行规定》第 11 条等反垄断配套规章和规范性文件,以及《律师办理经营者集中申报业务操作指引》等行业规范对此进行了规定。另外,过去十多年的反垄断执法实践亦表明无论国内律师还是国外律师均可受企业委托参与到执法程序中来。[1] 此外,经营者还可以邀请法学或经济学专家在听证程序中发表专业意见,这也可以被视为获得协助权的一种体现。

调查活动中经营者是否有权坚持要求律师必须在场,我国《反垄断法》同样没有明确规定,但一些报道中反垄断执法机构的官员曾非正式地表示会为外国公司留出时间通知律师。事实上,反垄断调查中律师必须在场的观点值得商榷,没有必要将律师在场视为反垄断调查合法的必要条件。由于《反垄断法》及其配套法律文件对反垄断调查权的行使设置了诸多程序性限制,因此并非必须通过律师在场来确保程序正当。因此,我国反垄断调查中要求律师必须在场的意义不大,盲目规定这一要求,反而可能妨碍反垄断调查,影响执法活动的正常开展和效率。

(二) 秘密信息受保护的权利

1. 欧盟执法程序中的秘密信息受保护权

《欧共体条约第 81 条和第 82 条实施条例》与《欧盟并购控制条例》要求欧盟委员会及其工作人员对在执法活动中获得的商业秘密、业务关系以及成本构成等敏感信息恪守保密义务。由于受调查经营者、利益相关方以及举报人均存在向欧盟委员会提供秘密信息的可能,这些主体均有权主张秘密信息受保护。但欧盟法规定上述主体在提交材料时有义务说明哪些信息应被划入保密范围,如未说明委员会可全部按照非保密信息处理。

受调查经营者可以要求查阅执法卷宗,从而获得与执法初步决定相关的信息,此时秘密信息受保护的权利可能同阅卷权利存在冲突。为化解冲突,欧盟委员会原则上将保密信息事先排除在可供查阅的范围之外。但倘若特定案件的

---

[1] 参见董灵、张雪:《中国反垄断执法程序中当事人的权利保障——以欧盟竞争法为参照》,《竞争政策研究》2016 年第 5 期。

处理需要公开有关秘密信息，欧盟法院要求委员会在个案基础上权衡公开与不公开的利弊。①

2. 我国执法程序中的秘密信息受保护权

同欧盟的规定类似，我国《反垄断法》及其配套法律文件也要求执法机构和执法人员对获得的商业秘密等敏感信息保密。《反垄断法》第六十六条规定反垄断执法人员泄露受保护的信息，无论是否故意均应承担内部处分的法律责任；第六十七条规定违反本法规定构成犯罪的，应承担刑事责任。根据《反垄断法》第四十六条的规定，举报人同样有权主张其提交的秘密信息受保护。

但我国《政府信息公开条例》又规定，为实现更重要的公共利益，商业秘密信息可以被公开。考虑到我国反垄断执法偶有考虑非竞争因素的情形，存在经营者的商业秘密泄露给公众或其他相关方的风险。加之，我国执法机构有权最终决定一项信息是否属于受保护的秘密信息，这种风险可能更加突出。比较可以看出，中欧反垄断执法机构对于如何处理商业秘密等敏感信息均采取较谨慎的方式，但也均承认秘密信息获得保护的权利应受制于更大的公共利益和执法的有效开展。

（三）查阅卷宗的权利

1. 欧盟执法程序中的查阅卷宗权

根据《欧盟并购控制条例实施条例》第 17 条和《欧共体条约第 81 条和第 82 条实施程序条例》第 15 条规定，受调查经营者可以主张查阅卷宗的权利，但仅限于为实现有关反垄断的行政程序或司法程序之目的。查阅执法卷宗权的意义在于，一方面有助于涉案企业了解案件情况、更好地回应欧盟委员会的初步决定，② 另一方面也可以在竞争执法程序中实现受调查经营者与欧盟委员会地位的平等。

实践中，如果欧盟委员会没有理由拒绝受调查经营者查阅文件或不合理地延缓查阅安排，欧盟法院可以侵犯经营者为自身辩护的权利为由撤销委员会的

---

① Case T-198/03, Bank Austria Creditanstalt v Commission, [2006] ECR Ⅱ-1429, paras 46 above and 71; Case T-474/04 Pergan Hilfstoffe furindustrielle Prozesse v Commission, [2007] ECR Ⅱ-4225, para 65.

② See Wouter P. J. Wils, "Access to the File in Competition Proceedings Before the European Commission", *World Competition*, Vol. 42, No. 3 (2019), pp. 260-261.

执法决定。① 然而，这并非意味着所有上诉均能获得法院支持。在 Hercules 案中，欧盟法院认为受调查经营者应当证明如果其查阅请求获得许可，委员会可能作出完全相反的最终决定。② 曾有一起案件涉及作为第三方或利益相关方的经营者是否有权查阅受调查经营者在成员国反垄断宽大程序中提交的相关材料。受调查经营者对向他人公开此类信息十分紧张，因为后者有可能利用这些信息在成员国法院提起反垄断民事诉讼寻求赔偿。在对这一问题的初步裁决中，欧盟法院没有作出明确指引，认为由于欧盟法缺乏相关规定，成员国法院应在个案基础上裁量第三方或利益相关方的查阅请求是否应当被允许。③ 为妥善解决其他主体针对宽大材料的查阅请求，法院的确需要结合案情具体分析，但欧盟法院的回复似乎在一定程度上减损了宽大政策的吸引力并将受调查企业置于一个更不确定的地位。④《违反欧盟竞争法的国内索赔指令》否定了欧盟法院的观点，规定无论在欧盟执法层面还是成员国执法层面，经营者为申请宽大和承诺而提交的材料均不得被第三方查阅。

2. 我国执法程序中的查阅卷宗权

我国《反垄断法》及其配套规范中，似乎难以找到主张查阅卷宗权利的依据。⑤ 尽管《市场监督管理行政处罚程序规定》第五十七条规定反垄断执法机构应当告知受调查经营者其初步的执法决定、相关案件事实和证据，但这并非意味着企业可以据此查阅执法机构的卷宗，可能仅有那些明显指涉违法行为的材料才会被允许查阅。⑥ 值得注意的是，《行政复议法》第四十七条规定行政复议程序中申请人、第三人及其委托代理人可以按照规定查阅、复制被申请人提出的书面答复、作出行政行为的证据、依据和其他有关材料，这似乎给受调查经营者或利益相关方查阅反垄断执法机构的执法卷宗提供了可能。但这种迟滞

---

① Case C-110/10 P, Solvay SA v Commission, [2011] ECR Ⅰ-10439, paras 47-69.

② Case T-7/89, SA Hercules Chemicals NV v Commission, [1991] ECR Ⅱ-1711, para 56.

③ Case C-360/09, Pfleiderer AG v Bundeskartellamt, [2011] ECR Ⅰ-5161, para 32.

④ See Luis Ortiz Blanco and Konstantin Jörgens, "Important Developments in the Field of EU Competition Procedure", *Journal of European Competition Law & Practice*, Vol. 2, No. 6 (2011), p. 564.

⑤ 我国反垄断执法机构认为，在执法程序中受调查经营者不享有阅卷权。参见菏泽市汽车行业协会与山东省市场监督管理局一审行政判决书，(2020) 鲁0102行初197号。

⑥ See Caroline Cauffman and Qian Hao, "Comparison of the EU and Chinese System of Procedural Rights", in Caroline Cauffman and Qian Hao ed., *Procedural Rights in Competition Law in the EU and China*, Springer, 2016, p. 264.

的可能似乎背离了查阅卷宗权保障经营者了解案情、陈述意见、为自身充分辩护的本意。退一步讲，即使承认上述安排的意义，也要注意到此种阅卷权的实现是以受调查经营者或利益相关方提出行政复议为前提，而《反垄断法》实施中针对反垄断执法决定的行政复议少之又少，很难评估在反垄断执法程序中受调查经营者等相关主体是否在事实上获得了阅卷权。

（四）陈述意见的权利

1. 欧盟执法程序中的陈述意见权

欧盟执法程序中经营者的陈述意见权有两种实现方式：一是以书面形式提交意见书；二是以口头形式在听证中表达意见。依据《欧共体条约第81条和第82条实施条例》第27条第1款和《欧盟并购控制条例》第18条第1款，受调查经营者有权通过听证或书面形式向欧盟委员会陈述其对案件的看法。此外，举报人和其他利益相关方也有权或受欧盟委员会的邀请参加听证并陈述观点。

为提升听证的客观性、透明度和效率，[1] 欧盟内部制定了一系列听证规则并设置了听证专员具体负责听证的批准和进行，但实践中欧盟的反垄断听证仍存在诸多问题。首先，作为行政执法环节听证大多不公开，这违背了《欧洲人权公约》对听证的要求。[2] 虽然有观点指出不公开听证可为受调查经营者坦诚而轻松地陈述意见创造一个相对"舒适的空间"[3]，但这并不能否定法律对听证透明度和受公众监督的要求。其次，考虑到欧盟内部独特的科层制决策机制，听证可能失去其意义。原因是特别设立的听证专员仅在竞争执法程序合法性方面发挥微弱的监督作用：听证专员仅就当事人提出的问题进行听证，没有法定义务要求其主动发掘问题，[4] 且其仅负责将问题上报欧盟委员会最终决策，无

---

① See Wouter P. J. Wils, "The Role of the Hearing Officer in Competition Proceedings Before the European Commission", *World Competition*, Vol. 35, No. 3 (2012), p. 433.

② 《欧洲人权公约》第6条规定，听证应当由一个独立、公正的裁判庭主持，公平、公开地进行。尽管作为一个整体，欧盟目前并没有加入《欧洲人权公约》，但《里斯本条约》规定欧盟应遵守前者的规定，一些欧盟学者亦认同加入《欧洲人权公约》具有独特意义。参见 Treaty of Lisbon, art 6 (2)；See Adam Lazowski and Ramses Wessel, "When Caveats Turn into Locks: Opinion 2/13 on Accession of the European Union to the ECHR", *German Law Journal*, Vol. 16, No. 1 (2015), p. 179.

③ See Anca D. Chirita, "Procedural Rights in EU Administrative Competition Proceedings: Ex Ante Mergers", in Caroline Cauffman and Qian Hao ed., *Procedural Rights in Competition Law in the EU and China*, Springer, 2016, p. 76.

④ See Wouter P. J. Wils, "The Role of the Hearing Officer in Competition Proceedings Before the European Commission", *World Competition*, Vol. 35, No. 3 (2012), pp. 454-456.

权自行决定,这意味着反垄断执法中的程序性违法可能并不会对最终的执法决定产生正式影响。① 最后,即使设立了专门听证专员,听证也可能有失公正。长久以来,欧盟委员会由于既扮演裁决者又扮演调查者遭受了很多批评。② 虽然欧盟听证专员威尔斯认为,欧盟委员会行使双重职能而可能导致的执法偏见已通过委员会内部审核与平衡机制以及欧盟法院的司法审查机制得到约束,因而现行欧盟反垄断听证制度符合《欧洲人权公约》第 6 条的规定,③ 但其也承认执法偏见并没有被完全解决,"没有机制可以确保委员会的决定完全不受事先偏见所影响"。④

2. 我国执法程序中的陈述意见权

我国《反垄断法》明确规定了陈述意见权,受调查经营者和其他利益相关方可以主动或受邀请以书面或口头形式陈述意见。根据《市场监督管理行政处罚听证办法》,受调查经营者应在收到反垄断执法决定事先告知书五天内提出听证申请,且除非涉及国家秘密、商业秘密或者个人隐私依法予以保密外,其他听证应当公开。为确保公平,受调查经营者还有权申请存在利益冲突的听证主持人回避。

然而,我国有关陈述意见权的规定也同样存在问题。首先,为更好地为自身辩护,经营者应尽可能事先查阅执法机构的卷宗材料,但我国反垄断执法程序中经营者并不享有这种阅卷权,导致其可能无法为陈述意见进行充分的准备。其次,有实践表明,一些执法人员将听证视为收集更多案件事实和证据的环节,有违程序正义。⑤ 最后,考虑到时间限制,相关经营者也可能无法在短时间内

---

① See Daniel Muheme, Norman Neyrinck, and Nicolas Petit, "Procedural Rights in EU Antitrust Proceedings", in Caroline Cauffman and Qian Hao ed., *Procedural Rights in Competition Law in the EU and China*, Springer, 2016, p. 144.

② See Denis Waelbroeck and Denis Fosselard, "Should the Decision-Making Power in EC Antitrust Procedures be Left to an Independent Judge? —The Impact of the European Convention of Human Rights on EC Antitrust Procedures", *Yearbook of European Law*, Vol. 14, No. 1 (1994), p. 111.

③ See Wouter P. J. Wils, "The Combination of the Investigative and Prosecutorial Function and the Adjudicative Function in EC Antitrust Enforcement: A Legal and Economic Analysis", *World Competition*, Vol. 27, No. 2 (2004), pp. 219–220, pp. 205–206.

④ See Wouter P. J. Wils, *Principles of European Antitrust Enforcement*, Oxford: Oxford University Press, 2005, p. 164.

⑤ See Adrian Emch, Wei Han, and Clara Ingen-Housz, "Merger Control in China: Procedural Rights", in Caroline Cauffman and Qian Hao ed., *Procedural Rights in Competition Law in the EU and China*, Springer, 2016, p. 116.

为陈述意见做好准备。

（五）其他程序性权利

1. 知情权

欧盟委员会应当通过反对声明告知经营者其执法决定及依据。从以往判例来看，委员会的最终执法决定若背离了反对声明所载理由和依据，很有可能被欧盟法院撤销。但在欧盟的反垄断执法中，受调查经营者的知情权还有可能通过阅卷权得以实现。显然，只有经营者自身最清楚哪些信息是值得知情的，通过赋予经营者查阅卷宗的权利，可以在最大程度上保障其知情权的实现。

我国《反垄断法》规定，反垄断执法中受调查经营者应当被告知其享有的权利以及执法机构作出决定的依据。对于前者，诸多反垄断配套规章作出了具体规定。对于后者，《市场监督管理行政处罚规定》第五十七条和第六十二条规定，执法机构应当在执法决定书中明确其相关决定的依据，尤其应当解释为何受调查经营者的意见或观点没有被采纳。近年来，我国反垄断执法机构制作的执法决定书在内容上越发翔实。目前的问题主要集中在执法文书的公开上，以市场监管总局对浙建收购多喜爱未依法申报案件①的处理为例，该案行政处罚决定书表明作出行政处罚决定的日期是 2020 年 9 月 3 日，但市场监管总局公开该文书的日期却是 2020 年 10 月 14 日，违背了《国务院关于促进市场公平竞争、维护市场正常秩序的若干意见》以及《国务院办公厅关于全面推行行政执法公示制度执法全过程记录制度重大执法决定法制审核制度的指导意见》中设置的行政处罚决定公开时限要求。公开执法文书是案件举报人、利益相关经营者以及社会公众了解案情的重要方式，迟滞公开不利于上述主体知情权的实现。此外，欧盟的经验也表明，强制性的公开义务可以倒逼反垄断执法机构提升执法决定的质量。正如威廉姆·科瓦契奇（William Kovacic）所言，的确反垄断执法机构公开得越多遭受的批评也就越多，但不公开可能使其失去反思和完善反垄断执法工作的机会。②

2. 沉默权

欧盟执法实践中，执法机构可能要求经营者向其提交相关信息或主动走访

---

①　参见国家市场监督管理总局行政处罚决定书国市监处〔2020〕14 号。

②　参见［美］威廉姆·科瓦契奇：《中国竞争政策的下一个十年》，《中国市场监管研究》2018 年第 9 期。

经营者的员工，原因是在密谋价格卡特尔等案件中，经营者自身及其员工是掌握关键证据信息的重要主体。① 欧洲人权法院禁止以强制方式向自然人收集证据，但其并未明确法人及其员工是否可以适用这一规定。欧盟法院一方面通过判决认定受调查经营者及其员工有权保持沉默以避免作出对自身不利的陈述，但另一方面判决也表明经营者和员工不能以享有沉默权为由拒绝委员会发出的信息获取请求。② 因此，欧盟反垄断执法程序中经营者享有的沉默权仅可以对抗那些明显引诱自证其罪的问题，而不能对抗单纯的事实问题或文件获取请求。③

沉默权与"推定无罪"权利相联系，后者意味着在缺乏充分证据证明的情况下，经营者不应被认为从事了垄断行为。④ 同时这一权利同宽恕政策也有联系，在宽恕程序中经营者会向反垄断执法机构提供重要的信息，而这些信息往往是证明其自身存在涉嫌垄断行为的重要证据。欧盟法院认为，宽恕政策的适用不存在违反沉默权的可能，因为企业往往自愿选择承认一些事实或提交一些信息。⑤

3. 在合理时间内获得执法决定的权利

在合理时间内获得执法决定的权利旨在避免受调查经营者处于法律适用的不确定状态。《欧盟并购控制条例》第 10 条和《欧盟基本权利宪章》第 47 条规定，欧盟委员会的决定应当在固定且合理的时间内作出。我国《反垄断法》也为经营者集中审查决定的作出设置了时间限制，并规定未按时作出审查决定的视为同意集中。至于垄断协议和滥用市场支配地位案件的执法决定是否应在限制时间内作出，以及超时未作出决定存在何种影响，中欧反垄断法均没有明

---

① See Wouter P. J. Wils, "Powers of Investigation and Procedural Rights and Guarantees in EU Antitrust Enforcement: The Interplay Between European and National Legislation and Case-Law", *World Competition*, Vol. 29, No. 1 (2006), p. 4.

② Case C-347/87, Orkem v Commission, [1989] ECR 3283, para 28; Joined Cases C-238/99 P, Limburgse Vinyl Maatschappij and Others v Commission, [2002] ECR I-8375, paras 258-293.

③ See Wouter P. J. Wils, "The Role of the Hearing Officer in Competition Proceedings Before the European Commission", *World Competition*, Vol. 35, No. 3 (2012), pp. 450-451.

④ European Convention on Human Rights, art 6 (2; Charter of Fundamental Rights of the European Union, art 48; Case C-338/00 P, Volkswagen v Commission, [2003] ECR I-9189, paras 163-166.

⑤ Case T-322/01, Roquette Frères v Commission, [2006] ECR II-3137, paras 263-267.

确规定，① 原因可能在于垄断协议和滥用市场支配地位的垄断案件较为复杂且调查难度较大。

对于不合理的执法拖延，欧盟法院在坚持个案分析基础上发展了自己的判断标准，认为判断委员会的执法是否存在拖延应结合案件的重要程度、复杂程度以及受调查经营者的行为来综合分析。② 然而，大多数情况下，法院对于以执法拖延为由宣告欧盟委员会执法决定违法仍持谨慎态度。与侵犯阅卷权的司法审查标准类似，法院认为若要达到撤销委员会决定的目的，经营者必须证明委员会的执法拖延严重影响了其充分行使陈述意见为自身辩护的权利。③ 欧盟反垄断执法中另一个有关"拖延"的问题是如何处理欧盟初审法院（General Court）针对委员会执法决定司法审查的拖延。考虑到上诉仅审查法律的适用争议，欧盟上诉法院（Court of Justice）认为明显遭受拖延裁判的经营者可以向初审法院索赔，④ 但令人怀疑的是，初审法院审理以自己为被告的案件是否可以做到公正，在康德瑞恩公司（Kendrion）案和德国绿点双轨系统（Der Grüne Punkt-Duales System Deutschland）案中，上诉法院拒绝审理有关初审法院延迟裁判的诉讼请求，坚持认为上诉法院程序不容许重启应当由初审法院决定的事项。⑤

4. 获得一致连贯和可预测执法决定的权利⑥

这一权利意味着反垄断执法机构应确保其执法决定同之前类似案件的执法决定一致，对于受调查经营者明显会产生一致性期待的案件，这种要求更为严格。⑦ 类似于判例法，这种期待使经营者能够判断其商业策略的合法性及影响，

---

① 尽管若欧盟委员会怠于作出执法决定，经营者可根据《欧洲人权公约》或《欧洲人权宪章》将委员会告上法院。

② Case C-185/95 P, Baustahlgewebe GmbH v Commission, [1998] ECR I-8417, para 29; Joined Cases C-238/99 P, Limburgse Vinyl Maatschappij and Others v Commission, [2002] ECR I-8375, para 187.

③ See Daniel Muheme, Norman Neyrinck, and Nicolas Petit, "Procedural Rights in EU Antitrust Proceedings", in Caroline Cauffman and Qian Hao ed. , *Procedural Rights in Competition Law in the EU and China*, Springer, 2016, p. 143.

④ Case C-58/12 P, Groupe Gascogne v Commission, EU：C：2013：770, paras 83 and 89.

⑤ Case C-50/12 P, Kendrion NV v Commission, EU：C：2013：771, para 87; Case C-385/07, Der Grüne Punkt-Duales System Deutschland GmbH v Commission, [2009] ECR I6155, para 194.

⑥ 有学者使用"对过往决定的依赖权"来表述该权利，参见董灵、张雪：《欧盟竞争执法程序中当事人权利保障制度研究》，《价格理论与实践》2015 年第 6 期。

⑦ Case T-115/94, Opel Austria GmbH v Council, [1997] ECR Ⅱ-39, para 94.

有利于法律适用的确定性。但欧盟执法表明,这种权利不能对抗委员会享有的罚款裁量权。受调查经营者不能以侵犯该权利为由,质疑委员会竞争执法决定中有关罚款金额的部分。[1]

在我国,这一权利可能很难实现。如前讨论,知情权和执法决定公开在我国的落实程度并不理想,经营者很难产生所谓的合理期待。[2] 同欧盟竞争法相比,我国《反垄断法》身兼多重目标,对执法机构而言保持执法决定的一致性可能存在很大困难。[3] 考虑到我国针对反垄断执法的司法审查不尽如人意,这种权利也难以获得司法救济。海南裕泰案表明,法院一般会尊重反垄断执法机构在个案中的分析方法,尽管法院完全有能力发展出自身的审查标准。[4]

三、中国反垄断执法程序性权利保障之优化

由上述分析可知,我国反垄断执法中受调查经营者等主体已享有了部分程序性权利,但对比欧盟的立法和实践,尚不算健全和完备。[5] 这部分将对具体问题进行概括,并提出建议。然而,欧盟在保障此类权利方面的制度安排与实践只能作为一种比较法层面的经验来源和对比样本,其本身也存在过于"机械"、拖沓冗长、缺乏灵活性的弊端,我国反垄断执法程序性权利保障的优化需要契合现实体制机制与本土实践,承认特定时期现实的经济社会条件所施加的制约,在中国语境下兼顾程序性权利保障的一般性与特殊性问题,随着市场竞争的发展变化情况不断完善。[6]

---

① Case C-397/03 P, Archer Daniels Midland and Archer Daniels Midlands Ingredients v Commission, [2006] ECR I-4429, para 21; See Peter Oliver and Thomas Bombois, "Competition and Fundamental Rights Survey", *Journal of European Competition Law & Practice*, Vol. 5, No. 7 (2014), p. 502.

② See Mark Furse, "Merger Control in China-the First Year of Enforcement", *European Competition Law Review*, Vol. 31, No. 3 (2010), p. 104.

③ See Mark Furse, "Evidencing the Goals of Competition Law in the People's Republic of China: Inside the Merger Laboratory", *World Competition*, Vol. 41, No. 1 (2018), p. 130.

④ 参见海南裕泰科技饲料有限公司、海南省物价局再审审查与审判监督行政裁定书,最高人民法院 (2018) 最高法行申 4675 号。

⑤ 但也有学者乐观地认为,当前我国反垄断执法中当事人权利保障体系已基本构建完成,参见董灵、张雪:《中国反垄断执法程序中当事人的权利保障——以欧盟竞争法为参照》,《竞争政策研究》2016 年第 5 期。

⑥ 参见王先林:《我国反垄断法实施的初步成效与完善方向》,载王先林主编:《竞争法律与政策评论》(第 4 卷),法律出版社 2018 年版,第 36 页。

（一）现有问题

1. 程序性权利保障立法有待完备

现代反垄断法的重要发展特征之一，是在实体规则之外另立详尽的执法程序，反垄断执法活动对规则的依赖从实体转向程序，对反垄断执法机构的程序性约束成为现代反垄断法的重要内容。[①] 我国反垄断执法"程序性权利束"中仍缺乏阅卷权、沉默权以及获得一致连贯和可预测执法决定等较重要的程序性权利，有碍反垄断执法的程序正义，也侵蚀反垄断执法决策的正当性与合法性。

程序性权利保障立法的另一问题在于，没有将协商民主、公众参与、多方博弈的精神与价值融入其中。史际春教授指出："从改革开放开始，经济法基本上都是在客观经济规律未经社会成员博弈得以充分显现的情况下，因应法律调整的迫切需要而产生的。"[②] 程序性权利保障立法的不完善恰可以说明我国经济法"先天"存在的民主性、参与性、博弈性不足。反垄断实体法规则的强烈政策色彩和经济协调任务决定了其难以被简单地适用，需要配合以更高要求的民主参与和博弈。不同市场主体积极有序参与和博弈的缺乏，势必将削弱《反垄断法》的实际效力。

就目前《反垄断法》及其配套规范中已确立的程序性权利而言，规范内容存在过于简单、缺失关键细节的问题。以听证权为例，尽管欧盟反垄断听证制度饱受批评，但通过设置专门的听证专员，听证的客观性和透明度已有相当程度的提高。我国有关听证权的规定还没有将听证应当客观、公正、透明以及独立的要求考虑在内，仅就应当告知有权申请听证情形和听证申请时间等基本事项进行说明，"座谈会"等较为灵活的非正式听证也没有获得现有规范的明确认可。此外，一些程序性规则层级不高，限于部门规章或非正式法律文件，也给受调查经营者等主体主张相应的权利带来困难。

陕西省机动车检测垄断协议案[③]也从一个侧面说明了程序性权利规范细化的必要性：《行政处罚法》规定行政机关拟作出较大数额罚款的行政处罚决定时，应当告知当事人有要求听证的权利，但并未对"较大数额罚款"给出解释。《陕西省价格条例》规定，价格执法决定对单位处五十万元以上罚款应当

---

① 参见焦海涛：《论现代反垄断法的程序依赖性》，《现代法学》2008 年第 1 期。

② 参见史际春：《改革开放 40 年：从懵懂到自觉的中国经济法》，《东方法学》2018 年第 6 期。

③ 参见万静：《陕西机动车监测价格垄断案复议诉讼均被驳回》，《法制日报》2016 年 12 月 26 日。

告知当事人有要求听证的权利。据此本案反垄断执法机构陕西省物价局以拟对当事人处罚不足五十万元为由,不履行告知受调查经营者有权申请听证的程序性义务。然而,《陕西省价格条例》设置的"五十万元以上处罚"听证门槛显然过高,不合理地排除了部分经营者申请听证的权利,2018 年公布的《市场监督管理行政处罚听证暂行办法》及时填补了该漏洞,规定拟对法人或者其他组织处以十万元以上罚款行政处罚时,应当告知当事人有要求举行听证的权利。

2. 程序性权利保障规范缺乏落实

反垄断执法程序性权利的保障有赖于全面细致的规范供给,也需要执法机构对相关权利规范不折不扣地实施。实践已揭示出竞争执法机构对一些规范落实得差强人意。以知情权为例,尽管一般行政程序性规范已对行政处罚决定书的内容构成和公开时限设置了要求,但反垄断执法机构的决定内容上仍不够翔实,公开工作也需进一步推进。

再以听证权为例,有学者总结,执法实践中"并不想听的预定式听证、听而不证的选择性听证、走过场的形式主义听证等仍屡见不鲜"①。有批评指出,我国反垄断听证程序有时候像另一个调查环节,执法者期待从中收集更多有关案件的事实和证据,听证不仅没能发挥其应有之申辩功能,更使企业面临"自证其罪"的风险。另外,反垄断执法中的听证主持人独立性不强,听证主持主体与调查主体部分混同,缺乏回避制度约束;企业或畏于最终处罚的加重也不自觉地忽视听证功能,或者干脆不申请听证,有意展现出积极配合执法、接受处罚的态度,博取执法机构的认可。

需强调的是,假定能够作为公共利益最佳代表的反垄断执法机构,执法部门化和内部化之虞使其本身也可能实施非理性行为。程序性权利规范的功能就在于通过赋予经营者参与权,形成对反垄断执法行为的监督,增强反垄断法实施的透明度和可信任度,使执法人员的单方意志性或偏见受到约束。听证权等程序性权利的落实使执法者与企业之间的"平等对话"成为可能,双方在协商中沟通了案件信息,也就更可能作出理性决策。寻求交涉与合意是程序的重要目的,而这种目的与契约的本质是一致的。正如有学者所言,反垄断执法本身就是合意的结果,在某种意义上反垄断制度是一种"集纳市场主体意志的协调

---

① 参见史际春:《改革开放 40 年:从懵懂到自觉的中国经济法》,《东方法学》2018 年第 6 期。

性制度"。①

3. 程序性权利救济机制效用不显著

除严格遵守规范要求外，对反垄断执法程序性权利保障还应体现在设置程序性权利救济机制并使之在事实上发挥效用。受调查经营者等主体可以依据《反垄断法》《行政复议法》和《行政诉讼法》的有关规定，对反垄断执法提起行政复议或行政诉讼。然而，这种救济渠道的开启是在反垄断执法决定作出以后，当反垄断调查程序尚未完结时，程序性权利受到侵害的主体是否有权提起行政复议或行政诉讼寻求救济，尚无明确规范依据可循。

就管辖级别而言，经营者不满省级反垄断执法机构的执法可以分别向省政府或国家市场监督管理总局申请行政复议，当后者作为复议机关时存在自我审查的困境。虽然我国现行反垄断执法体制是中央部门授权省级部门开展反垄断执法，省级反垄断执法机构以自身名义开展执法并作出执法决定，但是中央执法机构仍以报告和备案等内部程序指导、监督地方执法机构的执法活动。在云南机动车驾校培训垄断协议案②中，云南市场监督管理局就以"办案机构已依法在作出行政处罚告知前向国家市场监督管理总局报告"，为自身办案程序合法寻找来自上级部门的背书。

就程序性权利救济机制的实效而言，有关反垄断执法的行政复议和行政诉讼少之又少，很难评估这种程序性权利的救济机制是否真的有效。近来，有实证研究总结我国反垄断行政诉讼存在"四低"现象：发展起点低、案件总量低、执法机构被诉比例低、原告胜诉率低。③ 囿于公开欠缺，反垄断行政诉讼中涉及程序性违法申诉案件的准确数量不得而知，但可以肯定，经营者等主体较低的胜诉率会在一定程度上阻却当事人寻求程序性权利救济。

（二）优化建议

结合《反垄断法》修订背景，本文提出以下优化对策：

---

① 焦海涛：《论现代反垄断法的程序依赖性》，《现代法学》2008 年第 1 期。

② 参见云南省市场监督管理局行政处罚决定书云市监竞处字〔2022〕01 号、云市监竞处字〔2022〕02 号、云市监竞处字〔2022〕03 号、云市监竞处字〔2022〕04 号。

③ 参见侯利阳：《我国反垄断行政诉讼的困境及因应——基于 165 份判决书的实证分析》，《法学》2022 年第 1 期。

1. 加强程序性权利保障规范供给

由于缺乏信任，企业与执法者之间具有"天然"的紧张关系，执法程序以"看得见的方式"搭建出政企对话的平台使信任得以增强，透明度的提高有效降低了管制机关的道德风险，并赋予了企业参与决策的机会。程序规则控制下反垄断执法以多轮多元的协商促成经营者与执法机构间达成"纳什均衡"，在形式上保证每个主体都能得到公平对待，在实质上执法决定作为合意的产物获得更高的认可度和可执行度。①

弥补现行反垄断规范中程序性权利立法的缺失和缺陷，可分两个步骤来完成。首先，应在《反垄断法》第六章"对涉嫌垄断行为的调查"中增加有关程序性权利保障的一般条款，具体内容可规定为"在对涉嫌垄断行为的调查中，反垄断执法机构应当保障受调查经营者、举报人以及其他参与主体的程序性权利"。设置程序性权利一般条款意义有二：一是，发挥一般条款的宣示作用，明确在反垄断执法中受调查经营者等主体的程序性权利受保护，反垄断执法机构在执法活动中应尊重并保障不同主体享有的程序性权利；二是，发挥一般条款的规范作用，当其他程序性权利缺乏明确规定或规定过于粗略时，一般条款可以作为补充性的权利依据。

其次，应以部门立法方式明确在反垄断执法中受调查经营者等主体享有的具体程序性权利。经营者享有的程序性权利包括但不限于获得协助权、沉默权、秘密信息获得保护权、阅卷权、陈述意见权（含听证权）、知情权、在合理时间内获得处理决定权以及对过往决定的依赖权。考虑到反垄断执法机构已经针对一般违反行为调查和经营者集中审查分别出台规章和规范性文件，执法机构可通过修订这些法律文件对上述程序性权利及其具体内容作出规定。对于某些程序性权利的细节，执法机构应在仔细研究域外立法与实践并结合我国当前执法现状的基础上进行完善。以阅卷权为例，不仅要规定受调查经营者对执法卷宗的获取权，还要以细节规则协调好受调查经营者的阅卷权同举报人秘密信息受保护权之间的冲突、利益第三方主体的知情权与受调查经营者秘密信息受保

---

① See Wouter P. J. Wils, "Fundamental Procedural Rights and Effective Enforcement of Articles 101 and 102 TFEU in the European Competition Network", *World Competition*, Vol. 43, No. 1 (2020), pp. 14-15.

护权之间的冲突。欧盟创设了"信息房"（Data Room）机制①有限度地公开秘密信息，可以借鉴此做法。执法机构还可以出台有关程序性权利保障的专门规章或规范性文件，在经营者程序性权利部门立法的具体实现方式上，执法机构可以享有一定的自由决定权。

2. 健全完善反垄断执法听证制度

哈贝马斯将真正法治的实现诉诸合法之法的生成和实施，由商谈民主程序形成合法之法的历程是哈贝马斯所谓实现民主法治理想的必由之路，其以交往理性和商谈原则为核心构建起商谈民主程序，把话语与社会决策程序相结合实现主体的平等对待。② 协商民主理论强调程序在民主意见形成和意志形成过程的作用，认为程序是就行政部门决策提供商谈合理化的重要渠道，没有平等的协商和对话，执法部门所谓公共利益考虑就是一种话语霸权的力量，话语掩盖之下是执法部门甚至行政人员的单纯个人意志。③ 就反垄断执法而言，听证是构建这一社会决策民主协商程序的基础制度。

从欧盟经验来看，听证制度在程序性权利规范落实上发挥关键效用，其不仅是参与权、申辩权、阅卷权等程序性权利得以实现的主要载体，更成为反垄断执法机构自我检视程序合法性的重要环节。欧盟经验表明，客观、独立、公正、透明的听证一方面可以为经营者行使陈述意见权提供有效的渠道，另一方面也可以被当作处理执法中程序性争议的正式机制。我国反垄断执法听证程序必须摒弃形式主义，以增强独立性和申辩实质化为方向进行完善。

具体而言，一是在国家反垄断局内部设置类似欧盟听证主持人的专人或部门负责听证事宜，并使其在职能上区别于一线执法部门，专事程序性权利保障以及对执法程序的监督，避免听证主体与调查主体混同，并辅之以必要的回避制度，确保听证的独立性和公平性。二是在听证程序中贯彻协商民主理念，坚持适度对抗，避免因两极对立影响双方就案件信息的沟通，发挥听证主持人的

---

① See Wouter P. J. Wils, "Procedural Rights and Obligations of Third Parties in Antitrust Investigations and Proceedings by the European Commission", *World Competition*, Vol. 45, No. 1 (2022), p. 50.

② 参见［德］尤尔根·哈贝马斯：《在事实与规范之间：关于法律和民主法治国的商谈理论》，童世骏译，生活·读书·新知 三联书店 2014 年版，第 47 页、第 217 页、第 538 页、第 541-542 页。

③ 参见蒋岩波等：《现代反垄断执法中的协商程序机制》，《国际贸易》2011 年第 1 期。

作用将听证引导为一个理性的"论辩场所"①。三是进一步明确受调查经营者之外的利益第三人参与听证权利,细化这些主体参与听证的资格、方式以及组织形式,以"利益代表"模式的听证扩大执法决策的民主参与性,强化对执法决策的监督,提升合法性。② 四是必须承认反垄断执法案件信息获取难题,执法者将听证视为调查程序的延续是一种不自觉的做法。就修复潜在的程序非正义而言,出路或许在于将听证同反垄断宽恕制度、承诺制度结合,适当延长适用宽恕政策和承诺制度的时间节点,在听证阶段为寻求减轻处罚的经营者创造坦白的机会,以正义的制度设计规范执法者在听证中迫切收集更多证据信息的行为。反垄断执法处罚本身并非目的,威慑也并非最终追求,最重要的是制止垄断行为、释放或者恢复市场竞争。上述适当松动宽恕政策的建议有助于提升反垄断执法的科学性和有效性。当然,在制度安排上有必要区别对待调查开始前或早期的自首行为、承诺行为与听证环节的坦白行为,避免后者导致宽恕制度、承诺制度激励经营者尽早配合执法、最大限度节约执法成本的制度功能失效。另一种优化方案是设置"防火墙"③,当执法人员恶意利用听证程序收集经营者涉嫌垄断行为证据时,后续执法中应排除这些证据,或及时更换办案人员避免执法偏见。

3. 强化执法程序性违法救济审查

没有救济就没有权利。欧盟经验表明,法院司法审查在保障受调查经营者等主体的程序性权利方面有着重要作用。反垄断案件普遍比较复杂,这可能对法官审理反垄断行政诉讼构成障碍。在规制领域,法院司法审查是监督规制决定合法的程序装置,其目的在于确保规制机构在行使裁量权时与法定目标保持一致,但这并不意味着司法审查实践中已形成客观的实体性审查标准,原因在于作为审查标准的规范本身对法定目标的规定就不够清晰。同时,由于规制事项的高度专业性,法官未必有能力代替规制机构作出更合理的决定,早期针对

---

① 参见 [美] 理查德·B. 斯图尔特:《美国行政法的重构》,沈岿译,商务印书馆 2021 年版,第 70 页。

② 参见 [美] 史蒂芬·布雷耶:《规制及其改革》,李洪雷、宋华琳、苏苗罕、钟瑞华译,北京大学出版社 2006 年版,第 420-424 页。

③ 参见焦海涛:《论我国对欧盟卡特尔案件和解程序的引入与改造》,《中南大学学报(社会科学版)》2021 年第 4 期。

规制领域行政决定的"严格"司法审查模式在"谢福林尊重原则"下逐渐式微，① 针对反垄断执法的司法审查限于检查裁量权的行使是否出于恶意或不正当目的以及程序正义似乎并非是不合理的。②

就程序性权利司法救济而言，考虑到司法审查模式的现实并结合当前我国反垄断制度发展的阶段性特征，人民法院不妨将审查反垄断执法的程序性违法作为推进反垄断执法司法审查工作的起点。一般而言，反垄断执法在本质上仍属行政执法，法官针对反垄断执法进行程序层面的合法审查并非"不可承受之重任"，《最高人民法院关于垄断行政案件管辖问题的通知》对反垄断行政诉讼管辖级别较低的问题有所解决，同时也以专业审判人员统一审理的方式回应了一般行政庭法官审查能力不足的问题。程序性规范立法越发系统翔实，意味着诉讼救济机制下司法者和当事人将拥有更多的规范核查点，反垄断执法机构的执法活动与自由裁量权将受到更严格的监督，受调查经营者等主体的程序性权利也将获得更有效的救济。

就行政复议而言，程序性权利保障救济机制的完善需要着眼于复议机关的中立性和级别的提升。考虑到省级政府作为复议机关缺乏处理反垄断行政纠纷的必要能力，依《反垄断法》《行政复议法》规定，国家市场监督管理总局无论作为省级反垄断执法机构的复议机关还是国务院反垄断执法机构的复议机关均存在自我审查之困境，有必要重构国务院反垄断委员的职能，在其内部设立专门的复议机构，③ 统一受理反垄断执法行政纠纷的复议，在人员安排上做好复议主持人员与执法人员的"隔离"。

四、结　语

"加强和改进反垄断执法"是党对新时代反垄断工作的要求。这不仅意味着要强化反垄断执法的力度，还要提升反垄断执法的专业化、法治化和规范

① See Martin Lodge and Lindsay Stirton, "Accountability in the Regulatory State", in Robert Baldwin Martin Cave and Martin Lodge ed. , *The Oxford Handbook of Regulation*, Oxford University Press, 2010, p. 354.

② 参见李健：《如何制约反垄断执法机构——反垄断执法机构的独立性与程序性制约机制》，《南京师大学报（社会科学版）》2010 年第 5 期。

③ 参见刘克江：《论反垄断行政纠纷解决的程序问题》，《中国法律评论》2019 年第 6 期。

化。① 反垄断法追求的公平、公正等价值理性的实现需要依循程序方式才能获得保证，完善对反垄断执法中受调查经营者等主体程序性权利保障是落实"加强和改进反垄断执法"工作的重要内容，应当在《反垄断法》修订和今后的执法活动中得到体现。反垄断执法程序具有不同于实体分析的特殊性，② 依循协商民主理念充分发挥执法程序的参与和沟通功能，有助于反垄断执法机构在充分倾听各方意见的基础上，科学地作出反垄断执法决策。反垄断执法机构落实受调查经营者等主体依法享有的程序性权利，加强对执法活动的程序性控制，做到规范公正文明执法，将有助于营造市场化、法治化、国际化的营商环境，建设更高水平开放型经济新体制。

---

① 参见吴振国：《做到五个统一 全面谋划和做好反垄断工作》，《旗帜》2020 年第 4 期。
② 参见朱战威：《从效率到公正：价值转换下反垄断执法程序之嬗变》，《安徽大学学报（哲学社会科学版）》2015 年第 6 期。

数据可携带与互操作机制在反垄断法下的结合适用[*]

赵泽宇[**]

目　次

欧盟《一般数据保护条例》（以下简称 GDPR）第 20 条所确立的数据可携带权，最近也开始纳入数字经济领域反垄断法的框架下加以考量。[①] 其能够与现阶段反垄断学界热议的数据互操作性相结合，专注于数据向消费者与第三方经营者的开放，一并提高平台之间、平台与消费者之间的数据流动性，能够在识别和规制数据垄断中发挥一定的作用。数字经济背景下，数据逐渐成为平台企业发展壮大的一项关键要素，这类企业能够通过自身攫取的数据，形成大数据链条，通过算法等信息处理工具，吸引更多互联网用户，同时也可以通过对数据的封锁和独占，排除限制其他数字市场企业的竞争。此外，其也会对终端用户做出剥削性和歧视性的反竞争行为，扩大垄断的影响。无论是 Facebook 收

---

　* 本文是司法部 2019 年国家法治与法学理论研究中青年项目 "反垄断法修订完善研究"（项目批准号：19SFB3042）的阶段性成果。
　** 中国人民大学法学院博士研究生。
　① 参见曾彩霞、朱雪忠：《欧盟数据可携权在规制数据垄断中的作用、局限及其启示——以数据准入为研究进路》，《德国研究》2020 年第 1 期。

购 WhatsApp、微软收购领英、Google 收购 Double Click 等经营者集中案例,还是美国与欧盟反垄断执法机关对于 Facebook 和 Google 等企业的滥用市场支配地位行为进行的反垄断调查与诉讼,一定程度上都剑指经营者的数据滥用行为。① 为了从根源上抑制此种行为,一定程度上为数字巨头企业对于数据的控制"解绑"无疑是必要的。数据可携带权赋予了数据主体要求数据控制者以结构化、通用和机器可读的形式向其提供个人信息,以及无阻碍地将其向该控制者提供的个人信息转移到第三方控制者的权利。② 这种数据移转的实现需要数据控制者之间一定的技术互通,而数据互操作正可以使得收发数据的双方之间能够无障碍地进行数据交换,是实现数据可携带权的一条有效路径。③ 因此,数据可携带权需要与数据互操作共同实施,这样不仅能够促进市场内的数据流动,同时也赋予数据主体的信息自决权,对于个人信息保护、消费者权益维护、促进市场竞争都有益处。然而,过度的数据开放和流动也会产生许多问题,如数据产权合同纠纷、侵犯知识产权以及侵害用户数据隐私等。④ 所以,两者结合时,首先应互为比例进行适用,其次应注意数据类型、实施程度、行业区分适用以及外部法律关系的处理,以保持各方的利益平衡,使得这两种机制不会对某一方利益相关者损害过度。

一、数据可携带权与互操作的引入必要与组合机理

许多国家的反垄断执法机关都提出要将数据可携带权以及数据互操作性纳入反垄断法框架下加以讨论。⑤ 然而,迄今为止各国反垄断法文本中并没有对

---

① 参见殷继国:《大数据市场反垄断规制的理论逻辑与基本路径》,《政治与法律》2019 年第 10 期;丁晓东:《论数据垄断:大数据视野下反垄断的法理思考》,《东方法学》2021 年第 3 期。

② See Regulation (EU) 2016/679 of the European Parliament and of the Council of 27 April 2016 on the Protection of Natural Persons with regard to the Processing of Personal Data and on the Free Movement of Such Data, and Repealing Directive 95/46/EC (General Data Protection Regulation), [2016] OJ L 119/1, Art. 25 (hereinafter GDPR).

③ See Chris Riley, "Unpacking Interoperability in Competition", *Journal of Cyber Policy*, Vol. 5, No. 1 (2020), pp. 94-106.

④ 参见王晓晔:《数字经济反垄断监管的几点思考》,《法律科学(西北政法大学学报)》2021 年第 4 期。

⑤ See OECD Secretariat, "Data portability, interoperability and digital platform competition-Background Note", DAF/COMP (2021) 5, 9 June 2021, para. 7.

这两者进行直接阐释。虽然，美国已有案例对于不涉及数据交换的互联网内容的互操作性予以证成，[①] 但这种说理并不能当然适用于数据领域的互操作中。另外，可携带权的实际应用也还是停留在个人信息保护法的维度，未延展到反垄断的领域。因此，有必要对两者对于数字市场反垄断法的必要性作出阐释。

（一）数据流动障碍导致的竞争损害

数字巨头对于数据的独家控制，限制数据自由流动等行为会对数字市场竞争造成损害。以平台巨头企业拒绝向其他企业开放数据为例，从横向竞争来看，由于平台巨头收集和处理了大量数据，掌握具有一定程度排他性和非竞争性的数据库而具备了一定的市场竞争优势。同一市场上的其他企业由于缺乏这些数据而无法对该企业施加足够的竞争压力，进而由于网络效应和用户黏性的影响导致竞争对手的用户数量不断减少，最终被排挤出市场。同一市场中的初创企业和预想进入该市场的创新型企业，由于基础数据获取的不能会导致其产品无用武之地，间接增加市场壁垒和减损潜在竞争，包括现行的潜在竞争和感知的潜在竞争。[②]

从纵向的角度来看，互联网平台采用如拒绝数据开放等行为，会造成依赖并利用于平台"基础设施"的其他的应用或者内容服务提供商的产品无法继续生存，造成强烈的排他性效应。[③] 有学者指出，在 hiQ Labs 诉领英案中，领英向 hiQ Labs 发函要求停止该企业的数据收集行为，否则就要关闭对该企业的数据接口，但 hiQ Labs 声称其数据分析的主营业务都依赖于领英所收集到的数据，如果领英"断供"，该企业将遭受非常大的损失，包括雇员离任以及与其他经

---

① 例如微软 IE 浏览器与网景浏览器一案，美国哥伦比亚特区法院要求微软提供与 Windows 系统能够结合的 API（应用程序编程接口）和相关必备文件予硬件销售商和网络服务提供者。欧盟对于微软也有相应的执法实践，在微软案中要求其以非歧视的原则提供 Windows 工作组服务器的协议互操作权限。See United States v. Microsoft Corporation, 253 F. 3d 34 (D. C. Cir. 2001); also see European Commission, Case COMP/C-3/37. 792 Microsoft, Commission Decision, 24 March 2004. 另见王晓晔：《数字经济反垄断监管的几点思考》，《法律科学（西北政法大学学报）》2021 年第 4 期。

② 参见吴汉洪、孟剑：《潜在竞争理论及其对我国并购反垄断审查的适用》，《经济学动态》2013年第 7 期。Also see OECD Secretariat, "Roundtable on the Concept of Potential Competition-Background Note", DAF/COMP（2021）3（10 June 2021）, paras. 10–11.

③ 《平台经济的反垄断指南》中认为平台经营者在某些条件下构成必要设施，此类企业必须与相对人以合理条件进行交易。见《国务院反垄断委员会关于平台经济领域的反垄断指南》（国反垄发〔2021〕1 号）第十四条第二款。

营者签订合同的违约等情形。① 再者，平台数据封锁也会增加如 hiQ Labs 这类型企业的平台转换成本，使得本来数据迁移成本较高的前提下数字内容与服务提供商的平台转换更加步履维艰。② 因此，数据封锁对于纵向、依赖于平台"基础设施"而存活的中小互联网内容平台，确实会造成一定程度的竞争损害。这种对于平台上下游市场经营者造成的排除限制竞争效果，也可能是平台企业自身运用垄断杠杆向其他类型的数字市场扩张的一个表现方式。对于平台的终端用户来说，数字平台利用其拥有的数据做出的排他性行为和剥削性行为也会造成损害。近年来出现的"大数据杀熟"行为使得消费者的知情权与公平交易权受损，是由于此类平台掌控着具有一定排他效应的大数据网络，有着极强的用户黏性，特别是在"单归属"性较强的数字市场中消费者无法转向该平台的竞争对手，无奈只能接受这些数字平台的剥削和歧视。③

这些竞争损害很可能被归属于《反垄断法》所规定的反竞争行为，需要运用《反垄断法》的整体机制予以确认和救济。例如，有学者认为超级平台的数据访问限制可以构成滥用市场支配地位中的"拒绝交易行为"，其将拥有一定独特性和关键性数据的平台或者数据本身直接认作必要设施，不需要界定市场支配地位即构成"拒绝交易行为"得以规制。④ 这与下文中采用的对于某些平台巨头的事前竞争规制模式（无论是落入反垄断法还是数字行业的规制的框架中）殊途同归。另外，从用户隐私保护来说，平台数据滥用行为可能侵犯个人隐私，涉及对消费者主权（Consumer Sovereignty）以及消费者信息自决权（Informational Self-determination）的侵害，对消费者自由选择权和自主决定权进行赤裸裸的剥削，构成剥削性行为引发竞争关注。⑤ 例如，德国 Facebook 案，联

---

① 参见詹馥静：《大数据领域滥用市场支配地位的反垄断规制——基于路径检视的逻辑展开》，《上海财经大学学报》2020 年第 4 期。Also see hiQ Labs, Inc. v. LinkedIn Corp, No. 17-16783, 12-13 (9th Cir. 2019).

② 有学者指出，信息系统中数据一旦以一定形式储存，很难进行转移，尤其是在用户不了解数据归属或者数据储存被法律保护的情况下。See Daniel L. Rubinfeld and Michal S. Gal, "Access Barriers to Big Data", *Arizona Law Review*, Vol. 59, Issue 2 (2017), pp. 339-381.

③ 参见孙晋、赵泽宇：《互联网平台经营者市场支配地位界定的系统性重构——以〈反垄断法〉第 18 条的修订为中心》，《科技与法律》2019 年第 5 期。

④ 参见李世佳、高童非：《数据访问限制行为的拒绝交易认定——以必要设施取代市场支配地位作为规制的前端要件》，《科技与法律》2021 年第 2 期。

⑤ See Inge Greaf, "Consumer Sovereignty and Competition Law: From Personalization to Diversity", *Common Market Law Review*, Vol. 58, Issue 2 (2021), pp. 471-504.

邦卡特尔局认定 Facebook 未经用户同意的个人信息收集行为违反《反限制竞争法》，该决定也为德国联邦最高法院所认可。[①] 因此，无论是从横向还是纵向经营者抑或是消费者角度来说，平台数据滥用行为都会引发竞争损害，引发《反垄断法》关注。因此，下文提出《反垄断法》体系内能够引入的一套方法疏通数据流通的阻碍，即数据可携带权与数据互操作性方法的结合运用，使得平台内的经营者和消费者能够破除信息的不平衡以及"用户黏性"的困境，从内在原因上消弭数据滥用行为。

（二）数据可携带权：主体发起数据转移以促进市场竞争

数据可携带权在我国《个人信息保护法》中称为"个人信息转移权"，《个人信息安全规范》中也有描述。[②] 但有学者认为其与 GDPR 的数据可携带权"貌合神离"，《个人信息保护法》只是宣示性地规定了数据主体拥有这样的权利，体现国家保障个人信息权益和人格尊严，并没有对于数据流通和数据在市场上的应用有更多涉及。[③] 但在数字市场中，自然人或其他主体的数据移转，对于减少数据相关的排他性或者剥削性反竞争行为具有良好效果。如果将《个人信息保护法》与《数据安全法》协同解释，[④] 可表明数据可携带权在促进数据流动和恢复竞争秩序中的作用，这与 GDPR 的数据可携带权的方式有所不同。由于《个人信息保护法》制定不久，具体实施的规定尚未出台，因此，在《个人信息保护法》出台更为具体的解释之前，GDPR 的规定与解释仍然是理解"个人信息转移权"或者数据可携带权制度的可靠素材。

数据可携带权在 GDPR 中包括两种权能：数据复制权、数据转移权。只有在数据主体同意或者数据主体与数据控制者有合同约定，并且只有在技术可行的情况下，才能行使该权利，而数据处理也应通过自动化的方式实现。[⑤] 此外，

---

①　Siehe BGH, Beschluss vom 23. Juni 2020-KVR 69/19 -, BGHZ 226, 67–116.

②　《个人信息保护法》立法过程中只有最终版本出现了该权利，"草案"一审稿和二审稿都没有采纳该种权利，可见该权利的确定背后应当有着不同观点和价值衡量。另外，最新出台的《深圳经济特区数据条例》也没有对该权利进行规定。参见《个人信息保护法》第四十五条第二款、第三款。另见 GB/T 35273-2020《信息安全技术 个人信息安全规范》第 8.6 条。

③　参见许可：《中国个人信息转移权：数据携带权的脱胎换骨》，载微信公众号数字经济与社会，https://mp.weixin.qq.com/s/0ZKY4vjvktbqZWS0ConyOw，2021 年 7 月 3 日访问。

④　《数据安全法》第五十一条规定：窃取或者以其他非法方式获取数据，开展数据处理活动排除、限制竞争，或者损害个人、组织合法权益的，依照有关法律、行政法规的规定处罚。

⑤　参见金耀：《数据可携权的法律构造与本土构建》，《法律科学（西北政法大学学报）》2021 年第 4 期。

数据移转也需要在结构化、常用、机器可读和有互操作性的格式中进行,[1] 以达到数据复制和移转能为数据的接收方识别的效果。虽然该权利的直接运用有着诸多条件,但该权利赋予用户要求移转其涉及个人信息的数据的可能。这无疑会对平台间数据流动产生积极影响,数据作为信息时代的"新石油",体现为带动各种数字市场经营者发展的重要因素,更被广泛运用在提高网络产品和服务质量中作为给用户的需求和喜好"量体裁衣"的重要信息来源。[2] 因此,如果数据能够顺畅地从一方迁移到另外一方,用户和市场力量的移转和分散也会得到促进,使得新产品和服务能够借用已被先行企业掌控的数据网络进入市场,带来充分的市场竞争,[3] 减少市场进入壁垒,增加市场整体创新效果。[4] 同时,数据复制权利也能使消费者知晓其何种数据被数据控制者处理,缓解消费者与经营者之间的信息不平衡,保障消费者知悉真情权。借助数据迁移,消费者也可以对运用其个人信息的数字平台的各种产品和服务进行比较,在一定程度上消除"锁定"效应。[5]

然而,数据可携带权的行使也面临挑战。首先,独特的数据收集和处理的组合方式使得平台的数据都与平台产品不可分割。例如,Facebook 的数据是基于其自身产品设计需求和引导自身发展而收集和处理的。[6] 对不同的经营者而言,怎样实现不同特性的数据间的移转以落实数据可携带权,需进一步研究。其次,关于数据可携带权实现的制度成本,有学者提出,实现数据可迁移性要

---

① 虽然第 29 条工作组的要求仅是采用可以被机器读取的格式,但欧洲银行协会(European Banking Federation)提出了更高的要求,即上述四点要求都应当具备。这也能够通过 GDPR 第 20 条第 1 款对数据主体从控制者处获得数据的格式中体现。See European Banking Federation, "European Banking Federation's Comments to The Working Party 29 Guidelines on the Right to Data Portability", 15 February 2017, p. 5.

② See OECD Secretariat, "Data portability, interoperability and digital platform competition-Background Note", DAF/COMP (2021) 5, 9 June 2021, para. 38.

③ See Article 29 Working Party, "Guidelines on the right to data portability", WP 242, 5 April 2017, p. 4.

④ See Inge Graef, "The Opportunities and Limits of Data Portability for Stimulating Competition and Innovation", *Competition Policy International-Antitrust Chronicle*, Vol. 2 (2020), pp. 1-8.

⑤ See Inge Graef, Jeroen Verschakelen and Peggy Valcke, "Putting the Right to Data Portability into a Competition Law Perspective", *Law: The Journal of the Higher School of Economics*, Annual Review (2013), pp. 53-63.

⑥ See Gabriel Nicholas and Michael Weinberg, "Data Portability and Platform Competition Is User Data Exported From Facebook Actually Useful to Competitors?", New York University, The Engelberg Center on Innovation Law & Policy White Paper, Nov. 2019, p. 6.

求经营者撰写大量程序、模块等，这对中小企业无疑是巨大的经济开支，事实也证明中小企业很难满足 GDPR 提出的高标准数据隐私合规要求，[①] 这也许反而会成为大型互联网企业排挤中小企业造成垄断的缘由。因此，如何构建相对低成本、可实现的数据可携带权实施机制是一个重要议题。

（三）数据互操作：实现数据携带权的必要条件

对于数据可携带权的实施，经营者互相间的数据交换是关键的一环。无论是通过 GDPR 第 20 条的经营者之间数据迁移的方式，还是数据主体自身获取数据的方式再次进行转移，这都涉及不同经营者的数据如何对接的问题。实际上，实现可携带权的技术方法有两类，一种是屏幕抓取也称终端仿真类型的数据获取技术，但其实现需要用户自身的个人账号作为依托，这样会造成重大的隐私安全和平台稳定性问题，因此这种数据获取方式引起了广泛的质疑。[②] 另一种是以"应用程序编程接口"（Application Programming Interface，API）为核心的数据互操作性的实现路径。这是通过数据传输协议的方式使得数据控制方和第三方主体之间实现数据和信息的（单向或双向）交换。这种数据可能是数据控制者所有自有的数据，但大部分还是取决于控制方与第三方主体签订的协议所涉及的数据类型和范围。当然在 API 数据并不是用户、第三方或者数据控制者看到的数据格式，GDPR 要求的迁移数据格式仅是一般的、可被读取的格式，最终数据格式还需根据不同平台的需求而转换，例如谷歌有自己的机器语言系统，通过互操作所接收的数据格式也要转换。[③] 有学者指出，数据可携带权本身并不能在有着巨大网络效应的数字市场中主动缓解用户锁定效应，因为并不是所有用户都愿意或者能够转移其数据，不过如果通过互操作性使得某一平台上的用户能与其他平台的用户交互及转移，即有助于破除用户一端的网络效应，缓解"用户锁定"效应。[④] 所以，通过这种机制能够实现 GDPR 第 20 条要求的"无阻碍地传输"以及"通过自动化的方式传输"的限制性条件。

[①] See Peter Swire and Yianni Lagos, "Why the Right to Data Portability Likely Reduces Consumer Welfare: Antitrust and Privacy Critique", *Maryland Law Review*, Vol. 72, Issue 2 (2013), pp. 335-380.

[②] See Markos Zachariadis, "Data-Sharing Frameworks in Financial Services: Discussing Open Banking Regulation for Canada", *Report for the Global Risk Institute* (*GRI*), August 2020, p. 6.

[③] See Chinmayi Sharma, "Concentrated Digital Markets, Restrictive APIs, and the Fight for Internet Interoperability", *University of Memphis Law Review*, Vol. 50, Issue 2 (2019), pp. 441-508.

[④] See Jan Krämer, Pierre Senellart and Alexandre de Streel, "Making Data Portability More Effective for the Digital Economy", *Centre on Regulation in Europe* (*CERRE*) *Report*, June 2020, p. 58.

不过，通过互操作的传输方式也有与数据可携带权冲突的地方，有学者质疑是否有必要为"经请求实施"的数据可携带权设计例如互操作这样的长期、瞬时性的数据连接方式以实现该权利，[①] 但通常认为，解释 GDPR 第 20 条，其要求用户必须先提供数据给数据处理方，再要求将这些已提供的数据移转，并要求"无阻碍地"移转，而鉴于上文提到的数据互操作性对可携带权的实现仅会产生相对较小的操作成本，像数据互操作这样的持续和瞬时性的数据交换机制无疑是必要的。[②] 实际上，在数据可操作性方面真正产生花费的只有被指控为阻碍数据流动以造成反竞争效果的大型数字平台，这类平台花费一定的成本设计和运行 API，在用户（数据主体）、其他上下游或同一市场的经营者以及数据工程师的共同努力下使这种 API 设计成为标准，而其他中小企业或初创企业只需根据此标准设计自身 API 接口，不需要花费过高成本。[③] 由于 API 机制决定了数据如何被获取以及以何种格式被分享，所以有学者提出"数据的标准化"（Data Standardization）概念，意图将数据存储和适用标准化，促进不同经营者间数据的流动与分享。[④] 一个例子即是美国国家卫生信息技术协调员办公室（U. S. Office of the National Coordinator for Health Information Technology）要求将患者过敏反应的数据信息搜集和观察进行标准化设计。[⑤]

此外，根据程度和范围互操作性也有分类：（1）根据开放程度可分为协议互操作性、数据互操作性以及完全协议互操作性。[⑥] 本文只采用数据互操作性类别，这是由于要与数据可携带权概念对接，并因为数据互操作性概念较中庸，更有利于实现数据上多元价值的平衡和与其他反数据开放法律限制的契合。（2）根据开放对象所处市场可分为纵向数据互操作及横向数据互操作，相应的

---

① See Jacques Crémer, Yves-Alexandre de Montjoye and Heike Schweitzer, *Competition Policy for the Digital Era*, Luxembourg: Publications Office of the European Union, 2019, pp. 81-82.

② See Josef Drexl, "Data Access and Control in the Era of Connected Devices-Study on Behalf of the European Consumer Organisation BEUC", BEUC 2018, p. 110.

③ See Fiona M. Scott Morton and Michael Kades, "Interoperability as a Competition Remedy for Digital Networks", *Washington Centre for Equitable Growth Working Paper Series*, Sep. 2020, pp. 15-16.

④ See Michal S. Gal and Daniel L. Rubinfeld, "Data Standardization", *New York University Law Review*, Vol. 94, No. 4 (2019), pp. 737-770.

⑤ See US Office of the National Coordinator for Health IT, *2022 Interoperability Standards Advisory (Reference Edition)*, p. 6.

⑥ See Jacques Crémer, Yves-Alexandre de Montjoye and Heike Schweitzer, *Competition Policy for the Digital Era*, Luxembourg: Publications Office of the European Union, 2019, pp. 58-59.

数据开放限度以及具体设计也有所差异。①

　　综上，数据互操作性是实现数据迁移的必要条件，也是实现数据可携带权实施的必要条件。由互联网平台用户启动的数据可携带权在数据互操作条件下的应用，将有效破解现阶段由于经营者不开放数据所导致的"用户锁定"的反竞争效果，有效缓解数字巨头的拒绝数据开放行为的反竞争现象。② 这种由用户发起的方式，可能会有效避免所谓执法机构主导式的强制数据开放所带来的监管悖论难题，既有利于"市场回应"机制更有针对性地发挥作用，③ 也有利于逃离认定数据是否构成必要设施的樊篱。④ 然而，无论是 GDPR 还是其他规定都没有要求数据控制方采用数据互操作的方式实现数据可携带权，只是提到"无阻碍"地实现数据转移，学者怀疑数据可携带权是否能够促进数据互操作实施。⑤ 本文认为，数据可携带权与数据互操作这两种数据开放工具应当结合，在反垄断领域予以适用，避免单方面适用所引发的无效率和数据控制者自身造成的重重阻碍。

（四）实施数据可携带权与互操作应当互成比例

　　数据可携带权的实现需要数据互操作性作为支撑，因此双方也需从内部关系上适用比例原则。这是因为数据可携带权的实施和数据互操作的实现都是多方利益媾和的结果；⑥ 也因为在反垄断领域，尚未被立法的数据可携带权和数据互操作性都需要以"预防和制止反竞争行为"以及"恢复竞争性的市场结

---

① See Ian Brown, "Interoperability as a Tool for Competition Regulation", *Open Forum Academy*, Nov 2020, pp. 55−56.

② 参见卓力雄：《数据携带权：基本概念，问题与中国应对》，《行政法学研究》2019 年第 6 期。

③ 互联网社会的规制路径更加体现为多元共治的方式，更加集中于分散式、去中心化的规制模式，这与传统上政府主导型的规制模式相异。反垄断规制模式应以市场需求为导向，最能反映市场需求的群体即是经营者和消费者，因此消费者发起或主导的模式可能更有效。参见马长山：《数字社会的治理逻辑及其法治化展开》，《法律科学（西北政法大学学报）》2020 年第 5 期。

④ 许多学者都不认为数据构成必要设施，因此数据强制开放只能通过较为不确定的个案分析形式得以实现，数据可携带权的引入并不需要认定数据必要设施即可以实现。参见王健、吴宗泽：《论数据作为反垄断法中的必要设施》，《法治研究》2021 年第 2 期。

⑤ 参见王融：《论个人信息保护与市场竞争的互动关系——从个人信息保护视角观察》，《竞争政策研究》2020 年第 2 期。

⑥ 有学者以开放银行为例阐述引入数据可携带权的利弊，包含权利冲突、数据安全性等诸多问题。因此本文提出数据开放措施的落地涉及多重利益冲突，相关利益必须妥协才能实现。参见邢会强：《论数据可携权在我国的引入——以开放银行为视角》，《政法论丛》2020 年第 2 期。

构"为导向,① 不能在反垄断目的的射程范围外过多延展。有学者指出,GDPR 文本中的"结构化的""常用的"和"机器可读性的"数据迁移格式,还有上文阐述的瞬时性及持续性数据移转要求,数据互操作便是这一系列数据格式和要求所导致的结果。而这些格式和要求,同样也框定了为满足可携带权实施而需要数据互操作的程度。② 同样,GDPR 序言(Recital,不具有法律强制效力)也阐释了上述三大数据迁移格式可以通过互操作实现,并鼓励数据处理者设计这种互操作格式。③

因此,无论基于外部原因,还是 GDPR 文本理解,都体现了一种互操作性与被携带权为比例的意图。这要求互操作性对于可携带权实现遵循必要性、适当性和均衡性的原则,不能对其他数据主体或者数据控制者权益的实现造成过分的损害。④ 反之,数据可携带权的实现要以数据互操作性所能达到的限度为限。因为 GDPR 第 20 条要求只能在技术可行的情况下才能行使数据可携带权。

互成比例也是为实现恢复市场秩序的目标。有学者指出,过多的数据开放导致知识产权和商业秘密等权利的减损,反过来损害竞争秩序。⑤ 因此,只有两者在促进市场竞争的方向合乎比例,才能得到有效的适用。

二、数据可携带权与互操作的反垄断法适用路径

数据可携带权必须通过实现互操作得以落实,但数据可携带权并不能直接推导出数据互操作的义务。因此,适用过程中两者须分别提出,并有机结合进行制度设计。《个人信息保护法》设立了个人信息转移权,但该法并没有针对该转移权建立个人信息处理者的义务体系;该法保护的也仅是数据个人信息法益,而非为市场竞争需求。因此,本文认为这两种机制需要结合在《反垄断

---

① 有学者认为,数据可携带权作为一项补充的竞争执法工具引入,目的是促进竞争和鼓励创新。参见仲春、王政宇:《竞争法视野下的数据携带权及践行构思》,《电子知识产权》2021 年第 5 期。

② See Paul De Hert, Vagelis Papakonstantinou, Gianclaudio Malgieri, Laurent Beslay and Ignacio Sanchez, "The Right to Data Portability in the GDPR: Towards User-Centric Interoperability of Digital Services", *Computer Law & Security Review*, Vol. 34, Issue 2 (2018), pp. 193–203.

③ See GDPR, Recital 68.

④ 参见张书青:《脚印与路:个人信息保护与大数据权益归属》,《电子知识产权》2018 年第 11 期。

⑤ 参见丁晓东:《论数据携带权的属性、影响与中国应用》,《法商研究》2020 年第 1 期。

法》中讨论，以成为反垄断工具予以适用。

（一）作为特定平台企业的行为准则

德国强调对数字市场巨头企业施加竞争性义务，进行持续及事前的反垄断监管，其中包括要求这类企业提供数据可携带权以及数据互操作措施的义务。这部分体现了反垄断法的必要设施理论。例如，德国《反限制竞争法》第十次修正案直接纳入"数据构成必要设施"的要素，假设平台经营者拥有的数据对于上下游经营者的商业经营具有必要性，拒绝数据的接入有严重的排除限制竞争效果并且没有正当理由，那么数据就必须开放给其他经营者。① 另外，该修正案第 19a 条规定具有跨市场支配性力量的平台经营者限制竞争行为，包括阻碍数据互操作义务以及数据可携带权的应用。当然，这样的平台并不是在某一市场上具有支配地位的平台，而是占据着策略性关键地位的平台，认定这样的平台标准中也有竞争有关数据获取能力的判定。② 因此可以认为，拥有关于竞争的数据或者有此等数据的获取能力的平台（特别是下文所称的"守门人"平台），无论是否跨多个市场都有可能被认定为必要设施。③ 但对于具有跨市场支配性力量的平台而言，其被要求的竞争性义务更加广泛，包括可携带权和互操作性的主动促进义务，而不符合第 19a 条所涵盖的互联网企业仅被要求不能拒绝向其他经营者提供数据等必要设施的义务。德国实际上是在反垄断法框架下处理数字巨头数据方面进行特别的行为设定，将必要设施认定和跨市场平台数据互操作和可携带义务都视作遵循《反限制竞争法》的行为。

这与英国和欧盟的处置方式略有不同，这两个法域已建立或将要建立数字行业的监管框架似乎依赖于事前直接为平台经营者附加义务，而非"反竞争行为认定的方式"。首先，英国设立了专门针对科技巨头公司的监管机构"数字市场部"（Digital Market Unit, DMU），为具有重大和延展性市场力量企业，即

---

① 参见袁嘉：《数字背景下德国滥用市场力量行为反垄断规制的现代化——评〈德国反限制竞争法〉第十次修订》，《德国研究》2021 年第 2 期。Auch § 19, Abs. 2, Nr. 4 Ⅱ GWB.

② Die überragende marktübergreifende Bedeutung eines Unternehmens für den Wettbewerb. § 19a (1) Ⅱ GWB.

③ Siehe D Gleiss Lutz, Die 10. GWB-Novelle-GWB-Digitalisierungsgesetz ist in Kraft, p. 4, erreichbar https：//www.gleisslutz.com/de/aktuelles/know-how/GWB-Digitalisierungsgesetz _ ist _ in _ Kraft.html, abgerufen am 26 September 2021.

具有策略性市场地位 (Strategic Market Status, SMS) 的企业设定行为准则。① 英国竞争与市场监管局建议这类企业采取例如"统一的用户账号"(Common User ID) 等方式促进可携带权实现,通过个人信息管理服务 (Personal Information Management Service) 等方式最大化实现互操作的同时,减少 API 建设成本和隐私损害风险。② 欧盟在《数字市场法》草案中引入守门人制度并规定了以下互操作和携带权义务:(1) 要求"守门人"为用户提供现时和持续的数据获取途径;③ (2) 禁止"守门人"要求平台内经营者使用其识别服务或者与该服务互操作;④ (3) 允许第三方数字市场经营者能够与"守门人"的核心平台互操作,并且这种平台的接入能够在平台之外得以实现;⑤ (4) 要求"守门人"平台对在其核心平台上运营的第三方经营者赋予与其自营业务平等的互操作与数据获取权限。⑥

美国也欲采取这一路径,在 2021 年出台的 6 项瞄准大型数字平台的反垄断法案中的一项即《通过启用服务切换增强兼容性与竞争 (ACCESS) 法案》中大篇幅阐释"涵盖平台"(符合一定用户数量、净销售额与市场地位的平台)承担的数据可携带与互操作义务。⑦ 然而,履行该两项义务需要遵守联邦贸易委员会制定的一系列保障数据安全和消费者隐私的技术标准,还要求"涵盖平台"和商业用户不得主动收集、使用和分享通过互操作方式获得的数据,除非

---

① UK Government, "New competition regime for tech giants to give consumers more choice and control over their data, and ensure businesses are fairly treated", available at https://www.gov.uk/government/news/new-competition-regime-for-tech-giants-to-give-consumers-more-choice-and-control-over-their-data-and-ensure-businesses-are-fairly-treated, visited on June 15, 2021.

② See Competition and Market Authority, "Online Platforms and Digital Advertising: Market Study Final Report", 1 July 2020, paras. 8. 240-8. 248.

③ Proposal for a Regulation of The European Parliament and of The Council on Contestable and Fair Markets in the Digital Sector (Digital Markets Act), COM/2020/842 final, Art. 6 (1) (h).

④ Digital Markets Act, Art 5 (e).

⑤ Digital Markets Act, Art 6 (c).

⑥ Digital Markets Act, Art 6 (f).

⑦ 目前仍不明确美国 2021 年出台的针对"涵盖平台"的 6 项法案是否可以作为《谢尔曼法》与《克莱顿法》的补充,成为美国反托拉斯法的一部分,毕竟目前这六项法案尚未通过。然而,ACCESS 法案第 11 条提到本法不能妨碍联邦贸易委员会实施反垄断法赋予的权力,这可能表明该法案并不属于反垄断法的体系。另外,该法案第 6 条与第 7 条提出的技术委员会与可携带与互操作技术性标准设立,也与反垄断法通过行为规制而促进市场竞争的本质难以契合,因此本文不认为该法案属于反垄断法。§ 3, 4, 6 (c) and 11, H. R. 3849-Augmenting Compatibility and Competition by Enabling Service Switching (ACCESS) Act of 2021.

出于数据安全、隐私保护和维持互操作系统运行的需要。这不仅体现美国也是通过对"涵盖平台"实施监管以及技术标准方式施加可携带和互操作的义务，还体现了可携带和互操作义务都以用户为导向。平台和经营者不仅在数据转移过程中要注重对于数据安全和个人隐私的保护，而且非经消费者同意或提出，平台不能主动利用转移的数据资源。这反映了在美国，数据互操作的限度是消费者实现个人信息自决权的范围，也即消费者为以后购买或使用第三方经营者提供的产品或服务，主动提请的数据可携带权的范围。

有学者对比了以上两种对超级平台的监管模式，认为行业监管与事前义务设置的方式相对较为"一刀切"，不利于对新商业模式进行判断并否决了"守门人平台"的抗辩机会，但通常执法机关确定此类反竞争行为耗时较长，一定程度上丧失了效率，而且行业监管的模式更有助于平台合规。[1] 数字平台的反垄断框架和行业监管框架不同，数字行业监管框架更多地体现了公平原则和竞争政策考量，以及对可竞争的和公平市场的保障在数字市场中的嵌入，而非仅在于对垄断行为的查处和制止。本文试图表明无论是广义数字行业监管中反垄断条款适用还是德国模式，在反垄断法中规范数字巨头平台的数据开放与移转的义务，都具有可行性。我国现阶段，数字市场监管的整体框架尚未建立，公平和可竞争性的原则以及整体数字行业监管规则仍缺失，体现为"一刀切"式的监管准确度也难以维持。[2] 因此，将数字平台的可携带与互操作义务融入《反垄断法》或其指南可谓先行之策。

此外，数据可携带与互操作的义务只能与巨头平台相关，中小平台并没有强制开放数据的义务，在落实可携带权方面也不必与巨头平台区别对待。[3] 这即是"非对称监管"（Asymmetric Regulation）。如果让中小企业也背负数据开放义务，则可能让巨头企业更加便利地攫取竞争优势，对市场竞争性结构塑造产

---

① 虽然行业监管范式并非严格意义的"反垄断法"，但包括了许多反垄断条款，为平台企业设定了一系列反垄断义务，因此也属于平台企业反垄断规制框架的重要部分。Siehe Justus Haucap und Heike Schweitzer，"Die Fesselung der Tech-Giganten：Die deutsche GWB-Novelle und der Vorschlag der Europäischen Kommission für einen Digital Markets Act im Vergleich"，Das böll. brief-Grüne Ordnungpolitik #15，Mai 2021，S. 11-12.
② 参见孙晋：《数字平台的反垄断监管》，《中国社会科学》2021年第5期。
③ See Barbara Engels，"Data Portability among Online Platforms"，*Internet Policy Review*，Vol. 5，Issue 2（2016），pp. 1-17.

生负面影响，也有可能扼杀中小企业创新研发新数字产品的积极性。①

（二）作为反垄断行为救济工具

数据可携带权与数据互操作机制可以作为数字平台实施反垄断行为或实施经营者集中行为后的救济措施。数字平台的滥用行为阻碍了数据可携带权的实现，如数字平台可在平台内部设置一系列程序，减少与除自营品牌之外的互补性互联网产品或服务提供者的数据共享合作，使消费者行使数据可携带权更具难度，以更有效地掠夺上下游市场与之竞争的经营者。② 因此，通过必要的技术手段使用户能更顺利地运用可携带权，减少转换成本无疑是对症下药。另外，相较于其他结构性或行为性救济，对互联网经营者的经营自由影响，以及相较于强制数据开放或拆分的救济方式而言，所要达到的法律适用门槛更低。③ 这种由消费者发起并主导的机制仅适用于损害救济，而不是像强制数据开放一样全天候地让第三方经营者获取数据，从而降低了维持数据安全性与平台经营的成本，也避免了强制数据开放需要认定"必要设施"的先决条件证明。④ 当然，实现此种自我救济功用需要结合一定程度的数据开放（数据互操作）义务的共同作用。与数据可携带权救济不同的是，数据互操作义务不能仅通过个案救济方式施加，反垄断执法机构需主动出击，制定数据开放以及数据标准化规则，因为制定数据开放标准涉及技术措施可行性与反垄断效果的双重考量，以及持续数据开放行为作为反垄断合规方式的长期监控。但结合美国微软案以及我国个案执法的经验，执法机构或者司法机关大都将重点放在计算罚款数额或者损害填补，忽视了对于恢复竞争性市场结构的最终目标。⑤ 而为大型企业制定一系列的竞争数据互操作方案和技术标准，能够一定程度上满足对于上述以恢复

---

① See Inge Graef, "The Opportunities and Limits of Data Portability for Stimulating Competition and Innovation", *Competition Policy International-Antitrust Chronicle*, Vol. 2 (2020), pp. 1-8.

② See OECD Secretariat, "Data portability, interoperability and digital platform competition-Background Note", DAF/COMP (2021) 5, 9 June 2021, paras. 111-112.

③ 在 Google/Sanofi 并购案中，欧委会直接引用当时未生效的 GDPR 中数据可携带权的做法，证明了其作为一项防止"用户锁定"的工具，以作为收购方采用可携带权的方法不会造成垄断。因此可以认为，在适用可携带权措施时不需要额外的结构性或者效果方面的限制性条件，直接援引个人数据保护有关规定即可。See Case M. 7813-Sanofi/Google/DMI JV, C (2016) 1223 final, 23 February 2016, paras. 67-69.

④ Jan Krämer, Pierre Senellart and Alexandre de Streel, "Making Data Portability More Effective for the Digital Economy", *Centre on Regulation in Europe* (CERRE) *Report*, June 2020, p. 27.

⑤ See Fiona M. Scott Morton and Michael Kades, "Interoperability as a Competition Remedy for Digital Networks", *Washington Centre for Equitable Growth Working Paper Series*, Sep. 2020, pp. 30-31.

竞争为导向的数据互操作措施的要求。①

再者，这样的数据互操作义务需要与消费者行使数据可携带权协同适用，互相作为对方的适用限度，而不是在认定"必要设施"基础上的数据强制开放。法国竞争执法局在 GDF Suez（现为 ENGIE）案中，将"赋予竞争对手接入垄断者数据的权限"作为一项临时性措施，而最终竞争执法局将隐私保护救济措施的制定转引至法国数据保护执法机构（CNIL），由该机构制定具体的针对该数据保护方案隐私保护方案，与竞争执法局的数据开放方案共同实施。② 这表明尽管性质不同，所达到的主要目的不一样，数据可携带权（主要目的是数据隐私保护）与数据互操作（可能有多重目的）的机制可以协同作用于恢复数字市场的竞争性结构以及保护消费者利益这一双重目的的反垄断执法或司法之中。③ 这一系列措施也被称为"数据救济措施"，并不单指强制数据开放一项。许多案件由于市场结构或者行为方式的判断上达不到强制数据开放的标准，就可以采用这一系列的措施，为被指控企业施加不限于个人信息保护或者数据安全方面的义务，能达到一定的恢复竞争效果。④ 许多反垄断学者包括霍温坎普教授也支持数据互操作对平台经营者的反竞争行为进行救济，认为数据可携带权的应用能够增强市场竞争；其相对于结构性拆分更有效，数据分享能够通过直接或间接网络效应提升数据本身价值，会使得所有利用同一数据库数据的经营者形成数据聚集效应，增强消费者福利的同时使得各经营者能够基于产品或服务的质量竞争，而不是比谁的数据库更加庞大。⑤

（三）作为市场竞争程度的考量尺度

数字市场竞争的状态可通过平台企业间的数据流动性以呈现，而数据流动

---

① See Fiona M. Scott Morton and Michael Kades, "Interoperability as a Competition Remedy for Digital Networks", *Washington Centre for Equitable Growth Working Paper Series*, Sep. 2020, pp. 34-35.

② See L'Autorité de la concurrence, "Decision 17-D-06 of 21 March 2017 regarding practices implemented in the gas, electricity and electricity services", paras. 289-294（Direct Energie/ENGIE）.

③ See Simonetta Vezzoso, "Competition Policy in Transition: Exploring Data Portability's Roles", *Journal of European Competition Law & Practice*, Vol. 12, Issue 5（2021）, pp. 357-369.

④ See Simonetta Vezzoso, "Competition Policy in Transition: Exploring Data Portability's Roles", *Journal of European Competition Law & Practice*, Vol. 12, Issue 5（2021）, pp. 357-369.

⑤ See Herbert J. Hovenkamp, "Antitrust and Platform Monopoly", *Yale Law Journal*, Vol. 130, No. 8（2021）, pp. 1952-2050.

性与开放性也正可通过数据可携带权以及数据互操作的实现程度以体现。[①] 经营者实施反竞争行为，会增加消费者实施可携带权难度或压缩权利功效，具体可表现为数据互操作性降低。因此，在进行市场调查中，反垄断执法机构可以调查降低平台间的互操作性或者平台与消费者间的可携带权实现的行为。日本公平交易委员会对于数据和竞争的报告指出，大型平台对在其中的经营者施加市场力量的表现方式之一就是增加经营者转换难度，而这可通过阻碍数据可携带权而实现。[②] 此外，欧盟最近呼吁适用新的竞争工具，意图通过彻底地进行市场调查方式，识别并用事前规制手段解决竞争的结构性风险及结构上竞争缺乏的问题。其中，竞争的结构性风险体现为某些市场结构特征与平台企业的商业行为共同作用下的对市场竞争损害的风险；而结构上的竞争缺乏体现为某些市场本质上缺乏竞争，即使其中企业未做出反竞争行为。[③] 有研究认为数据可携带权和数据互操作可以成为识别上述两种风险的计量尺度。例如，英国竞争执法局在调查由数字广告作为主要收益手段的平台市场时显示，缺少平台互操作性成为平台巨头缓释竞争压力，提高市场进入门槛以及减少消费者多归属性的因素之一。[④] 经济合作与发展组织（Organization for Economic Co-operation and Development，OECD）发布的对于数字广告市场的调查也发现，缺少数据互操作性和可携带性的特点会导致初创企业难以建立广阔的用户网络，提升市场壁垒。[⑤]

此外，数据可携带权和互操作还可用来判断企业行为是否违法。德国和法国出台了相关规定，直接将某些平台经营者做出的降低可携带权和数据互操作

---

① See OECD, "Data Portability, Interoperability and Competition—Note by Israel", DAF/COMP/WD (2021) 28, 9 June 2021, para. 68.

② See Japan Fair Trade Commission, "Report of Study Group on Data and Competition Policy", June 6, 2017, p. 45.

③ See European Commission, "Antitrust: Commission consults stakeholders on a possible new competition tool", 2 June 2020, available at https://ec.europa.eu/commission/presscorner/detail/en/ip_20_977, visited on July 9, 2021. Also see Heike Schweitzer, *The New Competition Tool: Its institutional set up and procedural design* (*Expert Study*), Luxembourg: Publications Office of the European Union, 2020, p. 5.

④ See Competition and Market Authority, "Online Platforms and Digital Advertising: Market Study Final Report", 1 July 2020, pp. 73, 136-137.

⑤ See OECD, *Competition in Digital Advertising Markets*, Paris: OECD Publishing, 2020, p. 29.

实施的行为定性为反竞争行为。① 实际上，做出数据可携带权的减损行为也可适用竞争效果分析来证明其违法性。欧盟在 Facebook 与 WhatsApp 并购案中认为，数据可携带权的限制一定程度上代表了平台用户转移的损害，虽然在该案中由于 Facebook 提供了一定程度的可携带权和案中所提到的数据类型对于用户长期在平台上的利益增加有限，进而认为可携带权这一因素对于最终认定并未起到很大的作用。② 欧盟的报告也提到了数据可携带权的限制也会导致消费者多归属性的降低，这可能会导致平台可畅通无阻地采用反竞争的剥削性行为，无论是对消费者还是对第三方经营者。③ 因为在归属度低的状态下，用户和第三方经营者都对该平台产生严重依赖，不得不接受该平台的掠夺。企业间或者协会还可通过横向垄断协议限制数据可携带权和平台互操作功能。例如，欧洲支付委员会 2011 年制订线上支付的一系列标准，但欧委会认为这些标准限制了非银行的新兴线上支付经营者的数据获取能力，限制了这些经营者与适用该标准的经营者之间的数据接入，相应地限制了数据携带与互操作，因此该标准最终停用。④ 总之，上述两种机制都可作为市场或者企业行为的竞争分析和判断工具，在事前或者事后得以应用。

三、数据可携带权与互操作的反垄断适用限度

与数据有关的法律限制是一个复杂问题，涉及多方主体和多种规制关系的利益冲突与权衡，数据收集和处理过程中有多重利益相关者，数据确权亦尚未有定论。⑤ 因而，在反垄断上的数据开放也有一定限度，并不是绝对的。这也

---

① 　§ 19a（2）5 Ⅱ GWB. Also, L' Autorité de la concurrence, "The Autorité de la concurrence's contribution to the debate on competition policy and digital challenges", 19 February 2020, p. 8.

② 　See Case M. 7217- Facebook/WhatsApp, C（2014）7239 final, 3 October 2014, para. 113.

③ 　See Jacques Crémer, Yves-Alexandre de Montjoye and Heike Schweitzer, *Competition Policy for the Digital Era*, Luxembourg: Publications Office of the European Union, 2019, p. 6.

④ 　See European Commission, "Antitrust: Commission opens investigation in e-payment market", 26 September 2011, available at https://ec. europa. eu/commission/presscorner/detail/en/IP_ 11_ 1076; European Commission, "Antitrust: Commission closes investigation of EPC but continues monitoring online payments market", available at https://ec. europa. eu/commission/presscorner/detail/en/MEMO_ 13_ 553, visited on July 10, 2021.

⑤ 　参见余筱兰：《公共数据开放中的利益冲突及其协调——基于罗尔斯正义论的权利配置》，《安徽师范大学学报（人文社会科学版）》2021 年第 3 期。

反映了数据可携带权的行使和数据互操作的通达并不是绝对的，特别是可携带权在《个人信息保护法》中还处于"势单力微"的状态，其适用可能需要经受多方取舍。另外，作为初步的数据开放工具，这两种机制只能在某些数字市场中如鱼得水，在其他市场中的效果值得怀疑。因此，这两种机制须在多种利益与规制关系的权衡下适用，避免产生利益和法律适用冲突。

(一) 过度数据开放的消极影响

虽然数据可携带权对于促进数字市场平台间竞争有良好效果，但数据开放应有限度，过度开放会损害多方利益。首先，数据收取和处理都是平台巨头根据自身商业模式付出时间和成本而做出的，在平台的商业模式框架内，数据形式和存储是符合特定要求的。[①] 因此，数据过度开放对平台基于其劳动成果所享有的权益，包括所有权和知识产权以及商业模式的稳定性都会造成一定破坏，引发权利的冲突。例如，微软案中，微软就提出其 API 系统具有知识产权，不能开放给竞争对手；美国巡回法院也确定了某些 Java API 结构等具有可知识产权性。[②] 尽管许多反垄断案件对于 API 知识产权利益的考量权重不大，但不可否认，其确实涉及知识产权利益，可携带权的运用和互操作性的赋予确实损害了该知识产权利益。此外，有学者对于数据分享作为救济措施提出了几点消极意见，包括数据携带和互操作如何在算法机器学习中得以实现。这是由于在人工智能领域数据处理和存储的高度复杂化，使得数据接受者或者数据主体要花费大量工夫筛选和决定所要迁移的数据类型，但这种迁移的滞后也给平台巨头企业继续滥用市场支配地位和对于数据开放作出反应的机会。[③]

不同法律适用之间的冲突也需要重视。由于利用数据可携带权和数据互操作方式的数据开放会涉及个人信息保护法、数据安全法、反垄断法以及电子商务法等互联网法律，开放义务施行与否都可能引起多重法律规制的冲突。例如，有学者指出，对于数据收集、存储、分析和使用都有相当程度的法律限制，假使为竞争性目标进行数据开放（成为数据再获取再利用的一种形式），会一定

---

① 数据具有多样性，根据不同平台的商业模式需求而"定制"，因此即便是同一种数据，对不同平台的重要性也不一样。

② See Sylvia Song, "Competition Law and Interoperability in Cloud Computing", *Computer Law & Security Review*, Vol. 33, Issue 5 (2017), pp. 659-671.

③ See Michal S. Gal and Nicolas Petit, "Radical Restorative Remedies for Digital Markets", *Berkeley Technology Law Journal*, Vol. 37, No. 1 (2021), Forthcoming.

程度地削减以上包括数据隐私保护法、数据产权（如果将来有的话）等法律制度的遵守，① 这就需要考虑不同层次的法律位阶适用问题。但不同立法目的的法律法规适用也许会造成溢出效应（Spillover Effect），② 会蔓延至数据开放工具的跨行业应用；规制工具的跨行业应用通过平行法律适用的溢出可能对整体经济造成负面影响。例如，数据可携带权已被应用到银行业反垄断领域，但如运用到其他行业，其对于该行业特殊规定的适用效果可能会由于在另一行业的成功而被忽略。③ 因在跨行业法律适用尤其要注意规制工具的适应性问题。

（二）开放数据类型及适用工具范围的限定

上述适用限度首先体现为数据分类，如区分公共数据和私人数据。尽管公共数据有一定的开放性和公众性质，但在数据可携带权语境下，为破除用户"锁定"效应的数据只能是与用户有关的被平台收集和处理的个人数据，并不涉及公共数据。④ 此外，有学者将数据控制者存储的数据分为"自愿提供的数据"（Volunteered Data）、"观察的数据"（Observed Data）以及"推导的数据"（Inferred Data），这三种数据都存在个人数据和非个人数据。第一种数据是用户自愿上传提供给平台的；第二种数据是平台在用户使用平台产品和服务时收集的，用户不一定知晓平台收集了他们的数据；第三种数据是平台通过数据分析工具，对上述两种数据处理加工后所推导出的数据。⑤ 数据可携带权只应涉及第一种和第二种的个人数据传输，这是由于第三种被"分析"出来的数据不能

---

① See Daniel L. Rubinfeld and Michal S. Gal, "Access Barriers to Big Data", *Arizona Law Review*, Vol. 59, Issue 2 (2017), pp. 339-381.

② 从某一下游市场到另一下游市场的反垄断执法过程便可称作执法溢出，其具有积极和消极的影响，同样这也可扩展到横向一般规制工具在不同行业的运用，其也会产生不同的影响。See Michael K. Block and Jonathan S. Feinstein, "The Spillover Effect of Antitrust Enforcement", *The Review of Economics and Statistics*, Vol. 68, No. 1 (1986), pp. 122-131.

③ 不同行业对于数据获取和控制有不同要求，如果直接平行适用数据携带权或者数据互操作义务，很可能造成对行业法规效力减损效果，造成总体经济损失。See Inge Graef, Martin Husovec and Jasper van den Boom, "Spill-Overs in Data Governance: Uncovering the Uneasy Relationship Between the GDPR's Right to Data Portability and EU Sector-Specific Data Access Regimes", *Journal of European Consumer and Market Law*, Vol. 9, Issue 1 (2020), pp. 3-16.

④ 尽管 GDPR 第 4 条认为个人信息只涉及能够涵盖个人识别信息的数据类型，但有研究认为，为实现市场竞争，某些聚合性数据和无识别性的数据也应包含其中。See OECD, "Data Portability, Interoperability and Competition-Note by Israel", DAF/COMP/WD (2021) 28, 9 June 2021, para. 48.

⑤ See Jan Krämer, "Personal Data Portability in the Platform Economy: Economic Implications and Policy Recommendations", *Journal of Competition Law & Economics*, Vol. 17, Issue 2 (2021), pp. 263-308.

被纳入个人数据,因为其凝结了数据控制者的劳动成果。① 事实上,"推导的数据"是数字企业的核心竞争力,该类数据有助于企业实现创新。

数据开放工具限制主要围绕数据互操作工具设计展开。首先,如果数据互操作设计超越了为实施数据可携带权的限度,会为数据互操作监管(平台监管的一种类型)与数字市场创新带来负面效应,因为平台商业模式与行为创新都要与繁重的互操作义务配套。② 其次,有学者提出数字生态系统竞争,这是少数由一系列纵向一体化的数字产品和服务组成的集团之间,或者他们与处于某一生态的中小企业或初创企业之间的竞争,其利用"在系统内部垂直权力的行使"来策略性地寻求与竞争对手之间的竞争与合作,③ 但纵向权力行使导致竞争减少会对整个市场竞争造成负面效果。因此,数据互操作性应当集中于数字生态系统核心平台或者核心产品的数据接入,而不应对中小型数字市场经营者施加此类义务。④ 此外,数据互操作标准也应当遵循一定的透明性、标准化以及安全性要求。⑤ 这样的数据互操作应当达到长期性要求,不能仅满足一次传输需要。⑥

最后,就具体如何实施数据可携带权与数据互操作性,欧盟委员会发起的欧洲互操作框架(European Interoperability Framework, EIF)设计了一系列在数字公共设施上实现互操作性的标准与原则,其中考虑到数据可携带权需求的比

---

① See Article 29 Working Party, "Guidelines on the right to data portability", WP 242, 5 April 2017, p. 10.

② See Jan Krämer, Pierre Senellart and Alexandre de Streel, "Making Data Portability More Effective for the Digital Economy", *Centre on Regulation in Europe (CERRE) Report*, June 2020, p. 58.

③ See Michael G. Jacobides and Ioannis Lianos, "Rethinking Competition: From Market Failures to Ecosystem Failure", available at https://promarket.org/2021/04/12/competition-market-failure-digital-platforms-ecosystem-regulation, visited on July 12, 2021. Also see Michael G. Jacobides and Ioannis Lianos, "Ecosystems and Competition Law in Theory and Practice", *Industrial and Corporate Change*, Vol. 30, Issue 5 (2021), pp. 1199-1229.

④ See OECD Secretariat, "Data portability, interoperability and digital platform competition-Background Note", DAF/COMP (2021) 5, 9 June 2021, para. 175.

⑤ See Regulation (EU) 2018/1807 of the European Parliament and of the Council of 14 November 2018 on a framework for the free flow of non-personal data in the European Union [2018] OJ L 303/59, Art. 6.

⑥ See Jan Krämer (ed.), *Digital Markets and Online Platforms: New Perspectives on Regulation and Competition Law*, Brussels: Centre on Regulation of Europe Publication, 2020, p. 72.

例原则，让数据主体可自由地实现数据流转而又不附加过多细节性的技术标准。① 这对于私主体间的这两种数据开放配套设施设计有借鉴意义。

（三）配套工具在特定数字行业中的初步开放

上文提到了不同行业有着不同特性，对难以预料的溢出效应，要尽可能地避免其负面效果。因此，对于跨行业的反垄断中引入数据可携带权和数据互操作仍要秉持谨慎态度。虽然欧盟 GDPR 对全数字市场范围的两者做了规定，但真正得到良好实行的也只有寥寥数个数字行业，其他行业中应用两者破除市场垄断的效果仍值得进一步研究。更何况，我国还没有统一的数据可携带权的强制性规定，因此本文建议这两种措施只能在特定领域初步实验。行业上，在数字金融领域，这两种数据开放措施确实发挥了相应的作用。值得关注的是，英国发起的"开放银行"（Open Banking）项目和欧盟针对零售银行制定的《第二代支付服务指令》（Payment Service Directive 2, PSD 2）。据市场研究统计，欧洲零售银行行业消费者和中小企业几乎都被"锁定"在同一个银行上，零售银行间竞争极为缺乏。② 为恢复零售银行业的竞争性市场结构，英国竞争与市场管理局要求大部分零售银行：（1）"采用和维持共同的 API 接口"使得竞争对手和第三方辅助主体能够分享用户数据；（2）将某些与价格和用户条件等有关的数据划分为公开数据；（3）将服务质量指示器中关于该银行服务质量的标准纳为公开数据；（4）根据 PSD 2 的要求，大型银行必须赋予其 API 接口全面的可读性和可写入性。③ 这一系列操作增强了银行间的互操作性，如今消费者和中小企业只需通过进入"开放银行"系统就可快速比较不同银行的产品和服务，筛选最适合选项，为消费者提供不同经营者的信息，创造转换空间。④ 相比"开放银行"着重于互操作性，PSD 2 更加注重数据可携带权应用，要求零

---

① See European Commission, *New European Interoperability Framework*: *Promoting seamless services and data flows for European public administrations*, Luxembourg: Publications Office of the European Union, 2017, pp. 14-15.

② See Paolo Siciliani, "The Disruption of Retail Banking: A Competition Analysis of the Implications for Financial Stability and Monetary Policy", *CLES Research Paper Series* 3/2018, May 2018, p. 6.

③ See Competition & Market Authority, "Retail Banking Market Investigation: Final Report", August 9, 2016, para. 13. 5.

④ See Competition & Market Authority, "Retail Banking Market Investigation: Final Report", August 9, 2016, paras. 13. 6–13. 10. Also see Open Banking, "Background to Open Banking", pp. 5–7, available at https://www.openbanking.org.uk/wp-content/uploads/2021/04/What-Is-Open-Banking-Guide.pdf, visited on July 14, 2021.

售业银行需保障消费者对其账户的接入以及接入与使用其账户中信息的权利,这也包括了要求银行向第三方信息服务经营者无歧视传输信息的权利。① 但实际上,信息接收方也包括其他零售银行本身,因为 PSD 2 要求的"信息服务提供者"与银行间的交流义务,这需要在消费者同意下进行。②

综上所述,PSD 2 赋予了消费者一定程度的数据可携带权,结合"开放银行"项目,零售银行业的数据开放不成问题,且在对增加零售银行业的竞争者以及消费者转向方面取得了巨大成功。③ 然而,成功光环笼罩下数据分享的两种机制仍有许多问题需要解决,例如数据的安全性问题。即使在银行业或者金融业,国家有着强力的监管法规与政策进行配套,然而在这种管制行业数据传输的安全性也受到质疑;④ 如果将其适用于线上零售业这样的较为自由的市场中,数据安全性将如何得到保障? 另外,花费问题也值得注意。据巴克莱银行的研究显示,"开放银行"项目已经成为最"烧钱"的竞争性结构恢复性救济措施之一,这是由于其结合了 PSD 2 的相应规定,花大量金钱组成执行机构和外部性的监督机构,保证数据分享的实施。⑤ 进而,对那些知识产权程度较高,商业模式更为复杂的行业而言,保证数据开放所要花费的成本无疑更高。因此,执法机关必须注意设置数据开放措施的比例性,分析成本和效益,在成本较高的市场中可能难以适用。

(四) 反垄断法适用与个人信息保护及行业监管法的协调

数字时代反垄断法与数据隐私保护法律间的管辖重合与冲突,是一个绕不开的话题。以数据隐私保护为价值目标的数据可携带权与反垄断法所倡导的公平和自由的市场秩序的目标不尽一致。但为防止数据流动不畅带来的竞争损害,

---

① See Directive (EU) 2015/2366 of the European Parliament and of the Council of 25 November 2015 on payment services in the internal market, amending Directives 2002/65/EC, 2009/110/EC and 2013/36/EU and Regulation (EU) No 1093/2010, and repealing Directive 2007/64/EC [2015] OJ L 337/35 (PSD 2), Art. 66-67.

② 账户维护支付服务提供者 (the account servicing payment service provider) 在本指令中被定义为一个为付款人提供和维护付款账户的支付服务提供商,这可被解释为零售银行。See PSD 2, Art. 4 (17) and 67 (2) (c).

③ See Financial Conduct Authority, "Open finance: Feedback Statement", FS21/7, March 2021, paras. 1.4-1.9.

④ 参见杨学科、安雪梅:《开放银行实践:数据可携权及其监管逻辑》,《金融经济学研究》2021年第 2 期。Also see Financial Conduct Authority, "Call for Input: Open Finance", December 2019, para. 4.3.

⑤ See Barclays, "Open consultation: The Future Oversight of the CMA's Open Banking Remedies: Response on behalf of Barclays Bank UK plc", 5 March 2021, p. 4.

数据隐私保护措施不可避免地与反垄断法产生重合。有学者提到，个人信息保护应当作为一种独立的价值纳入《反垄断法》，因为个人信息有着相当的反垄断属性。① 由于不同的价值目标偏向，两者会产生一定的冲突，例如 GDPR 的其他权利行使②或未经合理程序时不能行使可携带权，但为市场竞争需要该权利必须得到行使的情况。数据互操作更是如此，数据互操作可能导致用户个人信息的移转风险，这与个人信息保护目标相背离。

有研究表明，如果反垄断法适用与行业法律法规冲突，反垄断法还是应当适用，除非有明确的上位法或者《反垄断法》本身表明其不适用，否则反垄断案件中其他行业法律法规只能作为反垄断执法或司法的考量因素，在个案中对这种冲突进行价值衡平。③ 对行业法适用冲突而言，这条原则可以参照，虽然不同司法辖区需要根据自己的法律构成特点进行调整。例如，印度采用礼让原则处理这一系列的重合与冲突。④ 实施可携带权和数据互操作中与个人信息保护法律的协调，两种规范并行适用。有学者认识到，GDPR 的相关规定在某些情况下会对市场竞争造成损害，不能高估 GDPR 所带来的正向个人信息保护收益，因此在《反垄断法》适用领域内（包括适用该两种数据开放机制），GDPR 规定只作为考量因素，在适用上对其进行权衡。⑤ 有学者认为，这需要持续不断地进行规制部门的合作，如反垄断执法机构和个人数据保护机构（如"个人数据保护官"）的信息交换，合作讨论反垄断救济方案等。⑥ 在双法并行适用下，建议挑选威慑作用最大的法律适用方案执法，而不应选择最简单的方式，这需要机构间紧密合作与进行利益取舍。

① 参见焦海涛：《个人信息的反垄断法保护：从附属保护到独立保护》，《法学》2021 年第 4 期。
② GDPR 第 20 条第 3 款规定行使可携带权不能够影响第 17 条被遗忘权，第 4 款规定行使该权利不能对他人的权利和自由造成负面影响。
③ See OECD, "Competition Enforcement and Regulatory Alternatives", *OECD Competition Committee Discussion Paper*, 2021, p. 18.
④ See OECD, "Data Portability, Interoperability and Competition-Note by India", DAF/COMP/WD (2021) 31, 9 June 2021, para. 5.
⑤ See Michal S. Gal and Oshrit Aviv, "The Competitive Effects of the GDPR", *Journal of Competition Law & Economics*, Vol. 16, Issue 3 (2020), pp. 349-391.
⑥ See Marco Botta and Klaus Wiedemann, "The Interaction of EU Competition, Consumer, and Data Protection Law in the Digital Economy: The Regulatory Dilemma in the Facebook Odyssey", *The Antitrust Bulletin*, Vol. 64, Issue 3 (2019), pp. 428-446.

结　语

数据开放对于数字市场的反垄断是必要的，也是一种趋势。但对于如何设计数据开放和共享机制而言，本文提出了运用数据可携带权和相应的数据互操作两种机制。除了让消费者和经营者运用该两种机制进行预防和救济外，这两种机制的运用程度还可作为市场竞争程度的指向标。但这两种机制是一把"双刃剑"，与其他数据开放措施一样，需多方利益权衡，也需有适用限度。总体而言，其对于促进数据流动的法律门槛较低，不需要如同强制平台互操作一样认定市场结构性。这些好处都能使其灵活运用在反垄断法制度和实践中，与个人信息保护的相关规范组成双重的规范框架。

国有企业"竞争中性"原则辨析

袁　正[*]　赵雨生^{**}

目　次

一、问题的提出

"竞争中立"在一定时期被应用于规范国有企业运营，对国有企业在市场经济下的运行起到了指导作用。最初该规则仅适用于特定国有企业，随着区域贸易协定签署，该规则适用范围逐步扩大。近年来，我国在国际贸易领域频繁受到单边主义和贸易保护主义的影响，发达经济体以新兴市场国家的国有企业发展模式为重点目标，试图在国际政策制定中针对国有企业设置"逆向歧视"政策，遏制国有企业发展。

20 世纪末出现的竞争中立及其相关概念，经过几十年的演变，在当今法治环境下承载了更丰富的含义，这将对我国国有企业发展和改革有何影响，我国

  * 清华–天普美国法学硕士项目硕士研究生。本文亦系作者参与司法部 2021 年度法治建设与理论研究部级科研项目"RCEP 中的数字经济规则及其纠纷解决机制研究"（课题编号 21SFB2022）的阶段性成果。
  ** 北京师范大学法学硕士。

应当如何应对竞争中性问题，这是应当受到关注的问题。讨论中，竞争中立和竞争中性是经常混用的两个概念。两者是否为同一事物，其内涵、外延、理念和具体适用如何界定。国有企业竞争中性原则的讨论，需明确这一概念是否可以成为法律原则并指导国有企业改革。同时，面对国际上来势汹汹的制度倒逼，① 我国对这一概念的采用和处理仍较为被动，学界观点也各有不同，这些问题都需要法学回应和指引。

二、竞争中立对国有企业发展的塑造：促进抑或阻碍?

国家干预经济活动是市场经济发展过程中逐步得到各个国家普遍认同的做法。中国的国有企业存在一定特殊性。一方面，国有经济是我国经济发展的基石和主导；另一方面，国有企业作为国有经济的重要组成部分在面对国际法律实践时经常受到约束。对此，我们的基本立场是，必须进行国有企业改革，积极促进中国国有企业法律体系与国际法尽量协调。具体到竞争中性原则，需要审视其中有利于国有企业发展的含义，剔除政治性较强、制裁倾向重和不切合中国经济发展的内容，还原这一原则应有的面貌，并依靠争取国际话语权保护我国利益。

2015 年，中共中央、国务院印发《关于深化国有企业改革的指导意见》，将国有企业从目标和功能上分为两大类，即公益类国有企业和商业类国有企业。商业类国有企业是指通过市场竞争实现盈利以及国有资本维持和增值的国有企业；公益类国有企业则属于通过国家调控提升社会效益和供应公共服务的国有企业。同时，商业类国有企业也以是否涉及国家安全和战略为标准分为商业一类和二类企业。这种分类的好处是可以按照不同主体推进国有企业改革，对于商业类企业，要明确经营范围，促进竞争。对于公益类企业，要有针对性地进行合理补贴。然而，现实中国有企业往往存在多种业态并存的现象，因此这种分类很难穷尽现实状况，需要进行动态调整。

---

① 目前马来西亚、越南等国的国有企业已接受 TPP 要求，进行激进的国有企业制度改革。See Angayar Kanni Ramaiah, "The Competition Neutrality in Malaysia: Challenges and Policy Options. Journal of International Business", *Economics and Entrepreneurship*, Vol. 3, No. 2（2018）.

（一）竞争中立的发展与价值扭曲

从实践来看，国际上针对竞争中性的立法活动大致分为三个阶段。首先是国内立法阶段，先行者是澳大利亚。此时尚未形成国际统一的竞争中立概念，更多是对税收、监管、行政权力、商业回报等方面的中立进行规定。此后，这一概念逐渐发展为双边协定中的一个条款，通过修改国有企业定义来扩大或收缩国有企业范畴，并制定有倾向性的政策针对其他国家国有企业正常运行。最后，基于经济合作与发展组织（OECD）等国际组织发表的大量高水准政策报告，形成非国内法或国际条约的"第三条路"。这些政策报告的工作结果不具备法律约束力，但仍然对竞争中性原则的学术研究产生较大影响，使国际社会自觉引用和遵守，一定程度上甚至起到了国际"软法"作用。

1. 澳大利亚的国内立法实践

竞争中立来源于1994年2月澳大利亚政府的微观经济改革。1995年《竞争原则协定》（Competition Principles Agreement）的拟定与通过，澳大利亚联邦和州、地区达成了规范控制政府干预竞争的文件，以确保政府在国有经济和私营经济的竞争中保持客观中立。考虑到以下条件，澳大利亚决定在已有基础上进行更为深刻的竞争机制改革：国家经济活动更加频繁、经济水平不断增加；通过效率高企业淘汰效率低企业的竞争机制可以使消费者受益；经济运行中出现了严重低效情况，对生产力持续发展造成阻碍；大部分公共事业由国有企业负责运作。[1]

最初推动澳大利亚竞争改革不仅是为了促进竞争本身，更不是为了实现某些经济私有化改革的空想。其目的是创造一种使国有经济的商业和非商业功能能够得到明确的划分，并增强国有企业竞争水平（特别是在传统上的公共服务领域），从而鼓励企业降低价格并向顾客或消费者提供更多的、质量更好的选择环境。在这种环境下，国有企业将受到激励，通过提高业绩水平进而优化现有资源配给，最终目标是扩大国有企业的规模和效率。[2]　其后，澳大利亚成立了

---

[1]　See Matthew, Lindsay, Fiona, "Competitive Neutrality and State-Owned Enterprises in Australia: Review of Practices and their Relevance for other Countries Rennie", *OECD Corporate Governance Working Papers*, *Paris*, 2011, p. 50.

[2]　See Productivity Commission, *Review of National Competition Policy Reforms: Productivity Commission Inquiry Report*, p. xvi, available at https://papers. ssrn. com/sol3/papers. cfm? abstract_ id = 737883, visited on May 17, 2022.

一个独立的委员会，对澳大利亚的国家竞争政策进行审查。该委员会提出了著名的《希尔默报告》。

为了实现国有企业竞争中立改革，澳大利亚政府在1995年至2004年间制定并执行了三部相关法律或监管框架：1995年《竞争原则规定》、1996年《联邦竞争中立政策声明》和2004年《澳大利亚政府竞争中立准则》。同时，规定财务与放松管制部、财政部和澳大利亚竞争中立投诉办公室负责监督、调查和执行上述法律或监管框架，尽管各个机构权力有所交叉，但整体建立起了比较全面的竞争中立法制框架。① 澳大利亚明确规定政府或国有企业"重要的"商业活动不得因所有制而获得竞争优势，并通过法律法规进一步细化了这一原则在联邦和地方的应用，要求各级政府出台细则配合竞争中立的金融和管理框架的实施。② 竞争中立投诉办公室专门负责实施投诉机制，解决关于所有制的优势与劣势问题，并给出救济方法。客观而言，单从澳大利亚的改革措施和机构设置以及所秉持的竞争原则来看，显得较为激进。彼时澳大利亚的国有企业主要负责公共事业相关的服务和产品供应，但在运行过程中充分暴露了效率低下问题；由于监管和投诉救济机制缺失，国有企业运行中暴露了很多问题，使得消费者利益受损。而正常的市场退出机制，如破产、重组等法律渠道，不能完成低效国有企业的淘汰。这种状态下，澳大利亚政府才不得不选择适用竞争中立改革国有企业，并使用国家权力强行调整国有企业和私营企业的竞争格局。

对竞争中立的逐渐扭曲以2011年美国副国务卿罗伯特·D.霍尔马茨（Robert D. Hormats）的观点为代表。他曾对记者解释，竞争中立的意思是使得竞争不受外来因素的干扰，其核心是对现有国际经济规则进行更新和再调整，用来弥补现有国际经济规则无法保证国有企业和私营企业公平竞争的缺陷。③ 这段话有两个含义：第一是试图将竞争中立界定为竞争不受外来因素干扰，第二是改革国际经济规则并弥补缺陷。这与澳大利亚提出的竞争中立的价值取向

---

① 参见经济合作与发展组织：《竞争中立：各国实践》，赵立新、蒋星辉、高琳译，经济科学出版社2015年版，第14-35页。OECD认为澳大利亚建立了全面的竞争中立框架，其法律法规的制定和实施较有代表性。

② See Australian Government Competitive Neutrality Guidelines for Managers, available at http: // www. finance. gov. au/publications/finance-circulars/2004/ docs/CN_ Guidelines_ 26_ Feb_ 2004. rtf, visited on Jan. 10, 2020.

③ 参见吴云：《美国出新招对付"中国模式"》，载《人民日报》2011年11月24日。

已完全背道而驰。首先，竞争不受外来因素干扰，这个外来因素包含哪些方面。如果将其理解为各国《反不正当竞争法》规定的不正当竞争行为，则任何一国的《反不正当竞争法》都需要对不正当竞争行为进行干预，维护市场竞争秩序。如果将其理解为政府干预行为，排除政府宏观调控对经济运行的正当干预，不仅仅和现代市场经济的市场失灵理论相左，更和经济法宏观调控和市场规制两方面相抵触。因为经济法学者普遍认为市场不是万能的，市场机制有不可克服的缺陷，经济周期危机证明了市场在配置资源上会出现失灵和失效以及配置效率低等问题。① 其次，推行竞争中立，对澳大利亚而言是其国内经济改革问题，无法上升到国际经济规则缺陷的弥补。因此，这一解释很显然是不恰当的。

2. 国际协定：以 TPP 和 BIT 条约为例

经过澳大利亚的实践，竞争中立作为针对国有企业制度设计的原则逐步受到国际社会的关注，澳大利亚通过与新加坡、美国等 11 个国家签署双边协定，并经由美国推动的若干国际条约，逐渐将竞争中立上升为世界范围各国有企业竞争的原则。

TPP 和 BIT 相关条款对澳大利亚竞争中立的适用范围进行修正，详见表 1。

表 1 相关文件对国有企业的限制和排除

文件名称	国有企业的界定及竞争中立适用范围	特点
跨太平洋伙伴关系协定 TPP	第十七章规定国有企业相关内容，将国有企业定义为一缔约方直接拥有或通过所有权控制 50% 以上的股份，或者拥有任命大多数董事会等高级管理机构成员权利的，主要从事商业活动的企业。同时将缔约方授予企业行使行政权力或政府职权的行为纳入国有企业的规制范围内。 第十七章第五部分授予缔约国国内法院对他国中央级国有企业的管辖权，即使得美国法院拥有对其他国家国有企业的司法管辖权。	只针对中央级国有企业。经调查，美国中央级国有企业仅有 20 多家，不包括任何制造业企业。联邦政府公司 17 家，除涉及监狱、铁路、航运、邮政、山谷开发和火山保护领域外，其余均为金融企业；5 家政府资助企业均为金融领域相关企业。② 这说明 TPP 对国有企业合法权益的减损是基于反国际竞争目的，造成了制度倾向性。

---

① 参见王全兴：《经济法基础理论专题研究》，中国检察出版社 2002 年版，第 80 页。
② 参见《美国的"中央国有企业"情况介绍》，载 http://us.mofcom.gov.cn/article/ztdy/201412/20141200855345.shtml，2020 年 2 月 1 日访问。

续表

文件名称	国有企业的界定及竞争中立适用范围	特点
美国双边投资协定 BIT①	国有企业是指由国家所有或者控制的企业。第 3 条国民待遇规定中,明确要求缔约方给予另一方不低于该国内其他国有企业的待遇。第 2 条要求将由缔约方授权行使任何管理、行政或其他政府权力的国有企业涵盖在内,并且对政府权力作出扩大解释。	2012 年修订的 BIT 在 2004 年版本基础上对国有企业的地位和待遇作了非常严格的要求,包括限制本国技术含量、缔约双方利害关系人参与政策制定以及定义"国有企业履行政府职能"。
联邦竞争中立政策声明	国有企业是指澳大利亚传统行业中国有企业及其内部组织和外部分支机构,国家编制预算机构下的竞争性商业机构以及政府商业活动部门,还包括前文所述政府"重要的"商业活动。	依照本国国情界定的国有企业定义与竞争中立适用范围,具有一定的实际性和限制性,并且可迁移性较低。

经对比,不论是 TPP 抑或是 BIT 2012,竞争中立适用总绕不开一定的倾向性,这种倾向性带有较强的政治意图。澳大利亚的竞争中立改革立足本国实践,目的是增加国有企业效益和消费者剩余;而美国在双边协定中虽然高举营造国际市场公平竞争环境的大旗,实则对国有企业广泛剥离竞争利益,对竞争中立的适用和国有企业的定义更多地指向打击别国工业、制造业等参与国际竞争的国有企业正当利益。考虑到美国中央级国有企业数量少、范围集中,因此可以轻松绕开竞争中立的限制,同时相关条款又赋予法院更多的司法管辖权。因此,有学者对欧美倡导的竞争中立命名为"市场扭曲规则体系",指明这种立场带有冷战思维。② 可以判断,竞争中立走向双边贸易协定的过程,是一个脱离法律原则的过程,更是一个政治化的过程。竞争中立在此过程中脱离了原有目的和导向,向着各国之间制度竞争乃至意识形态斗争方向发展。

3. 软法时代:经济合作与发展组织(OECD)的研究成果

国际软法是指部分国际组织针对竞争中立提出的框架性建议,其内容本身不具备任何强制性和执行能力,仅作为推动企业发展和改革的基础性法则,为

---

① BIT 2012 是美国双边投资协定范本,作为在与各国签订具体协定时的参考。参见 https://ustr. gov/sites/default/files/BIT%20text%20for%20ACIEP%20Meeting. pdf,2020 年 1 月 15 日访问。

② 参见王燕、陈伟光:《"非市场经济"与"市场扭曲":中美欧之间的制度之争》,《社会科学》2019 年第 10 期。

各个国家具体操作环节提供相应的理论支持。就现有国际实践来看，部分国家和地区有将竞争中立进行硬法化的趋势，在各国的权利、义务、管辖和执行层面对竞争中立作出规定。OECD 作为政府间国际经济组织，虽也不可避免地带有倾向性，但是其国际组织的性质和宗旨决定其推动的相关改革会更趋向于国际软法，即采用定范围、定标准、无监管、无执行的模式。这样的框架设计从形式上看较为中立，平衡协调各国、各利益集团利益，因此可更切合我国经济社会发展状况和国有企业改革节奏。

OECD 认为，竞争中性是指经济市场中运行的任何实体均不存在不当竞争优势或者劣势，并有针对性地提出了"八大基石"，即选择最佳企业形式、核算商业成本、获得商业回报率、履行公共服务义务、实现债务中立、政府采购公开透明、税收中立、监管中立和债务中立。经合组织的八大基石，通过一系列建议性的框架设置，为各国竞争中立问题提供一定的指导。经合组织明确表示，希望各国可以尽快进行顶层设计，并进行"神圣"承诺。

（二）"竞争中性"与竞争中立之区别联系

竞争中立的目的，不论按照哪个国家的实践、哪一条约的规定，都是消除国有企业和私营企业在竞争上的不平等，促进市场竞争。而竞争中性原则的目的不仅指向市场竞争，更应当指向国民总体财富的增加。因此不管是国有企业也好，私营企业也罢，只要遵守相关法律，提高生产效率和服务质量并赚取合法收入，就可以增加国民福祉，有利于整体经济的做大做强。所以如果我们的出发点是消除国企私企的竞争差异，削减国有企业运行中的正当利益，并对私营企业进行有目的的政策偏向，则国有企业生产积极性被打压，私营企业无端享受政策红利，降低竞争意识，那么很可能最终只会造成国有资产流失和整体国民经济生产效率低下的恶果。

在法律原则的范围方面，竞争中立较为片面地强调应当在每一个领域，或者应当在竞争性领域适用竞争中立，而竞争中性原则更多地考虑这一原则适用的范围是否合理。简言之，对民生领域，应当注意竞争中性原则的适用，严格把关；对于国内充分竞争的市场领域，应当按照竞争中性原则指导国有企业改革；对于涉及国家利益的国际竞争问题，对竞争中性原则的适用需要更加谨慎。以下详细解释：

对于充分竞争的市场，可以更开放地适用竞争中性原则进行改革。2015 年

《中共中央、国务院关于深化国有企业改革的指导意见》明确将部分国有企业定位为商业类国有企业，同时要求这部分企业按照市场化要求实行商业化运作。为确保这种商业化活动的有效运作，可以适用竞争中性原则予以保障。在这个范围内适用竞争中性原则，更多的是按照现有国企改革方向进行深化改革。

关于国际竞争问题，从上文叙述可以看出美国推动竞争中立存在特殊目的。出于国际竞争目的，经常会出现相关议题，如早期的自由、人权等议题，现在慢慢向反倾销、反交叉补贴、原产地规则、强制技术转让和环境保护或者劳工权利发展。[①] 因此，竞争中立可以理解为接过了前面这些议题的大旗，以一个新形式对其他国家进行制度竞争。世界市场的主要参与者，不管是欧洲还是美国，既然试图通过国有企业竞争问题对中国发难，中国在这方面的应对则需要格外谨慎。有学者认为，竞争中立的推行与早期 WTO 谈判时各种投资贸易规则不同，早期"入世"谈判涉及百余个国家内部经济制度的切实改变，而竞争中立更偏向宏观，不涉及直接和具体的国家利益得失。[②] 其实这会麻痹对竞争中立议题的敏感性。既然和国际竞争相关，一时的疏忽会造成很大的损失和国际舆论不利地位。而竞争中性原则更倾向于对国内现有国有经济体系进行合理改革，同时借鉴国际先进经验，以包容开放的法律制度更好地融入世界经济贸易体系。

三、"竞争中性"原则的构建

(一) 罗尔斯《正义论》与国企私企的市场竞争

竞争中性原则的构建绕不开对社会秩序的再评估。罗尔斯在《正义论》中提出，社会既具有利益协作属性，又存在利益冲突属性。[③] 这一现实条件促使正义原则在社会制度构建上的应用。

运用到国有企业与私营企业的市场竞争场景，二者兼具合作与冲突，在本质上不可避免。仅仅强调效率的提升可能会导致严重的市场撕裂，阻碍良好竞

---

① 参见石静霞：《国际贸易投资规则的再构建及中国的因应》，《中国社会科学》2015 年第 9 期。

② 参见冯辉：《竞争中立：国企改革、贸易投资新规则与国家间制度竞争》，《环球法律评论》2016 年第 2 期。

③ 参见 [美] 约翰·罗尔斯：《正义论》，何怀宏等译，中国社会科学出版社 2001 年版，第 1-4 页。

争秩序的形成。罗尔斯正义原则的第一原则提出，每个人都有平等的权利去拥有可以与别人的类似自由权并存的最广泛的基本自由权。这表明，不论是国有企业还是私营企业，法律制度要赋予平等的基本自由。我国《宪法》和《公司法》以法律形式赋予各类公司等商业组织平等权利和地位。这意味着参与市场竞争的主体，不论所有制属性，都是平等的。然而现实条件决定了，每个参与市场竞争的主体存在社会和经济上的不平等，在经济实力、组织规模、人才获取等方面都存在不平等，即便仅考虑国有企业广泛存在这一现象，撕裂似乎是不可避免。此时罗尔斯主张，既不放任这种不平等，也不主张直接消除这种不平等，而是要追求吻合社会系统中每一个阶层人的利益。比如国家对小微企业的政策照顾就符合罗尔斯的正义观表达，给予相应的低息贷款、税收减免等措施便具有正当性。同理，国有企业要承担更多的社会责任，这在本质上也符合正义原则。然而依前文所述，竞争中立认为国有企业和私营企业的不平等和撕裂在价值取向上是不可取的，在具体实践上竞争中立又主张通过激进的制度构建消灭国有企业和私营企业在社会和经济上的不平等。可以看出，竞争中立的这种要求违反罗尔斯《正义论》要求，其统领下的市场竞争亦缺乏正义属性。竞争中性原则则主张要利用这种不平等现象，使之符合各种市场参与主体的利益，甚至要努力促进社会整体福祉的增加。

国有企业和私营企业的体量和实力区别，不能被认为是国有企业参与市场竞争的原罪。消灭掉现存的国有大型企业，只会降低市场运行效率，并不会阻止下一个托拉斯的出现。竞争中性原则的构建，在一定程度上正视这一差异，避免市场秩序的割裂，有助于营造罗尔斯笔下的"良序社会"。

（二）"竞争中性"原则的内涵

OECD 将竞争中性原则概括为维持公有和私有商业企业的竞争公平，并确定了八个基本要素。[①] 本文认为这一概念可以被直接引用，但八个要素不能完全反映竞争中性原则的内涵与要求，需要进一步明确。首先是适用范围，事关公共利益和公益事业的领域，竞争中性的适用应当谨慎。对于国有企业为公共利益和公益事业从事经营活动，参与国际竞争的情况较为罕见，是否适用竞争

---

① See OECD, *Competitive Neutrality：Maintaining a Level Playing Field between Public and Private Business*, pp. i-123（123）.

中性原则并不会产生具体影响,故可排除在竞争中性之外。其次是法律适用,包括内部治理体系与外部监管体系的完善、政府对国有企业援助的正当性、国有竞争型企业的商业利益和社会责任平衡以及审计监管的透明度。竞争中性原则可以在国有企业改革中提供指导,只有当以上几方面的国有企业发展思路理顺时,才能够满足竞争中性的基本要求,更好地实现国有企业改革。

(三) 国有企业"竞争中性"原则的具体构建

竞争中性原则的实现对国有企业会产生较大影响,需要明确构建的入手点和实际矛盾。

竞争中性原则适用于国有企业充分竞争的商业活动,是原则构建的入手点。国有企业分为若干种类,不同种类的国有企业又存在多种业态。公益类国有企业,如电力部门也会参与充分竞争的市场活动。对这一类市场活动,在改革过程中或退出,或适用竞争中性。有学者认为财政资金可以逐步退出竞争性领域。① 这一观点是否正确暂不讨论,但是从国家电网对退出房地产行业的声明可以看出,这至少会在一定程度上成为未来发展趋势。对于暂时不退出竞争性领域的,可以按照一定金额适用竞争中性。目前我国《政府采购法》和《招标投标法》规定需要公开招投标的金额为 100—400 万元,这一数量标准可以作为竞争中性适用标准的参考。

兼顾竞争中性与实际效益存在矛盾。我国国有企业对内承担的社会责任以及对外参与国际竞争的优势都是有目共睹的,如果竞争中性对这些方面产生了不良影响,那么很难肯定竞争中性在我国可发挥积极作用。本文认为,兼顾二者的核心要件是法律机制。通过法律的监管和实施确保国有企业从监管、税收、负债到市场地位均不享有与私营企业相比更多的优势,这可能会打击国有企业生产经营的积极性,但更会激发市场竞争活力。

四、应对"竞争中性"原则:国企改革发展与国际竞争的重塑

面对竞争中立的国际法律体系压力,正确的做法不应当是忽视和拒绝,否则会导致各个经济体和利益集团之间爆发冲突。在深知中国经济发展离不开国

---

① 参见余鹏峰:《社会保障预算法治化探究》,《河北法学》2017 年第 2 期。

际社会的前提下，舆论和国际法律规则的针对很可能使中国面临更猛烈的经济制裁。有学者据此指出中国要积极参与现行国际贸易体系，努力使国际规则有利于自身。① 因此，在做好本国经济体制改革的同时，应当加强国际竞争的回应，积极回应本国制度特色，寻找与不同国家之间的共同和相协调之处；甚至可以在获得多方支持的情况下，向国际社会宣扬处理国有企业和私营企业竞争问题的"中国方案"，在论证制度合法性与合理性的同时，推广先进的治理模式和治理经验。

（一）"竞争中性"塑造国有企业改革新方向

我国可以借助竞争中性原则的主张，解决我国国有企业问题。首先，可借鉴欧盟的国家援助制度规范我国的补贴制度。我国应当恪守加入世界贸易组织的承诺，遵守世贸现行规则。在发展国有企业的同时，提升对国有企业补贴的透明度，推进制度化、程序化设计。第一，要明确市场对资源配置的决定性作用，避免政府权力与市场机制的冲突。对国有企业和私营企业的市场准入平等审批；降低乃至消除直接投入资源的输血模式，维护公平竞争；加快建设市场退出机制，避免对国有企业过度保护造成资源浪费；严格执行法律法规，对妨害竞争和垄断市场的行为予以坚决打击。第二，以立法形式确定政府对企业进行援助的程序和条件。可以参考欧共体条约的规定，在目的、申请方式、数额评估和对公平竞争的影响几个方面进行立法，加强政府补贴的合理性和必要性。同时，通过内部监督和公众监督的方式确保这一环节的合法。第三，促进国有企业审计透明化。对商业型国有企业，尤其是充分参与竞争的国有企业，通过定期报告实现资金来源和资金使用的透明化，避免权力寻租的行为出现。

其次，要追求参与市场竞争的国有企业遵守类似澳大利亚"重要性"规则进行市场运营，具体包括符合独立性和商业化两个特性，以营利为主要目的，自主提供商品和服务，要具备独立的管理和财务结构，不受其他外部机构或内部组织的干预等要素。当下美国、欧洲提出的竞争中立对于国有企业的限制超出了世界贸易组织的非歧视规定，这可能是国有企业面临的一个挑战。中国应当在对竞争性国有企业改革之际，对国有企业履行这一承诺。在此基础上可以要求金额限制，对超过一定数量或价值的经营行为进行监管。可以依托于优化

---

① 参见史际春、罗伟恒：《论竞争中立》，《经贸法律评论》2019 年第 3 期。

营商环境、所有权经营权分离、增强活力和强化监管、国企高管经理人改革等具体措施进行改革,首先要明确监管部门对国有企业具体经营环境的行政干预方式。

最后,通过借鉴 OECD 相关文件有效改进国有企业的结构和治理。我国国有企业的公司化改革最初曾被认为是形式主义。美国、欧洲等将 OECD 相关文件直接纳入条约的竞争中立条款,体现了这些发达经济体对各国国有企业公司化和去政府化改革的要求。这也是我国国有企业改革必须推进的内容。因此,我国有必要参考 OECD 相关规则,在一定程度上借鉴竞争中性原则对国有企业公司化的要求,真正实现国家经营权和所有权相分离。当然,这一过程仍应当切合中国改革步伐和发展现状,以本国现行经济制度为本进行渐进式改革。

(二) 构建包容开放的国有企业竞争法律体系

通过将世界包容性发展从理念推向现实,中国积累了大量治理经验。可以在完善国有企业竞争相关法律体系时,借鉴相关治理经验,贯彻包容性发展和对外开放的精神,以期促进国有企业更高层次的善治。

首先,国有企业的包容开放实则是自由竞争的体现。本文认为,可以将竞争中性原则写入经济法通则或总则中,起到提纲挈领的作用。原因有二。其一是目前不论是竞争法还是反垄断法的立法都较为全面,对各种不正当竞争行为和垄断行为的规制都做了具体规定。在其中加入竞争中性原则,很难放置于具体法条中。其二是经济法通则的制定处在较好的时机,有助于经济法走向体系化和科学化。[1] 法律原则在经济法典中也更容易确立。竞争中性原则可以在两个维度予以确立,即总则中的原则和分则中的具体法律条文。在总则部分可以借鉴 OECD 的规定;在分则部分明确适用范围和对象,并对具体金额进行界定。

其次,为落实企业社会责任,需要构建并完善企业社会责任框架,以包容性发展的目标促进国有企业和私营企业的公平竞争。国有企业由于其所有制属性,负担比私营企业更多的社会责任。以疫情应对为例,国有企业充分保障基础产品供应,同时扩大医疗物资的生产。但是,一些私营企业出现疫情期间裁员、克扣工资等不符合劳动法要求的情况。为了平衡两者的社会责任,需要构建并完善相关框架。国有企业应在现有社会责任基础上兼顾企业营利性,而私

---

[1] 参见程信和:《经济法通则原论》,《地方立法研究》2019 年第 1 期。

营企业应当更多地、更全面地承担社会责任，避免出现违法情况。

最后，需要推动国有企业人才选拔和负责人任命机制的完善。要以开放的策略和态度扩大国有企业人才获取渠道。要以公平合理的人才选拔机制激发国企员工生产力；要明确负责人选任标准，应当道德、能力和政治素养并重。从人才入手解放国有企业生产力，促进国有企业在竞争中性原则指导下的改革。

五、结 语

国际新共识的达成，不仅在于寻找和自身具有相同观点的主体，更应当注意寻找和自身意见相左的主体的共识。新兴市场国家中国有企业不断发展壮大的不在少数，如果要求每一个新兴市场国家都进行竞争中立改革，代价非常巨大。因此，要争取和这些国家在态度上达成一致，求同存异，达成共识。应当从本国国情出发，在涉及国际经贸规则的双边、多边以及区域贸易谈判中，坚持"共同但有区别"的原则，维护我国的利益。与发达国家共识的达成也要把握这一原则。另外，美国主导的"竞争中立"存在一定的贸易保护主义倾向，可能会影响部分国家的利益。中国应矢志不渝地维护"自由开放、公平非歧视"的原则，以自身成功的治理结果向国际社会输出我国对于市场经济、公平竞争以及国有企业的观念，争取更多使用中国方案的国家的支持。对于竞争中性的积极、正确导向，我国要进行吸收和转化，但是对竞争中立的"非中立"要求，必须谨慎对待，防微杜渐。

论 坛

Economic Law Review

经济政策与经济法理念的统合问题

崔文涛[*]　　王斐民^{**}

目　次

一、问题的提出

在经济法基础理论的研究中，学者们对经济法的政策性、经济法与经济政策的关系进行了广泛讨论，形成了丰富且深有启发意义的理论成果。在早期，对于经济法的政策性、政策性实施多有肯定。有学者从经济法的现代性出发，指出"经济法制度的形成，与经济政策的联系十分密切，具有很强的政策性，这是以往传统部门法所没有的"。[①] 有学者强调基本经济政策对经济法的指导作用、决定作用，"政府或执政党在领导国家各项工作时，必须实行民主科学的决策，制定和执行正确的路线、方针、政策，然后将政策通过法定程式转化为国家意志即法律"，以税法为例，"国家的基本政策是制定和修改税法的依据。税

　＊　中国人民大学法学院博士研究生。

＊＊　法学博士，北方工业大学文法学院教授，硕士生导师，金融科技与信息安全法治研究所所长。

　①　张守文：《论经济法的现代性》，《中国法学》2000 年第 5 期。

法必须以适应市场经济发展的基本经济政策为指导。"① 有学者认为："经济法实质上就是国家经济政策的法律化。经济政策的发展决定着法律调整模式和法律规范的发展变化……经济政策的发展决定了经济法的发展，经济政策的内容决定了经济法的特征和组成。"② 有学者进一步强调了经济政策对经济法的全面决定作用，认为经济法的政策性主要体现在"经济政策决定经济法的基本内容、经济政策的倾向性决定了经济法的倾向性及实施力度、经济法中的'法'是属于经济政策的手段"。③ 同时，也有学者认为，法律对经济政策有限制或规范作用。如，"政策对于法的关系不仅体现在政策对法有指导作用，也体现在法对政策的制约作用。"④ "经济政策应当在既定的经济法律制度内由国家实施，只有这样，才能实现国家行政机关的依法调控经济，才能同进一步的经济制度改革相协调。"⑤ 有学者进一步指出，"转化后的政策是对原有政策的丰富和深化，从一个具体的点延伸到了一个覆盖更广的面，但这些政策仍然还在法律的管束框架之内，没有脱离法律的控制与约束"⑥。这些研究从经济法的政策性、经济政策与经济法的协同角度进行研究，一些研究以经济法实际文本、实例进行研究，颇有价值。

随着社会经济发展，有关部门的经济政策频出，既给经济法带来了发展机遇，也带来一些挑战——有学者表示出对经济法与经济政策紧密关系的警惕与担忧，如认为"政策是法律的先导或灵魂。但这里的政策是指党的政策或宪法所规定的国家政策（路线、方针）"，⑦ 过度强调经济法的政策性研究，"可能会忽略经济法自身原理和规则的提炼，使经济法学沦为政策之学、应急之学，这和法学的固有本质——稳定性、规则性、可预期性存在差距"⑧。有学者从

① 徐孟洲：《经济政策与税法关系之评析》，《月旦法学杂志》2002 年第 12 期。
② 邓峰：《经济政策、经济制度和经济法的协同变迁与经济改革演进》，《中国人民大学学报》1998 年第 2 期。
③ 徐强胜：《论经济法的政策性》，《经济经纬》2005 年第 6 期。
④ 徐孟洲：《经济政策与税法关系之评析》，《月旦法学杂志》2002 年第 12 期。
⑤ 邓峰：《经济政策、经济制度和经济法的协同变迁与经济改革演进》，《中国人民大学学报》1998 年第 2 期。
⑥ 单飞跃、张玮：《经济法中的政策——基于法律文本的实证分析》，《社会科学》2012 年第 4 期。
⑦ 邢会强：《政策增长与法律空洞化——以经济法为例的观察》，《法制与社会发展》2012 年第 3 期。
⑧ 邢会强：《中国经济法学研究的规则经济法转向》，载张守文主编：《经济法研究》（第 13 卷），北京大学出版社 2014 年版，第 99 页。

"政治问题"角度强调："经济法问题的底色是法律问题，虽然与政治密切关联，但绝对不是政治问题……政策和法律的边界一定要恪守。"① 有学者认为："针对经济法领域既存的'重政策轻法律'，以及大量'用政策替代法律'的问题，应从经济法的良法所要求的法定原则出发，处理好经济政策与法律的关系，避免经济政策与经济法的'错位'与'误用'。"② 在强调全面依法治国的背景下，对经济政策与经济法的关系予以系统思考确有必要。

笔者在梳理已有文献时发现，从肯定经济法的政策性、法律与政策的协同性，到对经济法中"重政策轻法律"的警惕，是学者对当代现实问题敏锐观察和认真反思的结果。应如何认识经济法与经济政策之间的关系？正确认识二者关系的背后机理又是什么？笔者认为，在研究经济法与经济政策关系时可突破单一线性视角，遵循经济政策本身的层次性、历史演进性来系统考察二者的关系。已有一些学者跳出单一层次逻辑，将经济政策与经济法整合于经济制度进行观察，无疑是一种逻辑严谨的路径，③ 但是在考虑二者关系时可注入一些应然层面的关怀，从经济法理念角度观察，以匡正经济法与经济政策在制定、实施中的偏差，使经济法与经济政策之间的张力在经济法体系内得以消弭，进而使二者在经济法理念的指导下实现政策的法治化和经济法政策性实施的法治化。

二、经济法理念与经济政策的界定

从经济法理念观察经济法和政策之间的关系，不仅是一个考察视角，也是改善二者关系的一种途径。学界对经济法理念、经济政策的认知不同，有必要先对经济法理念以及经济政策进行梳理和界定。

（一）经济法理念的界定及其内涵

1. 经济法理念的定义

学界对经济法理念的界定，有争议亦有共识。有学者认为，经济法理念是

---

① 黎江虹：《寻找经济法研究的真问题》，载陈云良主编：《经济法论丛》（第 31 期），社会科学文献出版社 2018 年版，第 136 页。

② 张守文：《经济法的法治理论构建：维度与类型》，《当代法学》2020 年第 3 期。

③ 参见邓峰：《经济政策、经济制度和经济法的协同变迁与经济改革演进》，《中国人民大学学报》1998 年第 2 期；刘晓霞：《经济法与经济政策的互动整合——兼谈经济法的特征》，《甘肃政法成人教育学院学报》2005 年第 1 期。

关于经济法存在和发展的各种内在规定性的归纳，是经济法诸项制度的灵魂；①也有学者认为，经济法理念是人们对经济法应然规定性的理性的、基本的认识和追求，是经济法及其适用的最高原理。② 经文献梳理，学界基本认可以下界定：经济法理念是经济法的"标杆"，统领经济法理论体系与实践体系，是在现有经济法实践中提炼抽象出其内在规定性，经过理论反思形成经济法的应然规定性，反过来成为经济法实践实现善治效能的最高指导原理和内在精神，经济法理念蕴含对法治理念的遵循。在对经济法理念进行界定的过程中，还要区别经济法"理念"与"原则""目的""价值"等概念，它们居于不同的理论位阶、承担不同的任务。

2. 经济法理念的内涵

经济法理念的内涵具有多样性，有学者在对已有研究进行分析的基础上以经济法理念层次构造为划分标准，认为"当前经济法理念的研究是一元论、二元论与多元论并存的局面"。③ 笔者认为，分析经济法理念的结构层次，是一个便于直观理解经济法理念的进路，但是在经济法理念的形式范畴、"定量分析"之外还可进行"定性分析"，在分类、分层的基础上，对现有研究中有关经济法理念的内涵予以定性、统合。经济法理念的"一元论"结构下，有"实质公平正义"④"社会整体利益观"⑤"人本主义"诸说⑥；"二元论"下有"平衡协调、社会本位"等诸说⑦；"多元论"下则有"以消费者为本、平衡协调和社会责任本位三项基本要素为一体的人文理念"⑧"自由理念、公平理念、安全理

① 参见何文龙：《经济法理念简论》，《法商研究（中南政法学院学报）》1998 年第 3 期。
② 参见史际春、李青山：《论经济法的理念》，《华东政法学院学报》2003 年第 2 期。
③ 金励：《论经济法模型世界的构筑：对经济法理念研究的历程回顾与评价》，《现代法学》2009年第 4 期。
④ 史际春、李青山：《论经济法的理念》，《华东政法学院学报》2003 年第 2 期。
⑤ 顾功耘：《略论经济法的理念、基本原则与和谐社会的构建》，《法学》2007 年第 3 期；冯果、万江：《求经世之道思济民之法——经济法之社会整体利益观诠释》，《法学评论》2004 年第 3 期；卢代富：《经济法对社会整体利益的维护》，《现代法学》2013 年第 4 期。
⑥ 杨三正：《论经济法的人本主义理念》，《云南社会科学》2004 年第 4 期。
⑦ 史际春、李青山：《论经济法的理念》，《华东政法学院学报》2003 年第 2 期。
⑧ 徐孟洲：《经济法的理念和价值范畴探讨》，《社会科学》2011 年第 1 期。

念、程序理念、发展理念"① 以及大数据时代下的"市场赋权理念、共享共治理念、风险控制理念和平衡发展理念"② 等诸说。经过定性、统合与抽象反思，笔者认为，经济法理念自主体上观察是"社会责任本位"，从内容上观察是"不平等者之间的利益平衡与实质正义"，最终在目标层面实现社会整体利益。

从主体视角观察，经济法理念坚持"社会责任本位"。"本位"是一种工具性的分析方法，或者称之为研究范式。其核心内涵是指"中心"，当然还包括基本观念、基本目的、基本作用和基本任务等派生性内涵。③ 对经济法本位的研究脉络之一是以主体为标准划分为个人本位、国家本位、社会本位；另一脉络则是以内容为标准划分为权利本位、义务本位、权利义务一致论以及责任本位。不少学者都对经济法的社会责任本位展开系统论述，④ 但"社会"究竟是什么，很难给予清晰的定义，经济法研究中亦很少有专门论述，即使在社会学研究中也难以获得内涵精准、外延周全的系统诠释。为打破这一困局，可借用涂尔干"转化式研究"的方法，即为"从科学的角度出发我们只能借助它所产生的结果来考察它的起因""科学只能通过体温变化的幅度来研究热，通过物理和化学效应来研究电，通过运动来研究力""要想使团结具有一种可以把握的形式，社会的后果就应该为其提供一种外在的解释"。⑤ 对"社会"本位的关注可以放下对"社会"本身概念化、定义化的思维，转向对"社会事实"进行研究，从而刻画出社会这一主体的面貌。笔者认为，社会是在社会分工基础上产生的各类连带关系的集合，进而经济法理念对社会本位的关怀即以社会分工基础上形成的连带关系为中心展开研究。社会连带关系作为一种社会事实存在，与个人和国家的关系不是对立和排斥的，而是以有机个体为基础并建构起的多

---

① 单飞跃、刘思萱：《经济法安全理念的解析》，《现代法学》2003 年第 1 期；单飞跃、罗小勇：《经济法程序理念论》，《湖南大学学报（社会科学版）》2003 年第 4 期；单飞跃：《经济法的法价值范畴研究》，《现代法学》2000 年第 1 期；单飞跃、王显勇、王秀卫：《经济法发展理念论》，《湘潭大学社会科学学报》2000 年第 5 期。

② 马平川：《大数据时代的经济法理念变革与规制创新》，《法学杂志》2018 年第 7 期。

③ 参见许光耀、王巍：《经济法是社会本位之法》，《宁夏大学学报（人文社会科学版）》2003 年第 5 期。

④ 参见薛克鹏：《论经济法的社会本位理念及其实现》，《现代法学》2006 年第 6 期；吴宏伟、金善明：《社会本位观：反垄断法立足之本》，《法学家》2008 年第 1 期；陈敏光：《经济法社会本位论》，载史际春主编：《经济法学评论》（第 18 卷第 2 期），中国法制出版社 2018 年版。

⑤ ［法］埃米尔·涂尔干：《社会分工论》，渠敬东译，生活·读书·新知三联书店 2017 年版，第 29 页。

重社会联结网络。在分工的促进下，个人才会摆脱孤立的状态，形成相互间的联系，如经济交易、政治博弈、思想交流等。在生产力欠发达的早期时代，这种关系或许会受到时空限制而表现出明显的地域性、团体性、机械性，但随着社会生产力的发展，不同主体的多种需求促使社会连带关系已经能够最大限度地突破时空限制，构筑起以有机个体为基础的立体化、多层次、交互式的连带关系网络，每一个体无不生活在与其他主体层层编织的关系网中，都是特定关系网中的一个节点。连带关系网络从形式上来看具有抽象性与虚拟性，是帮助我们透视社会结构而拟制的"转化式"表达，由于实践中普遍存在"个体中心化"的思维模式以及"维护权利"的运行机制使人们倾向于将这些相对较为宏观、抽象的关系网边缘化、透明化，但是形式上的特征不能阻碍经济法理念在实质内容上的应有关怀，经济法产生、发展的机理中就应当蕴含对这些抽象但需要一定物质载体呈现出来的关系网络结构以及处于网络结构上的各种主体。社会连带关系本身具有丰富的属性，处于社会连带关系中的主体在法律视野下，处于平等或不平等的状态，这是社会内容复杂交错的体现。

从内容视角观察，经济法理念是在处于社会连带关系中的不平等者之间落实正义。社会连带关系、网络结构不仅是我们刻画社会主体的工具，更是多类型主体之间利益创造、传递及实现的平台。连带关系的实质内容即是各类主体间普遍的利益关联关系，在这个关联关系中主体之间的力量并不平等，集中体现为强有力一方形成的支配权力可以对相对弱势一方形成各方面的盘剥，正是这种力量的不平等为经济法理念的调整机制创造空间。经济法理念的调整机制关乎对主体间权力与权利关系的研究：就微观层面的个体而言，权利是个体本身可以为或不为、令他人为或不为的一种可能性，以此满足自身的利益需要，权利的核心内涵是利益，法律也正是确认、界定、分配、协调、保障和促进利益的调节方式；就宏观层面的社会观察，权利是在民主建构基础上的一种合法的不平等，这种合法性并非基于暴力产生，而是基于社会主体普遍遵从的、客观的、民主的法律规则。由此我们可以在权利中发现基于客观民主规范而规定的合法不平等以及由此带来的合法收益这两个构成因素。客观的民主规范授予权利以权能，即权力。这种权能在权利救济上可以以私力救济与公力救济行使，经济法同时支持这两种救济方式。经济法在调整不平等者之间关系这一理念下，一方面承认、保持基于市场、法治的权利及其权能，另一方面识别、排除权利中非权能性的权力，即权利形成中的支配因素——违背法实质规则的行为或状态。经济法把不同主体之间的利益以及形成的利益关系作为着力点，来调整社会关系实现主体价值需求，因此，经济法是不平等者（包含形式不平等和实质不平等）之间的利益调整法，以促进不平等者之间基于市场原则、公共利益认同原则、法治原则的对等合作。

经济法在不平等主体之间落实实质正义的目的是实现社会整体利益。换言之，富含价值内涵的社会整体利益是经济法理念操作的目标。不平等主体之间连带关系的基础结构是力量不均衡的二元主体之间进行交际互动，这里的二元主体不是简单微观层面上的"二人"，而需要以整个社会范畴进行宏观观察，群体为更佳的利益代表主体。在社会分工基础上形成不同群体角色之间的交流、互补，相同群体角色之间的竞争、合作，进而在动态的互动中形成多元的利益代表。利益的多元性、角色的多样性置于以不平等力量为特征的基础连带关系多层次交叉运行框架中，构成了整个社会运行的系统性、整体性格局。维护这种整体格局的有序、高效运行是为经济法理念的社会整体利益之维护。

经济法的理念发根于社会经济实践，体现于系统化的经济法律制度，在解决现实问题的需求中兼具合法性与合理性，代表法治化的基本要求，也正是基于对社会整体利益的关怀才为经济政策与经济法构筑交流互动的平台。

（二）经济政策的界定及其层次性

1. 经济政策的定义

有学者指出，"政策就是政府的策略，亦即政府为进行有效治理而采取的各种对策。由于政策是政府为了实现公共职能而实施的策略，因而也可称为公共政策。按照许多学者的共识，公共政策就是政府在特定时期为实现一定的目标而采取的行动或制定的行为准则，它可以体现在政治、经济、社会、文化等各个领域，并由此可以分为经济政策、社会政策等多种类型，是一系列谋略、措施、条例、法令的总称"[①]。广义的政策不仅包含国家的顶层设计、发展规划，政府机关发布的规范性文件等，还包含立法机关制定的法律、司法机关制定的司法解释、司法政策等内容。狭义的政策即非法律政策，多由有关主体发布的具有一定指导意义的文件。为突出与法律的相对性，本文采狭义说。

[①] 张守文：《经济法理论的重构》，人民出版社 2004 年版，第 107 页。

2. 经济政策的层次性建构

在经济法与经济政策的关系研究中，有学者提出了经济政策的层次性命题。"方针、路线、战略体现的是宏观的政策，这种宏观性的政策往往可以概括为一句话或一句口号。在这一句话或口号下，可以包含诸多具体政策内容。"① "政策在经济法中也存在着内在的层次关系。通用型政策中的中央政策和一些专用型政策居于政策层级的顶端，是其他政策的源头和基准，可以将其称之为元政策。"② 另有一些学者提出了经济政策与经济法在发展历程中的相互作用，如"经济政策先行、经济政策入法、经济政策实施"。③ 有学者认为，"经济政策是经济立法的前提，经济法是经济政策的法律化，是对经济政策有效实施的法律保障。"④ 笔者认为，政策本身的层次性决定了其在制度构成的"不同阶段"担任不同角色，二者之间的关系亦应有不同的界定。通过分层次、分阶段的观察可以避免对经济政策与经济法的关系作出笼统认定，得出模糊结论。为此，笔者构建"基本政策—配套政策"的解释框架，以体现经济政策层次性的同时为分析经济政策与法律的关系提供框架。

"基本政策"即党和国家制定的大政方针、顶层制度设计，如党和国家重大会议文件、国家发展规划、改革方案等；"配套政策"即为了落实"基本政策"或更好保障法律实施，有关主体在其职责范围内依法制定的辅助性、实施性的文件。基本政策具有宏观层面的指导性意义，原则性较强，把握社会经济发展等领域的大方向，但可直接援引实施的程度较低，其合法性也受到法律程序上的拷问，因此需要经过法定程序具体化为法律。法律与基本政策相比，确定性、具体性更强，可以有针对性解决社会问题，且其实质和程序上都是法治的直接表现。然而，法律相较于社会发展的滞后性决定了其不能及时回应社会经济问题，为了不让新情况、新问题失去规制，法律制度一般具有较强的包容性，集中体现在"等""其他"以及引致性条款的表述。相较于基本政策，配套政策有弥补法律灵活性不足的功能，能够以较强的可执行性实现法律的目的。

---

① 邢会强：《政策增长与法律空洞化——以经济法为例的观察》，《法制与社会发展》2012 年第 3 期。

② 单飞跃、张玮：《经济法中的政策——基于法律文本的实证分析》，《社会科学》2012 年第 4 期。

③ 甘强：《论经济法中的经济政策——以银行法领域的政策运用为例》，《江西财经大学学报》2019 年第 6 期。

④ 张守文：《经济法的政策分析初探》，《法商研究》2003 年第 5 期。

因此，为了更为具体地实施法律，解决具体落实过程中的问题，配套政策便有了应用的场域。

三、经济法理念与经济政策的良性互动——以经济政策优化为导向

（一）经济法理念与经济政策互动的缘起

经济法与经济政策之间存在张力，一些学者从"政策合法性"角度思考，提出政策法治化，以防止经济法的空洞化，如"从'政策之治'到'法律主治'"，① 从"如何保证政策制定的正确性、政策规范的法律性、政策实施的有效性"② 角度发出对经济政策思维的追思与反问。对于经济政策合法性的种种担忧在中国语境下是有历史原因的，计划经济体制时代的制度惯性体现在政策与法律关系层面是政府政策、红头文件成为社会治理的主要手段。在对政府权力、政策制定及施行无法有效约束时，政府政策或成为少数主体谋求自身利益的工具。但随着中国法治进程的发展，对经济发展规律的把握不断加深，政府权责更加明晰，经济政策本身也有法治化的过程，尽管存在许多与经济法律不同的地方，例如制定主体、出台程序等，但是究其根本还是落实法治的手段，与法律一样承担着法治化的重任。此外，有学者认为政策并不等于人治，"将依政策办事与依法律办事对立起来的观点是对我国政策统治时代的局限性进行深刻反思的结论，但它并不具有普遍意义，因为人治化的决策（政策制定）体制机制、方式方法与作为社会治理工具的政策不是一回事。排斥政策的作用甚至否定政策的价值只是主观想象而已，现实的选择应当是改进决策体制方式，促进政策制定过程的民主化、科学化，保障公共政策反映民意和规律"③。有学者把经济法与经济政策整合于"经济制度"，强调"中国的经济政策和经济法应当具有自己的制度事实依据和特色"。④ 笔者认为，除在实然制度层面分析外，

---

① 邢会强：《政策增长与法律空洞化——以经济法为例的观察》，《法制与社会发展》2012 年第 3 期。

② 甘强：《论经济法中的经济政策——以银行法领域的政策运用为例》，《江西财经大学学报》2019 年第 6 期。

③ 肖金明：《为全面法治重构政策与法律关系》，《中国行政管理》2013 年第 5 期。

④ 邓峰：《经济政策、经济制度和经济法的协同变迁与经济改革演进》，《中国人民大学学报》1998 年第 2 期。

构建应然层面的理念分析框架可成为经济法与经济政策关系分析的落脚点。经济法理念与经济政策之间存在应然与实然、理想与现实之间的交流互动，对于明晰经济法与经济政策之间的关系大有裨益。

(二) 经济法理念对经济政策的引导与制约

经济法理念统领经济法理论体系与实践体系，经济政策是经济法调整手段的重要组成部分。因此，经济法理念对经济法律制度、经济政策都应具有统领作用。经济法理念树立的框架能够将经济政策制定及实施过程中的非法性及非正当性约束在合理范围内。

1. 经济法理念对经济政策的引导

经济法理念在主体层面追求社会责任本位。社会脱离政府与国家成为具有独立利益代表的一个团体，这要求经济法以及经济政策的制定、实施坚持以社会整体利益为导向、为标准。社会本位使得政府这一政策主要制定者不再成为利益主宰的中心，政府也要成为社会整体利益的维护者、促进者和实现者，在政策制定中受形式及实质的约束。经济法理念主体层面的社会本位并不否认政府在制定、执行政策过程中会追求自身的利益，但是社会本位不仅蕴含对权利的追求与保护，也需要责任的明确划分、承担与落实。政府及其工作人员制定政策受宪法、行政法等约束，促使政府在程序与实体上遵循社会公共利益最大化。正如有学者指出："建设法治国家，政策和狭义的法律都要在法治框架内运行，具体而言，它们都要受问责制概念和机制约束。立法者、政策制定者，包括行政和司法在内的执法者、政策执行或实施者，都必须恪尽职责，在宪法法律规定的或合法授权的职责范围内充分发挥主观能动性，同时接受体制内外的各种约束，包括媒体批评和民众自发的舆论监督，凡职责承担越位、错位、缺位、角色或利益冲突，贪赃枉法贪污腐败，或者经不起包括民众自发问责在内的任何问责，就应依法承担行政、刑事、民事、社会性等相应的法律责任。"[①]与社会责任本位凸显相对应的是"政府本位"的谦抑，政府制定的政策也便脱离"人治"而逐渐走向法治。对政府在政策制定及实施过程中可能存在的权力滥用、错用等担忧，经济法理念在主体层面对社会本位的强调以及具体制度落

---

① 史际春:《法的政策化与政策法治化》，载陈云良主编:《经济法论丛》(第 31 期)，社会科学文献出版社 2018 年版，第 55 页。

实，使得政府及其工作人员形成一种权力"不想滥用"的价值追求、"不敢滥用"的责任约束、"不能滥用"的制度框架。

经济法理念在内容上强调不平等主体之间落实实质正义，这种正义落实也体现在政策的制定、实施中，助推政策的法治化。该理念要求制定政策时首先识别出社会现实中存在的不平等主体，协调不平等力量以达到维护社会公共利益的均衡状态，进而在政策内容中落实对实质正义的追求。例如，中小银行在国民经济中的重要作用与其面临的严峻金融环境尤其是疫情冲击下的金融环境具有明显的资源错位配置特征，这种错位不仅集中体现在中小银行资本短缺、管理薄弱和风险处置渠道狭窄等方面，还集中体现在对债权人的利益保护存在漏洞上，风险积聚甚至还对区域性金融稳定乃至系统性金融稳定形成威胁。基于对"不平等主体之间落实正义"的经济法理念，国务院金融委、国家发改委、财政部、中国人民银行、银保监会、证监会、外汇局等出台《中小银行深化改革和补充资本工作方案》以及一系列政策文件，通过均衡不平等主体之间的利益关系，防范和化解金融风险，实现对社会公共利益的维护。

2. 经济法理念对经济政策的制约

经济法理念对"基本政策"和"配套政策"制约的路径有所不同。"基本政策"具有上位的、目标政策的属性，其一般是执政党和国家通过紧密跟踪当前经济形势、经济问题而提出来的符合经济发展规律、社会发展进程的重要命题，通过既定的民主体制和程序获得实质意义上的合法性，获得社会公众的认可和自愿服从。基本政策在内容上理应符合社会发展进程的科学规律，以回应实践中的问题为导向，以解决问题惠及社会公共利益为宗旨，且在程序上符合民主化、法治化的要求，而经济法理念本身便蕴含对客观规律的深刻把握和对民主法治的追求，因此在经济政策领域对"基本政策"形成一些限制。"配套政策"不仅受到基本经济政策的限制，更有经济法规的引导和约束，符合客观经济发展规律的政策通过实践积累经验，通过特定程序上升为国家法律，拥有了更高的合法性和稳定性。"配套政策"作为"基本政策"和经济法制度实施的补充手段，有了经济法的约束和指引，而经济法的制定和实施理应遵循经济法理念的引导，因此经济法理念也便成为"配套政策"的约束框架。一方面，经济法理念的相对概括性，使经济政策在约束框架内可以更灵活、有效地获得实施；另一方面，经济法理念的相对稳定性同时对两阶段、两层次政策的过度灵活形成制约，弥补了政策作为社会规范在稳定性不足等方面的短板。

当然，在多重因素影响下，部分经济政策的制定、实施不可避免地会冲击经济法理念。此时是经济法理念发挥其指引作用最为必要、最为关键的时刻。消除此种张力的途径为具体部门经济法的立法、执法、司法与守法，将有关经济政策产生的效果"出清"，以维护经济法理念的权威性。二者间的"正面冲突"将随着法治化而逐渐淡化，有关经济政策弊端的合理怀疑也可随着经济法理念在经济政策制定、实施过程中的不断落实而逐渐消弭。

（三）经济政策对经济法理念的实现

总结现有的经济政策可以发现，在经济法理念的指引及约束下，经济政策是实现经济法理念的具体路径之一。举例而言，为有效应对公共卫生事件带来的冲击，国家各部门积极响应出台了一系列政策措施，为经济恢复与社会稳定作出贡献。针对企业复工复产制定的多种政策，对中小微企业的倾斜性支持是国家在承认此类企业自身脆弱性基础上采取的实质正义化举措。

2020 年 3 月 1 日，银保监会①、中国人民银行等五部门联合发布了《关于中小微企业贷款实施临时性延期还本付息的通知》（银保监发〔2020〕6 号），对进一步疏解中小微企业困难，推动企业有序复工复产发挥了重要作用。但随着疫情进一步蔓延，需要政策期限进一步延长。2020 年 6 月 1 日，中国人民银行、银保监会等五部门发布了《关于进一步对中小微企业贷款实施阶段性延期还本付息的通知》（银发〔2020〕122 号），不仅延长了既有的延期还本付息时间，还要求普惠小微贷款"应延尽延"，强化政策支持力度。

再举例而言，疫情发生以来，政府部门积极推行"非接触式"网上办税的同时，发布了三批相关的税收政策以适应国内疫情防控和复工复产的现实需要。在疫情稳定和复工复产期，聚焦小微企业和个体工商户，通过税收优惠鼓励物业租金减免等优惠措施。为降低疫情对外资外贸的不利影响，国务院常务会议审议确定：对除"两高一资"外所有未足额退税的出口产品及时足额退税；扩大鼓励外商投资产业目录，使更多领域的外商投资能够享受税收等有关优惠政策；对近期出台的减税减费等助企纾困政策，要确保内外资企业同等享受，支

---

① 2023 年 3 月，国务院出台国家机构改革方案，在银保监会的基础上组建了国家金融监督管理总局。

持稳外资稳外贸工作。

税收调整政策作为经济法领域内典型的经济政策，大多属于"配套政策"，其蕴含及时、灵活的特征以实现税收对社会整体利益的调节作用。这些税收政策的调整不仅符合制度性规范的宗旨、原则，是应对现实需求、解决现实问题的应有之义。"税收法定"原则以及经济法似乎要警惕"政策之治"，但经济法"法定原则"追求并非是简单的"法条化"。如果把"法"简单地理解为法律条文，那么在任何国家，法条都是多如牛毛，且存在矛盾、重复、缺漏和错误，"依法办事"无从进行，强行为之则可能滑入随意、武断、无理的人治状态，因此需要有适当的法理念作为法的灵魂，以适当的政策为法把握方向、确立行动章法，这样立法、执法包括司法才能合乎社会大多数人的长远利益，达到一种善治状态。① 正如有学者指出，"我们所追求和提倡的法治，不只是表现为法律规则数量的增加和质量的提高，更表现为在法治的名义下，规则、原则、政策相互间的和谐统一、共同促进，以达到功能互补的理想状态"②。

经济政策对经济法理念的实现并不单纯存在于某一部门经济法之中，而是呈系统性存在，构成相互作用的政策体系，配合经济法体系实现立法目的。"基本政策—配套政策"的解释框架是对一个部门法在一定时期内经济政策与经济法关系的解释，从纵向、立体来看，"基本政策"与"配套政策"随着法治不断进步，形成各自系统，又共同构筑经济法律关系调整制度的大厦。

四、经济法理念指导下经济法与经济政策的良性互动

经济政策经过经济法理念的引导、制约，逐步成为符合民主化、法治化要求的制度体系，这个过程包含政策制定主体法治化、程序法治化以及实施法治化等，是政策体系在合法性与合目的性上逐步优化的过程。经过优化的经济政策体系与经济法更深入互动，结合经济政策的层次化构成，主要表现为经济法的政策性功能与经济政策的经济法功能。为此，可在"基本政策—配套政策"框架的基础上加入"经济法"一环，构成"基本政策—经济法—配套政策"的

---

① 参见史际春：《关于我国的竞争政策：法和政策分析》，载《国际商报》2009 年 10 月 13 日。

② 郑彦鹏：《论经济法与经济政策内蕴性的互动与结合——兼谈经济法的政策性特征》，《求索》2004 年第 4 期。

完整分析体系。

(一) 经济法的经济政策性功能

经济法的经济政策性功能主要体现在"基本政策—经济法"框架下,经济法对基本政策目标的落实。"基本政策"的政策位阶高,是其他政策、法律等制度的制定依据;在其与经济法的互动关系上,属于"法前政策"。这个阶段的经济政策多表现为党和国家的大政方针、发展规划与路线政策。例如,2020年10月第十九届五中全会通过《中共中央关于制定国民经济和社会发展第十四个五年规划和二〇三五年远景目标的建议》(以下简称"十四五"规划建议),即是对今后一段时间国民经济和社会发展的政策性规划,其中"全面深化改革,构建高水平社会主义市场经济体制"等部分的政策性表述就包含对经济法制度建设的建议和侧重方向,将对经济法立法、修法以及实施产生重要影响。

"基本政策"通过立法或修法以及影响法律实施的侧重点、力度,转化为狭义的"经济法"。譬如,"十四五"规划建议通过国务院提请全国人大审议表决而成为"十四五"规划,不仅成为经济法的重要组成部分,而且对狭义"经济法"的立法、修法或实施产生重大指导和影响作用。在现有经济法制度框架内若没有相关法律应对新形势、新问题,则在宏观"基本政策"指导下,由有权部门制定可具体落实的制度规则,一方面及时应对新问题、新情况,另一方面试点规则为未来立法活动积累实践经验。在现有经济法制度框架内若已经就相关问题作出了规定,面对新情况需要在"基本政策"指导下作出修正与调整。当然,在转化为狭义经济法的过程中亦应有选择、有甄别,"在立法时必须在坚持法律品性和价值追求的前提下对政策的目标进行甄别,从而将具有正当性与合法性的政策目标转换为立法目标,避免法律沦为政策合法化的外衣",①将符合经济法理念要求,具备合法性及合目的性、"可法律性"的基本政策落实为经济法律。基本政策的实质合法性与合目的性来源于对现实问题的及时回应,在平衡协调社会各方主体利益的基础上获得社会的认同和自愿遵循。

(二) 经济政策的经济法功能

经济政策的经济法功能侧重于观察"经济法—配套政策"结构中的政策与法律关系,这里的经济政策聚焦于具有实施性地位的具体配套政策。配套政策

---

① 喻文光:《PPP 规制中的立法问题研究——基于法政策学的视角》,《当代法学》2016 年第 2 期。

的位阶低于基本政策，受基本政策引导，属于具体政策范畴；其是经济法制度实现的一种方案或方式，强调该政策对经济法实现的补充作用，同时经济法对该政策实施提供上位法依据及约束。例如，《中小企业促进法》施行后，为应对中小企业融资难融资贵等问题，国务院印发《关于促进中小企业健康发展的指导意见》，对中小企业的扶持有了政策实施上的引导。"配套政策"的位阶决定了其在制定及实施的过程中要遵循两方面的原则，一方面，在法律规定的范围内制定、实施，"这些政策仍然还在法律的管束框架之内，没有脱离法律的控制与约束"[①]；另一方面，还应突出经济政策的补充作用，在经济法理念指导下利用政策的灵活性、适应性以及应急对策属性，解决经济社会运行中出现的新问题、新矛盾，减少经济法律因追求稳定性、确定性带来的时滞性问题，最大程度上维护效率与公平之间的平衡。

"基本政策"与经济法的政策性功能是一币两面，即经济法的政策性功能主要是落实或实现"基本政策"要求。"配套政策"是指经济法的政策性实施方式，即为了实现现有经济法的宗旨与具体要求，采取灵活应对之策。通过"基本政策—经济法—配套政策"的分析，经济法理念优化后的经济政策以一种分层次、分阶段的形式呈现出来，便于我们系统认识经济政策与经济法之间的关系。此外，经过上述定性分析，笔者认为可以从方法论的角度作出抽象和归纳，提炼出经济法的"法政策学"与"政策法学"研究方法。

（三）从方法论意义讨论经济法的法政策学与政策法学

一些学者以方法论的视角思考经济政策与经济法的关系，表现为对经济法进行政策分析。"经济政策与经济法，从制定主体到实施主体，从目标、宗旨到实施途径、调整手段、政策工具，从价值追求到所要解决的具体问题等，都存在同一性或者交叉性、相通性，因此，用于政策问题研究的一些政策分析方法，同样也可以适用于经济法的研究。"[②] 有学者将经济政策作为经济法思维的构造内容之一，认为"所谓政策学分析在经济法语境中可表述为经济政策，这也是经济法具有特色的思维方法"[③]。从方法论角度思考经济法的政策性分析方法，

---

①　单飞跃、张玮：《经济法中的政策——基于法律文本的实证分析》，《社会科学》2012 年第 4 期。
②　张守文：《经济法的政策分析初探》，《法商研究》2003 年第 5 期。
③　甘强：《经济法思维的构造》，载张守文主编：《经济法研究》（第 19 卷），北京大学出版社 2017 年版，第 10 页。

深化了经济法学的研究方法与思维方法。通过上文对"基本政策—经济法—配套政策"结构分析,笔者认为,从方法论角度研究经济法与经济政策的关系,主要包括两种,一是法政策学,即研究经济法的政策性功能的学问;二是政策法学,即研究政策如何实现经济法的宗旨与规定的学问。

1. 经济法的法政策学

有学者认为法政策学的研究包括对法律和政策的双重审视:"从政策的视角审视法律如何顺利实现政策追求的目标,着眼于法律的工具性和合目的性;从法律的视角审视政策是否适合或有必要转换为法律,重心在于政策的合法性、正当性以及可行性。"① 日本民法学者平井宜雄系统研究了法政策学的内涵,认为"所谓法政策学是有关下列内容的一般性理论框架和技法,从法的角度对意思决定理论进行重构,并与现行的实定法体系相联系,设计出法律制度或者规则,由此控制当今社会面临的公共问题、社会问题,或者提供解决这些问题的各种方法、策略,或者就这些方法、策略向法律意思决定者提供建议"②。概言之,法政策学是研究政策如何通过法来实现的学问。

国内法政策学的研究多集中于行政法领域。有学者分析法政策学兴起的原因,"行政国家时代的公共政策议题基本由行政及行政法主导,行政机关已经成为公共政策的主要来源,行政法也成为最重要的公共政策载体"③。笔者认为,经济法的法政策学须以经济法理念为指导,使用政策学研究方法,比较"经济法"与现实经济状况、社会需求和宪法秩序,提出一揽子基本经济政策,并通过经济法立法、修法和调整实施重点、力求实现基本政策目标。经济法法政策学的核心命题是调整经济行为和资源配置等基本政策在何种经济法律制度框架下运行的问题。经济法法政策学主要对应"基本政策"何以落实与实现,即经济政策经由经济法来实现的功能。譬如,党中央研究制定"十四五"规划建议是一个典型的法政策学研究过程,通过国务院细化、全国人大审议通过的过程,则是一个典型的法政策学研究成果宣传、落实过程,通过后续的狭义"经济法"立法与实施,改革与完善其中有关经济法领域的制度框架。

---

① 转引自陈铭祥:《法政策学》,元照出版有限公司 2011 年版,第 5 页。
② 解亘:《法政策学——有关制度设计的学问》,《环球法律评论》2005 年第 2 期。
③ 鲁鹏宇:《法政策学初探——以行政法为参照系》,《法商研究》2012 年第 4 期。

2. 经济法的政策法学

上述法政策学侧重于经济法对基本政策的实现，但政策于法而言亦是一种实现路径，只是此时的政策对应的是"配套政策"。经济法的政策法学主要是指在现有狭义的"经济法"框架或规范内，通过法定授权、程序和政策学方法，制定并实施相应的具体配套政策，以实现经济法的立法目的和具体规定。经济法政策法学对应着经济法的政策性实现方式，即政策作为经济法实现的工具或者方式之一。譬如，《中国人民银行法》《中国人民银行货币政策委员会条例》规定了货币政策的制定和实施主体、咨询主体，制定和实施货币政策的法律程序，货币政策目标与可采取的货币政策工具等，则相应主体在法律规定框架下，制定和实施货币政策，以实现《中国人民银行法》相关规定的目的。

由此，法政策学与政策法学便是对"基本政策—经济法—配套政策"分析框架在方法论意义上的抽象，为系统认识经济法与经济政策的关系提供支撑。

五、结 论

经济法与经济政策之间关系的认识应该随着法治化进程的发展和政策治理水平的提升而与时俱进，不仅因为经济政策自身制定、实施上的法治化程度不断提高，还取决于经济社会实践中产生的问题对政策灵活性、有效性的需求。经济法理念在更高的应然层面指导经济法规则与经济政策规则的制定和实施，在追求法律稳定性的同时，蕴含对经济政策灵活性、及时性的约束与指导，结合中国特色民主政治制度的实践，使得"基本政策—经济法—配套政策"这个三点两段的结构框架成为分析经济法理念实现路径的方式，经过理念优化后的经济政策与经济法的互动也呈现系统化、阶段化的特征。在方法论视域下，经济法的法政策学和政策法学成为上述分析框架的抽象化总结。经济法理念对政策的指引与约束会进一步缩小二者之间的区别与对立，使经济法与政策共同致力于维护社会公共利益的目标之中，这套框架的有效运行有赖于经济法理念在制度建构、施行中的真正落实。

税法目的条款的设置基准与范式构造[*]

——以税法规范中目的条款的整体检视为基点

王昊宇[**]

目　次

　　税收是优化国家治理和提供公共产品的必要保障，但其也是对公民财产的侵益，需要对税收的正当性完善理论论证。税法立法目的是税收正当理由的具体阐述，国家依税治理和公民纳税供给需要明确且科学的目的作价值指引。税法目的条款兼顾税收合法与合理的双重尺度，然而目的条款在规范层面的困惑引起学界的关注：既然税收目的具有重要的规范功能，税法文本对于目的条款的选择就应遵循规律，但是否设置目的条款却显示出立法摇摆。税法文本应当展布具有层次感的规范梯度，税法规范的体系化要求存在用以联结个别规范的

　　* 本文系 2017 年国家社科基金后期资助项目"税法建制原则的立体化构造（批准号：17FFX006）"；2018 年国家民委中青年英才科研项目"民族地区资源有偿使用与生态补偿政策工具配置及其法制保障研究"（MSR20003）的研究成果之一。

　　** 中南民族大学法学院硕士研究生，中南民族大学财税法研究中心助理研究员。

轴心，但是上述情况阻碍了立法规律的形成和固定。目的条款独有的宗旨引示作用铺设着税法社会效果的输出目标与方式，本文聚焦税法的目的条款研究，试图在梳理目的条款文本现状的基础上，分析该条款在税法领域的矛盾现象并指出背后的原因；进而探讨税法究竟应否将目的条款作为立法必选项，立法衡量基准如何确定；最后强调税法体系协调的重要性，同时以体系建构思维尝试优化目的条款的立法表达。

一、税法目的条款检视与问题提出

2019 年 9 月，国家税务总局在其官方网站发布 "新中国 70 年税制税种改革历程" 专题报道，梳理了新中国成立以来 70 年间的税制变化，其中以 1978 年、1993 年和 2013 年 3 个时间节点将税制改革划分为 4 个不同的历史阶段。按照官方统计，税种设置最多的时期达到了 37 个，最少的时期也有 14 个，现阶段为 18 个。① 对比不同阶段同时出现的相同税种及沿革变化的相似税种，筛选出非重复的部分，并以全国人民代表大会及其常务委员会与国务院的立法文本②作为分析对象，目的条款设置的规范现状如表1③ 所示。

（一）税法规范中目的条款的整体检视

1. 始终设置目的条款的税法规范

表 1　始终设置目的条款的税法规范

法规名称	年份	立法机关	条款内容	目的层次	备注
全国税政实施要则	1950	政务院	第一条　为执行一九五〇年概算，必须增强税务工作，建立统一的税收制度。	3	

---

① 参见《新中国 70 年税制税种改革历程》，载国家税务总局网站，http：//www.chinatax.gov.cn/chinatax/n810219/n810744/c101448/c101451/index.html，2022 年 5 月 10 日访问。

② 此处指实体税法，包括立法草案和征求意见稿，不包括程序税法和实施细则等。

③ 年份列的数字，除首次为立法时间外，其余均为修法时间。立法机关列有两项的，表明立法层级发生变化。目的层次指条款中目的内容包含几层含义，以逗号作区分。备注是该规范存续状态下的特殊情况说明。括号中的内容除 2003 年修订后的关税条例是原文外，其余均为作者对规范变化的说明。

续表

法规名称	年份	立法机关	条款内容	目的层次	备注
农业税条例	1958	全国人大常委会	第一条 为了保证国家社会主义建设，并有利于巩固农业合作化制度，促进农业生产发展，根据中华人民共和国宪法第一百零二条"中华人民共和国公民有依照法律纳税的义务。"的规定，制定本条例。	3	
工商统一税条例（草案）	1958	全国人大常委会	第一条 为了使工商税收制度适应社会主义经济情况，有利于促进生产的发展，保证国家建设资金的需要，将货物税、商品流通税、营业税和印花税合并简化为工商统一税，制定本条例。	4	
关于征收烧油特别税的试行规定	1982	国务院	为了合理使用能源，促进企业节约用油，并加速以煤炭代替烧用石油的进程，决定开征烧油特别税。	3	规范出台的程序是"批转"。
国营企业工资调节税暂行规定	1985	国务院	第一条 为了促进国营企业职工工资制度的改革，有计划地逐步地提高职工的工资水平，并从宏观上合理地控制消费基金的增长速度，特制定本规定。	3	
国营企业奖金税暂行规定	1985	国务院	第一条 为了促进国营企业推行内部经济责任制，调动企业和职工发展生产、提高经济效益的积极性，有计划地逐步地提高职工的收入水平，并从宏观上控制消费基金的过快增长，特制定本规定。	4	
集体企业奖金税暂行规定	1985	国务院	一、为了促进集体企业加强经济责任制，逐步提高职工收入水平，控制消费基金过快增长，从一九八五年度起，对集体企业开征奖金税。	3	

法规名称	年份	立法机关	条款内容	目的层次	备注
事业单位奖金税暂行规定	1985	国务院	第一条　为了鼓励事业单位向经济自立、经费自给过渡，使事业单位有计划地逐步提高职工收入水平，并从宏观上控制消费基金的过快增长，特制定本规定。	3	
个人收入调节税暂行条例	1986	国务院	第一条　为了调节公民个人之间的收入状况，有利于促进经济体制改革的顺利进行，特制定本条例。	2	
建筑税暂行条例	1987	国务院	第一条　为了控制固定资产投资规模，调整建设投资结构，有利于集中资金保证国家重点建设，制定本条例。	3	
耕地占用税暂行条例（法）	1987/2007/2019	国务院/全国人大常委会	第一条　为了合理利用土地资源，加强土地管理，保护（农用）耕地，（特）制定本条例（法）。	3	1987年暂行条例包含"农用""特"两处文字，2007年暂行条例删除，2019年与2007年保持一致，仅将"条例"换为"法"。
筵席税暂行条例	1988	国务院	第一条　为引导合理消费，提倡勤俭节约社会风尚，制定本条例。	2	
关于征收私营企业投资者个人收入调节税的规定	1988	国务院	第一条　为调节私营企业投资者的收入，鼓励私营企业投资者发展生产，制定本规定。	2	

法规名称	年份	立法机关	条款内容	目的层次	备注
城镇土地使用税暂行条例	1988/2006/2011/2013/2019	国务院	第一条　为了合理利用城镇土地，调节土地级差收入，提高土地使用效益，加强土地管理，制定本条例。	4	从 1988 年出台暂行条例以来，该税种虽几经修法，但目的条款保持不变。
固定资产投资方向调节税暂行条例	1991/2011	国务院	第一条　为了贯彻国家产业政策，控制投资规模，引导投资方向，调整投资结构，加强重点建设，促进国民经济持续、稳定、协调发展，制定本条例。	6	
进出口关税条例	1985/1987/1992/2003/2011/2013/2016/2017	国务院	第一条　为了贯彻对外开放政策，更好地发挥关税的经济杠杆作用，促进对外贸易和国民经济的发展，特制定本条例。(1985 年版本) 第一条　为了贯彻对外开放政策，促进对外经济贸易和国民经济的发展，根据《中华人民共和国海关法》（以下简称《海关法》）的有关规定，制定本条例。（1987 年及以后版本）	2	进出口关税条例几经修改，1985 年版目的条款与后续差异较大，1987 年后版本基本保持一致。1987 年和 1992 年版无"（以下简称《海关法》）"字样，2003 年修订后均含有上述内容。
环境保护税法	2016/2018	全国人大常委会	第一条　为了保护和改善环境，减少污染物排放，推进生态文明建设，制定本法。	3	

　　如表 1 所示，除 1950 年《全国税政实施要则》属于"总则式"税法设计外，始终①存在目的条款的有 16 种税，约占所有税种的 1/3，这些税法有如下

---

　　① "始终"是指该税法文本从出现到废止的阶段，不代表该税种现仍存续。

特征：第一，所有税种均在初次立法就规定目的条款，虽然大部分税种的开征
过程中未修法，少数税种修法后仍保留了该条款。第二，立法主体上，大部分
税种由国务院以"暂行条例""暂行规定"形式颁布，由全国人大常委会立法
的税种仅为农业税、工商统一税、耕地占用税、环境保护税 4 种；比较特殊的
是烧油特别税，规范出台程序是国务院"批转"。第三，立法目的内容都有针
对性地表明该税种的立法需求点。在目的层次划分上，除固定资产投资方向调
节税的立法目的有 6 层外，其余大体在 2—4 层间浮动，以 3 层最多。第四，从
立法变化看，只有耕地占用税、城镇土地使用税、关税和环境保护税 4 个税种
经历了"存续"的修法过程，其他税种例如奖金税等或被新法替代或被废止。
经历修法的税种中，环境保护税的目的条款未发生任何变化，城镇土地使用税
从"条例"到"法律"的变迁中也未有变化，而耕地占用税和关税的目的条款
出现小幅调整，主要体现在立法用语的删减和替换。

2. 目的条款"先设后废"的税法规范

表 2 目的条款"先设后废"的税法规范

法规名称	年份	立法机关	条款内容	目的层次	备注
契税暂行条例（法）	1950/ 1997/ 2019/ 2020	政务院/ 国务院/ 全国人大常委会	第一条 为保证人民土地房屋所有权，并便利其移转变动，制定本条例。	2	1950 年契税暂行条例设置目的条款，此后直至契税法出台再无此条文。
城市维护建设税暂行条例(法)	1985/ 2011/ 2020	国务院/ 全国人大常委会	第一条 为了加强城市的维护建设，扩大和稳定城市维护建设资金的来源，特制定本条例。	2	城建税暂行条例包含目的条款，但是城建税法则删除该条文。

法规名称	年份	立法机关	条款内容	目的层次	备注
土地增值税暂行条例	1993/2011	国务院	第一条　为了规范土地、房地产市场交易秩序,合理调节土地增值收益,维护国家权益,制定本条例。	3	土地增值税暂行条例设置目的条款,但是 2019 年的土地增值税法征求意见稿删除。

如表 2 所示,契税、城市维护建设税和土地增值税的立法演进中经历了目的条款"从有到无"的变化。第一,政务院 1950 年颁布《契税暂行条例》将目的条款内容设置为两层。此后契税法长期未修改,直到 1997 年国务院才颁布新的《契税暂行条例》,2020 年上升为法律,但自 1997 年起《契税暂行条例》即再无目的条款。第二,城建税初次立法时目的条款也为 2 层,修订中持续保留固定的条款表述,但 2020 年《城市维护建设税法》删除了目的条款。第三,与城建税类似,土地增值税对目的条款也青睐已久,但 2019 年《土地增值税法(征求意见稿)》删除目的条款。由此,目的条款消失的现象应当如何理解?同样是设置目的条款,某些税种坚持选择目的条款,而"先设后废"的税种基于什么原因选择删除该部分内容?

3. 从未设置目的条款的税种

表 3　从未设置目的条款的税种

商品服务类	商品税	消费税	烟叶税
	增值税	文化娱乐税	牲畜交易税
	产品税	盐税	营业税
	集市交易税	车辆购置税	

续表

所得收入类	中外合资经营企业所得税	个人所得税	（外商投资企业和）外国企业所得税
	国营企业所得税	国营企业调节税	集体企业所得税
	城乡个体工商业户所得税	私营企业所得税	企业所得税
财产权益类	车船（使用）（牌照）税	（城市）房（地）产税	船舶吨税
	资源税	印花税	屠宰税

　　如表3所示①，假设大致按商品服务、所得收入、财产权益将所有税种归为三类，可梳理从未设置目的条款的税种。我国约占总数2/3的税种不论以何种层级的规范文本出现都未见目的条款的身影，且与税种划分的类型不相关。但税种分类标准并非仅关涉税制要素本身，还需关涉税收目的的个别属性，这也是本文认为进行税法目的研究的重要意义所在。商品服务类项下有11种，其中消费税、增值税、烟叶税等是现行税种，而商品税、文化娱乐税、营业税等均不复存在；所得收入类项下有9种，其中个人所得税、企业所得税为现行有效的税种，其余7种均在不同程度上由前述两税吸收；财产收益类项下有6种，除屠宰税已经停征外，其余5种均为现行有效的税种。

（二）问题提出

　　值得注意的是，目的条款的立法中不存在"先缺后增"的情况，这种立法现实也应当予以澄清与承认。在对众多税种的目的条款现象作"始终设置""先设后废""始终缺失"三类区分后，首先需要思考税法目的条款所反映的规范现状在不同语境存在何种问题。

　　1. 规范适用的空洞性明显

　　目的条款是一类特殊的法律规范，不仅在税法文本中出现，同样也可识别

---

　　① 由于从未设置立法目的条款的税种有些不存在单独立法，有些虽有单行法规出台但是不存在本文研究的目的条款，因此表格采取税种分类列举的方式，不再示明研究的规范名称及文本。括号内容代表税种名称不同阶段的变化。

于民法等部门法。具备法律效力的规范,需要思考其适用的问题。一部法律中占比最大的两种条款形式是法律规则和法律原则,目的条款无法借用这两者的规范分析方式,原因在于:一方面,目的条款缺失法律规则"假定—行为—后果"的标准逻辑表达,难以将其与法律规则作等同分析,也即目的条款无法承接法律规则大前提的定位,展开对课税事实小前提的规则涵摄。另一方面,目的条款基于抽象、兜底、价值评价等特征虽与法律原则相似,但仍无法遵循法律原则填补规则漏洞或衡平法律价值的应用范式,并且也缺失法律原则对制度整体的涵盖属性,实践中也没有直接引用目的条款做出的法律文书。因此,目的条款是存在于法律规则与原则之外的另一种法律条文,自身具有特殊性。也基于此,该条款时常面对"形同虚设"的指责。

例如,《建筑税暂行条例》(现已失效)第一条规定:"为了控制固定资产投资规模,调整建设投资结构,有利于集中资金保证国家重点建设,制定本条例。"该条作为税法原则不具有对具体规则的统摄性,条例的目的只是针对建筑税设定的特殊内容,抛开建筑税则丧失条款内容的实质意义,无法兼容完整的税法体系。鉴于目的条款缺乏规范性构造,解释立法目的时又会存在不同立场,对涉税法律关系的价值判断标准不一往往影响法律推理前提的确定性。[①] 这种情况导致对目的条款定位的分歧明显,一方面从立法的角度说明条款的空洞性,认为设置与否没有实际意义,该条款存在典型的宣示性特征;另一方面则从法律解释的角度论证目的条款对于体系解释和目的解释仍有方法论的价值。然而就该条款缺失适用方式的问题,不应首先从实质评价的角度为其正名,认为目的条款具备非典型的效力作用方式不影响条款存在的实质价值。作为一种正式的税法规范,无论在行政执法还是司法裁决的环节,均应先考察形式的规范作用方式。目的条款在税法实务中"隐姓埋名"是一个不争的事实,法学方法对目的条款的应用和分析并不能过于直接地代入执法和司法层面。因此税法目的条款的适用存在空洞性,其自身的特殊性也无法直接证明其存在的合理意义,与现有的规则体系出现类型化断层。

2. 目的体系的协调性缺失

税法作为独立的法律部门既有自身的法律特征,同时也存在与其他部门法

---

① 参见杨铜铜:《论立法目的司法适用的方法论路径》,《法商研究》2021 年第 4 期。

的共性融合，有必要通过多方面考察法律生态的整体协调性。目的条款虽然不属于典型的适用性规范，但是其作为指引性规范在体系衡量的思维构造中不可或缺。税法需要与国家整体的法律体系相协调，不仅要考量税法之外的规范衔接，而且需要聚焦税法内部，协调税法之间、单行税法内部各要素之间的逻辑趋同。税法的体系化要求存在联结规则形式和价值实质二者的要素，立法目的可以发挥这样的作用。一方面，目的内容塑造具体规范的起点逻辑，令具体规范在法律功能上严合立法目标；另一方面，目的条款承接着立法宗旨在税法间的可能连接方式，使不同税种法在同类目标上聚合表达。然而以单行税法为主的规则现状难以捕捉税法体系的结构特征，各种税法的立法目的存在距离，体系上是否协调无法得到有据的验证。

例如个人收入领域，1980 年《个人所得税法》并未设置目的条款，但此后出台的《个人收入调节税暂行条例》却具备该条款，突出"调节收入"目的，但二者税目上基本一致，说明二者的课征存在较大程度上的交叉，只是个人收入调节税以超倍累进税率计算应纳税额。事实上《个人所得税法》的后续修订吸收了个人收入调节税，也反映出两税之间存在重复。那么二者对目的条款态度相异的理由何在？个人所得税是否不涵盖"调节收入"的功能难以识别。如果个人所得税包括这种功能，那么难以说明为何要分别立税；如果个人所得税不包括这种功能，那么具有差异的两种税收为何课税逻辑高度相似？这样的例子说明，定点聚焦、相互融通的税收领域中存在目的体系失调现象，相似课税并非起初就坚持统一立法，这与具体税收的目的定位模糊存在直接的关系。

二、税法目的条款设置的考量因素

由于我国税收立法存在法律和授权法规两种形式，并且长期以后者为主要载体，一个批判的观点是授权立法的税收规范既缺乏规范层次的合理支持，也没有目的条款作针对性的权力限缩。[①] 目前，我国税收法规体系处于"无法典无总则、单行性行政性"的状态，在没有税法总则指引下，各单行税法开征新税的理由可谓层出不穷。如环保税在规范文本中表明立法目的，但还有如消费

---

① 参见熊伟：《论我国的税收授权立法制度》，《税务研究》2013 年第 6 期。

税未见目的条款,在立法资料中也难觅目的因素。税收作为国家强制转移公民财产的权力工具,应当基于充分合理目的。因此,设置目的条款不仅是规范层面的问题,也是考察税收本质的理性需要。税收立法中对目的条款的选择应该基于一定的考量因素。

(一) 法律评价因素——秩序法与政策法

1. 秩序法与政策法

社会必备规范如民法、刑法为"秩序法",没有规定立法目的的必要,而如经济法等"政策法"乃至极致形态的"措施法",因为法律的存在是政策的工具形式,规定立法目的就具备自我正当化的作用。

据此,解释了部分法律规范未规定目的条款的意义:法律有"时滞"的局限性,难以应对日新月异的社会变化,但是作为一种权威性的规则又被要求应当能够处理纷繁复杂的社会矛盾,因此法律目的不以条款的形式固定下来,在某种程度上是为了迎合法律的"开放性结构"。这种开放性结构的正面价值在于当出现规则冲突与利益适配的特殊状况时,某些具有开放性领域的条款可予以"立法者意图"视角下规则体系的协调与拓补。①

抽象或者模糊的目的虽提高了法律应变能力,但也会加深规则的不确定性和法律体系的不稳定性。类似的情况同样发生在经济政策及作为"政策法"的经济法领域。"政策是国家或政党为实现一定历史时期的任务和执行其路线而制定的活动准则和行为规范。"② 经济政策作为政策措施的一种在国家建设的整体规划中起到重要的作用,许多经济政策先导着经济立法,因为许多改革的推进在政府的强力管控下进行。③ 由此关涉前述秩序法与政策法的分类,以及如何定义经济法的属性。以人为主体组成的社会为群体免于溃散倾向建立一种可用于控制的法律制度,对秩序的追求始终是社会整体的价值目标,秩序代表着连贯性、一致性和确定性。④ 经济秩序作为整体秩序的一部分,确实需要经济法规予以维系,因此经济立法应该更多考虑秩序。但实际上经济立法的易变性似

---

① 参见 [英] 哈特:《法律的概念》 (第 3 版),许家馨、李冠宜译,法律出版社 2018 年版,第 200-201 页。

② 沈宗灵:《法理学》,北京大学出版社 1999 年版,第 364 页。

③ 参见陶广峰:《经济法的经济政策法本质概观》,《现代经济探讨》2012 年第 8 期。

④ 参见 [美] E. 博登海默:《法理学:法律哲学与法律方法》,邓正来译,中国政法大学出版社 2017 年版,第 240-241 页。

乎背离秩序法的基本立场。如果认为经济法是政策法，以对社会经济问题的灵活调整、全面渗透为特征，但经济法规又严守行政立法和授权立法的标准，似乎形式上强调着对秩序的固定。这无法解决何谓秩序法、何谓政策法的疑惑，根源在于秩序法与政策法并非截然两分的法律模式。经济法领域，秩序与政策都只是相对意义的概念，经济秩序既需要体系化的法律系统支应，同时也需要灵活化的政策措施协调。经济立法并非一成不变，而经济政策也并非随心所欲，仍然在"具体问题具体分析"中迎合秩序需求。

2. 税收法规的秉性区分

秩序法和政策法的分类存在理论解构意义，但现实的法律和政策并非两种壁垒分明的规范，可能存在政策的法律化。税收承担着国家财政收入的支柱作用，但时代变化赋予了税收更广维度的功能结构，现代税收体系已不单纯以筹集财政为唯一目的，而更广泛地包括税收的社会调节、经济诱导、风尚引领等效果。一方面，税收的复合功能被期待有效解决社会问题；另一方面，需时刻警惕其被滥用的可能，防止对公民财产的过度侵益。税法兼具税收秩序和政策调节的二元特征，税法不仅规范着政府的收入来源，也衡平着多元的社会差异。税收制度的建构无论是运用法律的逻辑还是政策的手段均兼顾规范和效率两种面向，如何在有效的前提下迎合规范性是税收政策应当考虑的内容，而如何在合规的前提下突出效果性则是税收秩序应该回答的问题。

财政收入税与特定目的税的并存暗合了秩序法与政策法的交织状态。曾经认为税法主要是组织财政收入的秩序法，但现在也应当承认有一部分税法是税收政策的法律化。由于政策具有明显的特定目的导向，特定目的税存在税收政策的局部导向特征，所以包含特定目的取向的税法至少在一定程度上符合政策法的概念构造，是税收政策法律化的一种典型表现形式。这不仅可以通过特定目的税和政策法的目的属性辨析，也可以从规范形式层面进一步得到印证。我国大量的税收法律为授权立法的暂行条例，原因在于顶层设计受法律工具主义的影响，"法律是政策规范化、稳定化的工具"[①]。尽管法律工具主义一定程度上使法律失去了自身的独立价值，但不可否认其在经济转型、社会进步中的规则功能。

----

① 邢会强：《财政政策与财政法》，《法律科学》2011年第2期。

特定目的税理论上应更加侧重政策法视角分析，依政策法本质证明目的内容和目的条款的重要性。税法目的条款并不是获取目的内容的唯一渠道，"一个立法文本的总目的，可以通过立法理由书、起草说明、修改情况汇报、审议结果报告、立法标题、序言、条文规定等各种途径和形式体现出来"①。然而，设置该条款仍有必要性：第一，该条款具有明确政策法属性。政策目的应该结合特定税种的具体功能分析，特定目的往往与政策预期联系紧密，并且目的条款承担着衔接单行法律与政策的功能，通过目的内涵明确立法原因。② 第二，目的条款是对目的内容规范且聚焦的呈现方式。我国的立法不附具立法理由书，立法过程中提议、审议等阶段不完全公开，导致立法背景、立法理由、立法解读等内容难为公众知晓。因此，目的条款作为一种浓缩的阐述形式，通过特定的、凝练的、规范的方式为立法背景、立法理由、立法解读提供一定的依据。作为一种可依据的价值指引，目的条款能与法律原则及规则一起，共同确定法律的定位与功能并以此疏解利益分歧。③ 第三，目的条款处于法律文本第一条也显示其重要地位，其不仅仅是一种宣告行为或者美观工具，更多在于对适用法律提出实质性要求，意在使法律生效过程受目的倾向性的影响。④ 这种影响的一个重要功能就是限缩行政机关的课税能动力和愿望。

综上，法律和政策并非泾渭分明，需要承认存在"政策法"的过渡阶段。税收立法以秩序法和政策法作观察视角，可以发现单行税法中充斥着大量符合政策法属性的特定目的税。这些税种的立法过程应当选择设置目的条款，目的在于凸显"法律化政策"的特殊性，通过固定的目的条款明确课税的功能及收缩政府课税的不当空间。当然，目的条款对于秩序税法的必要性不高，因为秩序税法的主要作用就是满足财政的收入需要。

(二) 社会评价因素——社会可接受性

社会可接受性从社会整体的角度出发，以经验世界的累积认知作为参照系，评判某种事物的群体认同程度，因此社会可接受性的基本立场在于受众本位，

---

① 刘风景：《立法目的条款之法理基础及表述技术》，《法商研究》2013 年第 3 期。

② 参见刘颖：《民法典中立法目的条款的表达与设计——兼评〈民法总则〉（送审稿）第 1 条》，《东方法学》2017 年第 1 期。

③ 参见戴津伟：《立法目的条款的构造与作用方式研究》，载陈金钊、谢晖主编：《法律方法》（第 20 卷），山东人民出版社 2016 年版，第 220 页。

④ 参见刘治斌：《立法目的、法院职能与法律适用的方法问题》，《法律科学》2010 年第 2 期。

即以被满足对象的需求作为衡量的起点。法律作为定分止争的规则，需要法律具备社会可接受性要素，则公民会从守法角度予以正向反馈，否则将缺失"良法善治"的正当性基础。法律可接受性的底线至少是，具体法律效果的信息在传播过程中不被排斥，理想追求则是受众对效果的认可甚至观念内化。①

1. 税法的社会可接受性目标

税收最主要的功能在于筹集财政收入。税法作为一种制度工具，一方面通过"掠夺"的手段影响着纳税人的课税接受程度，另一方面又借助"扶持"的操作方式回馈课税所承诺的公共服务。② 鉴于这种无差别对待的课税特征，税法以量能课税原则作为基准衡量税制的公平性，"只有促进和保障公平分配的税法才会得到纳税人的尊重和执行，反之则会受到纳税人的抵制和反对"③。但同时，不以财政收入为主要目的的税种也存在并调节社会生活的多个领域，并以特定的社会政策目标阐明社会可接受性基础。无论是基于收入目的还是特定目的，税收基于财产的无偿让渡始终存在可接受性的问题。税法可接受性研究应从规范层面的立法、执法、司法维度展开，本文关注的焦点是税法的目的问题，但目的条款在执法和司法实务层面的应用有限，因此本文限定在立法层面讨论税法可接受性。

立法层面的可接受性基于立法活动的特点侧重于规范产生的正当性和对社会现象的针对性。④ 立法推动不同群体之间的利益博弈，并以法律的形式固化共识性认知，这个过程应当搭建透明的平台，并设置特定机制为公民的主张提供渠道。⑤ 立法的可接受性可分为预期的接受度和现实的接受度，二者相互支持印证。预期可接受的税法在现实层面引导着税法规则发生目标效果，现实可接受的税法又供给着预期层面立法目标的调整和容错空间。

就预期可接受的税法而言，税收立法首先是为纳税人对课税事实可能发生的体认服务的，也即立法应明确纳税人可能缴纳何种税款、缴纳多少、如何缴

---

① 参见韩振文：《司法判决可接受性：理论、困境及优化路径》，《中南大学学报（社会科学版）》2014 年第 1 期。

② 参见靳文辉：《税法的社会可接受性论纲》，《甘肃政法学院学报》2015 年第 6 期。

③ 许多奇：《论税法量能平等负担原则》，《中国法学》2013 年第 5 期。

④ 参见孙光宁：《可接受性：法律方法的一个分析视角》，北京大学出版社 2012 年版，第 10 页。

⑤ 参见杨猛宗：《法律论证可接受性的内涵与类型之探析》，《湖北大学学报（哲学社会科学版）》2017 年第 3 期。

纳,这是公民信赖利益的保护方式。税收立法的可接受性是一种主要针对"法律接受"的思维评价。通过税法立法过程中的价值选择、分配方式、实现程序反映公民需求与立法安排之间的契合度,公民是否接受税法所创制的条件体现着法律接受能力的高低。如果忽视税法面向的社会可接受性预测,课税预设条件的高低都有可能造成对规范的排斥和抵触。

就现实可接受的税法而言,税负痛感是一个相对抽象的课税接受度评估要素,其基本含义是纳税对公民财产分割所造成的心理负担效果,宏观上可以分析税收立法的民意接受程度,微观上可以调查个人纳税结构及纳税评价。由于税负痛感来源于纳税人的心理感受,量化计算感知能力难以操作,只能结合关联因素给予适当分析。从税法内部可以观察税目清单、税率梯度、税收优惠等要素,税法之外涉及收支结构、生产能力、消费能力等因素。事实上,税负痛感仅凭上述要素只能得出粗浅的评估结论,出于国民对课税的厌恶,税负痛感分析只能是涉及各种要素的主观归因策略,公民对课税呈现出的抵触心态可能是惯常且无理由的。不过税负痛感仍属于税法社会可接受性的负相关指标,税负痛感越高则税法的社会可接受性程度越低,并且税负痛感程度仍可以通过民意调查以及大数据技术的支持做更深入的分析。

2. 税法目的条款的功能

立法目的独特的价值指引功能既可以通过隐含的方式将社会目标内化于规范中,也可以通过明示的条款形式聚焦立法意旨。税法诠释,一方面结合目的条款指导具体条款适用,使课税行为、课税过程、课税结果受目的条款和具体条款的双重约束,给予纳税主体一定判定范围的合法性期待;另一方面利用立法目的说明和强调税收的合理性,凭借立法目的构建课税正当的理念,并普及国家整体税收规划图景。相较而言,尽管税法目的在现行立法逻辑中采取相对恣意的条款设置状态,并非代表税法不存在目的预设的背景。基于社会可接受性的需要,有必要通过条款的成文形式强调纳税人主义立场,限制国家课税公权,避免对纳税人财产权益的不当侵犯,并优化社会调节的顶层决策机制,真正通过财税工具反映民意的诉求同时反馈社会可接受的效果。

财政收入目的作为税收的固有目的不需要过度论证其合理性,只需要关注具体课税的发生是否造成了实质不公。因此对税法的社会可接受性而言,更重要的考量侧向在于特定目的税。之所以特定目的税应当重视社会可接受性,在于其面临政府课税公权限度的诘问：纳税人为什么要接受不以财政筹集为目标的其他税收负担？特定目的税兼顾了税收和财政两个端口，既考虑课税的合法来源又考虑用税的合法通道，在税收和税用的两个层面以目的限缩的方式严格澄明课税的原因基础。特定目的税征收往往遵循"收益—对价"的衡平框架，纳税主体负担社会成本需要明确可接受的理由，否则将对课征行为产生忤逆。因此这是特定目的税立法应当明确立法目的、设置目的条款的原因。

三、设置税法目的条款的基本遵循：体系协调

　　法学体系要求理顺法律各组成部分之间的关系，以统一指导思想消除价值判断上的矛盾；建立完整科学的体系保证上下位规范、相同位阶规范和规范内部的体系调和；将法律规范按照一定的原理分类排列，以外观上透视的效果助益法律解释和漏洞补充。[①] 体系协调性在规范集合体中的特殊价值在于除了可以条理状管理相关法律文本的规则要素，还可以从整体与个体、个体与个体的诠释学循环上避免断章取义，确保价值与逻辑的统一性，并通过立法目的取向提供理念沟通的抽象平台以期法律体系发挥同质效应。[②] 体系协调原则的整体要求是提炼规范层面的共性，然后在共性基础上使各自特性向相同方向趋近，保持平行运动的方式。税法规范需要在税法之间、税制要素之间形成有机和谐体，而由于规范的个中差异，完全遵循一致的课税既不现实也不方便，因此以立法目的明示法律评价社会关系的基础逻辑，有助于规范协作与障碍消除。

（一）目的引示下税法规范间的体系协调

　　早期自由法治国家因严守最小政府理念，课税限于财政收入目的，社会法治国家的兴起要求国家能够推动法律秩序的形成，运用财政工具诱导纳税人的行为，据以满足特定社会政策目标。[③] 符合这种特征的课税并非以量能课税原则作为主导，如环保税"归责+应益"的两造面向是连接税法规范与事实的机理，通过量益课税原则加强环境保护的污染者付费诱导机制。[④] 基于税收可能

[①] 参见刘剑文、熊伟：《财政税收法》（第 8 版），法律出版社 2019 年版，第 12 页。
[②] 参见黄茂荣：《法学方法与现代税法》，北京大学出版社 2011 年版，第 127 页。
[③] 参见葛克昌：《租税国的危机》，厦门大学出版社 2016 年版，第 186 页。
[④] 参见叶金育：《环境税量益课税原则的诠释、证立与运行》，《法学》2019 年第 3 期。

发挥的多元价值,税种分立存在,因为就财政需求而言,不难借助单一税种的设置与税率调高实现,但税种分立是基于特定目的差别以期税收可以发生功能延展。因此,现代复合型税制是这样一种体系:在财政需求之上设计、拆分收入型和导向型、运用目的条款传达特定功能的税收系统。这种系统凭借相同的目的要素串联起具有共性的税收工具,同时借助相异的目的要素界分彼此的个性。

税法规则的体系优化一方面需要在规范形成上坚持形式法治的轨道,使税收实践"有法可依";另一方面要求贯彻平等原则,相同事实关系相同评价,对关联事实关系非基于差别待遇的正当化理由不得作异质评价。[1] 收入的目的共性可无差别渗透至个别税种的内部诠释中,本身具有自洽的协调属性,但特定目的并非能够自然地保持税制的整体和谐。基于社会政策的指向差异,反映相似税收工具价值的税法规则分布于各文本中,但其政策目的并非决然割裂。例如,环境保护税旨在利用税收形式控制生产污染体量,资源税意图通过课税关系引导资源的综合价值成效最大化,消费税中部分税目同样有抑制特定产品和服务消费对生态环境的破坏作用。[2] 上述税种或多或少均涵盖了生态保护的目的,却没有纳入统一的法律文本。

为契合特殊的社会政策选择优化局部的税法体系,需要结合特定目的予以税收工具融贯性统筹,并在关联但区隔的税种间以特定目的的不同面向主张差异化的调节导向。传统税收管理是经由税法规则构建税务机关对经济主体的单向管理模式,而新时期税收治理希望利用多元机制的纵向牵引与横向联动促进税制的动态平衡效果。[3] 以生态税体系为例,环保税、资源税、消费税均含有环境保护目的,但没有基于相似特定目的打通规范,也难谈税种的调适。环保税针对污染排放课税,资源税针对资源利用课税,消费税部分税目针对污染产品课税。消费税目前的 15 类税目大都存在"消费绿化"内涵意旨,如果认为有必要就消费税整体设置目的条款,也应该突出消费税"绿化"的主要目标。三者在生态保护的特定目的下,可以实现资源端向污染端、生产端向消费端全面

---

① 参见陈清秀:《税法总论》,法律出版社 2019 年版,第 28 页。

② 参见顾德瑞、熊伟:《生态税体系构造的法理逻辑与制度选择》,《中南民族大学学报(人文社会科学版)》2020 年第 4 期。

③ 参见汪虎生:《税收共同治理法治化中的软法应对》,《税务研究》2021 年第 5 期。

的体系优化。

（二）　目的引示下税制要素的体系协调

一般税法条款调整的关系存在于税收事实与税法规则之间，产生事实定性的效果。而目的条款因法律规则标准结构的缺失，并非意图产生事实定性的效果，其调整的关系处于规则之间，用于判断规则间关系并协调规则适用的顺位，产生规范定性的效果。因此，目的条款的基本作用方式为，先于法律起草中采用框定的方式定义具体规则的立设基准，再于法律解释中采取释明的方式负担规则穷尽的法律续造。[1] 借助立法目的建立起规则间的某种协调关系，在深究多元主体置身其中的法律制度证明性和解释性价值时不至于盲目。[2] 透视某些具备特殊对应关系的税制要素，税法目的应为该类税制要素发挥前设性指示功能，也即税制要素若不符合目的，则构成对税制内涵的抵触。此处以环保税的征税规则与免税规则、目的条款与用途条款的体系调理方式分析特定目的作用的路径。

针对污染课税的历史沿革反映出清费改税的立法思路变化，环保税与排污费不仅存在立法目的同向迁移，立法模式也基本采用了税制平移的方式。环保税的立法目的诱发于环境保护的实然处境，《环境保护税法》将调节人与自然关系的税收工具引入为法律形式，并通过目的条款明确其特定目的税属性，但课征环保税仅限于针对污染排放的前端治理，并未关注环境治理的其他端口。[3]环境课税工具的使用在于解决环境问题，但目的指示下的税收作用不聚焦则难以收获成效。例如，若环境治理工程的重心落在事后治理上，将会基于预算需求刺激政府的收入冲动，而事前引导可以减少环境污染行为并相对弱化财政筹集的心理。[4] 环保税的应税行为属于典型的负外部性行为，即便通过事后财政投入的治理能够减缓这种负外部性效果，但治理过程的投产比较高，相反经济

---

[1] 参见周宇骏：《合目的性的审查分层：我国地方性法规审查基准的实践及其逻辑》，《政治与法律》2021年第3期。

[2] 参见［英］尼尔·麦考密克：《法律推理与法律理论》，姜峰译，法律出版社2018年版，第185页。

[3] 参见叶金育：《污染产品课税：从消费税到环境税》，《中国政法大学学报》2017年第5期。

[4] 参见叶金育、褚睿刚：《环境税立法目的：从形式诉求到实质正义》，《法律科学》2017年第1期。

诱导的前端防患更符合生态保护高层次的目标。① 因此，为了充分实现环境保护的立法目标，课税的功能性调节不仅要求收获环境治理的成效，还要使达到这种效果的成本尽可能低。环保税的立法目的应当引导具体课税规则迎合这种理想状态，并结合条款明示课税逻辑。

从征税规则与免税规则的协同看，环境征税首先应满足对污染排放收费的基础规制，税收优惠应从反向鼓励环境友好的生产消费行为，利用征税与免税的对向机制构建环境权益的循环促进框架，刺激生产者和消费者在经济决策中多维考虑污染成本，从而鼓励经营模式和生产结构的转型及生活方式与消费行为的改变，实现成本的税式解放。②

从特定目的与特定用途的对应关系看，环保税收入的特殊性决定其用途并非完全聚焦单一环境侵益的补救，以环境侵权行为为前提的损益偿付可用于综合治理环境问题整体，并在环保领域实现用途侧的统筹规划，以满足整体环境治理过程中资金需求的填平。收入的专用性可以保障环保税的特定功能空间，收入的累退性也是立法目的得以实现的重要指标。③

由此，环保税应当以生态保护为目的做规则统筹，各种税制要素在统一的立法需求驱动下应以完成环保税累退为基本目标，同时严格遵循环境税用的专门定位，方为对环保税特定立法目的的有效回应。

四、税法目的条款设置的基准范式：体系协调的具体运用

特定目的税基于政策法属性应当明确目的内容，并运用体系协调原则融通关联目的税收规范间的协作。这种期待并非仅停留在理论层面，更应落实在法律规范的现实。即税法目的不应只是有选择性地加以明示，针对特定目的的税的法律规范应该明示规定目的条款。2009年全国人大常委会法工委发布《立法技术规范（试行）（一）》明确"法律一般需要明示立法目的"，本文认为可以

① 环境保护税的经济诱导作用除了能够刺激企业减少污染物排放，还会产生激励企业生产技术自主创新并降低环保外其他成本的额外效果。参见崔也光、鹿瑶、王京：《环境保护税对重污染行业企业自主技术创新的影响》，《税务研究》2021年第7期。

② 参见付慧姝：《我国环境保护税立法应关注的几个问题——以社会可接受性为视角》，《法学论坛》2017年第1期。

③ 参见刘佳奇：《环境保护税收入用途的法治之辩》，《法学评论》2018年第1期。

从目的内容、条款结构、规范用语三个方面展开税法目的条款的设计。

（一）税法目的条款的一般构造

1. 基本范式提取

如上图，以《进出口关税条例》为例，税法目的条款结构大体包含条款序号、目的引导词、立法目的、立法依据和立法结果五个部分：第一，条款序号。目的条款通常置于法律文本第一条，可以凸显立法目的重要的法律地位，并开门见山地表达法律的价值目标。第二，目的引导词。其主要功能是在法律语言的结构上起承上启下的作用，并通过引导词的语法属性强调目的条款性质。第三，立法目的。其是条款的核心部分，也是法律解释与漏洞填补的重要依据所在。因为立法目标的多元性，税法目的内容常以逗号区分层次，以此界定目的的不同场域，并通过内容的排列顺序建构主次关系。第四，立法依据。立法依据是法规制定的权限来源与上位参照，一般存在于实施细则、管理办法等文件中。第五，立法结果。立法结果通常表述为"制定本法"，与引导词在语言结构上形成条款表述的闭环。但并非所有规范均采用此陈述方式，例如集体企业奖金税、烧油特别税用"决定"表达立法结果。

2. 现有税法目的条款的回应式反思

现行税收法律文本中，少数目的条款在层次多寡、措辞使用、立法依据等方面反映出不同程度的差异，原因有三：第一，立法标准缺失。尽管存在立法技术规范的示明①，但其指导性的特点无法解决立法操作的实际困惑。法律规则的创设本质属于语言运用过程，通过语言设计给出法律评价的程式存在固有难度。基于价值取舍的多元维度又增添了经济立法思路的易变性，结果是目的层次多寡、目的针对侧向难免"因税制宜"。第二，政策需求多元。税制改革在特定历史阶段难免迎合当时政策取向，导致立法目的侧重点因税而异。第三，

---

① 《立法技术规范（试行）（一）》（法工委发〔2009〕62号）第五条对立法目的、立法依据制定了相应的立法指导规范，但是该规范并不具有强制力。

条款固有障碍。税法目的条款由于宣示性的特征存在适用障碍，其抽象表达难以厘清价值评判边界，需要借助法律解释的方法论工具。

(二) 税法目的条款的优化策略

1. 固化"目的+用途"的基本立场

特定目的税是"与财政收入型税收相对应的一类税收，指的是该税种的开征不以筹集财政收入为主要目的，而是为了实现收入分配、宏观调控等特定目的的一类特殊的税种"[①]。但其并不能绝对排除财政收入的课税功能，而特定目的的理解也可能存在模糊性。当然，特定目的的用词强调了有别于传统税收职能的经济意向，且结合经济立法的政策性特征，确实存在社会管理目标的前提诱因。

分析特定目的税，需要进一步解读特定目的税的实质合理性。思路是解析特定目的税的构成要件，排除作为课税本身共有的税制要素。特定目的税区别的构成要件分为特定目的和特定用途，其中特定目的是明确税种特殊指向的前提基准，特定用途是税种发挥作用的常规方式。特定目的税的目的通常从政策中提取，是税收遵从政策治理的表现。早期政策因为程序简单、修改灵活存在成效比低的优势，[②] 频繁被用以解决局部社会问题，难免造成执法失权和民益侵犯。因此，特定目的税应避免政策的局限性，首先应当明确目的的指向，在资金收入面固定征税的底层需求，同时在资金支出面回应收入的原始目标。

然而，2015 年 6 月 16 日公布的《国务院关于印发〈推进财政资金统筹使用方案〉的通知》要求"推进专项收入统筹使用"，逐步取消专项收入专款专用，排除以收定支、专款专用的机制。如此，似乎提供了删除例如《城市维护建设税法》目的和用途条款的依据。《城市维护建设税法（征求意见稿）》说明中表达该税种"对组织财政收入、加强城市维护建设发挥了重要作用"，将"组织财政收入"置于"加强城市维护建设"之前并提供收入及增长数据，暗示城建税财政筹集的巨大贡献。如果将城建税特定税款纳入一般公共预算，使之丧失城建维护的保障功能，有损城建税的特定目的税性。这种做法的合理性

---

① 王霞、刘珊：《消费税法立法目的条款的考量与设计》，《湘潭大学学报（哲学社会科学版）》2019 年第 1 期。

② 参见邢会强：《政策增长与法律空洞化——以经济法为例的观察》，《法制与社会发展》2012 年第 3 期。

应当质疑，即完全取消税种的特定用途限制，财政收入的功能需要无法说明该税种存在的必要性。[①]

2. 构造递进结构的目的层次

目前税法目的条款的层次基本以并列式结构呈现，并列结构意味着复数的立法目的彼此间不区分主次关系，解释时可对各目的层次交织进行，互相补充语言含义，也可以选择强调某个目的。然而，目的内容实有主次之别，应运用递进结构的条款形式，将主要目的置于前端。例如，《筵席税暂行条例》中，"提倡勤俭节约社会风尚"应当是主要目的，"引导合理消费"是次要目的，设计目的条款时应将核心或本质目的置于前端。

随着税收法治深化，应通过法律目的的直观表达伸张税收正当性，并推导税法价值的理性内涵进而反馈税法的社会可接受性。现有目的条款未反映出形式合法的目的构造，即税法应当以税收法定主义为出发点，构建符合法律特性的规范目的。具体而言，条款中可加入"为了依法规范何种税的征纳法律关系"的表述。

搭建规范目的+特定目的的二元构造，是为了兼顾形式合法与实质合理的双重约束。特定目的税更多聚焦于"合理治税"，设置几层目的需结合具体税种的功能结构作个性化筛选。同时，遵循现有的立法习惯，一般以 2-4 个立法目的为宜。过多的立法目的容易导致价值体系的混乱，而过少又可能较为抽象，不利于解读。

3. 优化目的属性的立法措辞

目的引导词"为"和"为了"，口语一般不会刻意区分二者，但仔细推敲仍能发现细节差异。"为"除了解释为以目的为索引的目的状语引导词之外，还可以理解为"因为"的缩略表达方式，而因为则是原因状语的引导词，这与前述的目的状语有本质差别。在句式的逻辑关系上，以"因为"连接的两句话，通常"因为"后接的句式和内容是原因，另一句话是结果。而"为了"不会有歧义，只能理解为目的状语的引导词。"为了"表述的是主观状态，语义侧重点在于期待目标，更能体现立法者的主观意愿。据此，立法目的的表达应该以"为了"做引导词，突出税法欲达到的效果进而指引具体条款附和这些目

---

① 参见郭昌盛：《基于立法实践的税收立法目的条款省思》，《重庆社会科学》2020 年第 2 期。

标。《立法技术规范（试行）（一）》也在规范技术层面规定"'为了……制定本法'，用'为了'不用'为'"。

此外，立法结果中偶有使用"特"字作立法强调，尽管目的条款本身也是一种强调方式，但是"特制定本法"加强了语气，貌似制定税法排除了对课税正当性的怀疑。然而《立法技术规范（试行）（一）》给出的条款例示并未使用"特"字，至少从合规性角度一般不应当使用该语词。不过，该技术规范不属于强行性规范，语词的选用可以根据立法情况酌情考量。本文认为，在政策性明显的税收规范中，设置目的条款并且使用"特"字，既是明确税种特定目的表征的手段，也是督促目的条款发挥规制作用的可取思维。

（三）税法目的条款的示范：以资源税法目的条款为例

本文认为，目的条款应针对特定目的税设置，内容应当突出税收特定目的并附之以税收法定内涵的规范目的，但不涉及税收固有的收入目的。从社会可接受性的角度重新提炼特定目的税的目的内容，运用体系协调的思维方式重塑"规范目的+特定目的"的二元构造，可以给出税法目的条款的可能形成路径。

以资源税为例，首先《资源税法》并未设置目的条款，但是其立法目的并非乏迹可觅。2017 年《资源税法（征求意见稿）》指出资源税有效发挥了"组织收入、调节经济、促进资源节约集约利用和生态环境保护的功能作用"。2019 年《资源税法》征求意见中同样说明资源税"对于促进资源节约集约利用、加强生态环境保护等，发挥着重要作用"。"作用"一词既表达事物取得的实际效果，同时也隐含期待该事物发挥何种功能的心理，这种心理可谓目的隐含的阐明方式。资源税立法变迁过程暗示，资源税逐渐淡化了"组织收入"的财政目的，转为重点提示"资源利用"和"环境保护"的调节目的，这说明资源税并非财政收入税，而属于承担额外功能的特定目的税，因此应当承认资源税的立法本意在于政策调节。

其次，立法列明的"资源利用"与"环境保护"是否有必要强调主导目的存在。有学者提出"从资源行为税本性出发，资源税主导目的理当定格为特定资源行为的激励或禁止，也即诱导某种资源行为"[①]。也有学者通过实证研究验证了资源税节约能源、提高资源利用效率的效应，并给出对自然资源扩大开征

---

① 叶金育：《资源税的改革与立法——从主导目的到税制协调》，《法学》2020 年第 3 期。

资源税的政策建议。① 无论资源税未来发展如何，至少当下研究成果大体承认资源税对促进资源利用的重要作用。回归税收法律关系的逻辑核心，应当是行为+结果的结构，税法是对税收法律行为作规范评价的结果判断。资源税直观上是对开采的资源课税，但资源的本质在于利用而不在于保有，因此资源税的实质是对开采资源的行为课税，否则交易资源、消费资源都有可能成为资源税的课税行为。突出资源税"促进利用"的主导目的存在正面论证的空间，也利于资源税制的协调运作。水资源税也印证了这一点，2016 年 5 月 9 日公布的《水资源税改革试点暂行办法》及 2017 年 11 月 24 日公布的《扩大水资源税改革试点实施办法》均回应了资源税的"促进利用"目的，从下位规范的角度诠释了资源税整体的应然定位。

第三，资源税立法目的还包含"环境保护"的内涵，基于环保税也设置目的条款，资源税是否有必要规定这一内容？资源税针对开采资源的行为课税，环保税针对造成环境污染、破坏生态的行为课税，在行为效果的视角下两者存在一定程度的重合。回归应税行为的税法机理，资源税的应税行为是开采资源的行为，破坏环境的效果通常属于附带效果，并非资源开采行为本然状态。而环保税的应税行为应然地落入破坏环境的行为中，破坏环境是主要行为而非附带行为。因此二者的课税逻辑并不相同。资源税有必要规定环境保护目的的原因在于：其一，资源税课税的行为对象本身具备破坏环境的概率，资源利用与环境保护均属于绿色发展理念的下位概念。如果不倡导环境保护的目的，开采资源的主体容易忽视环保的社会价值，资源税促进资源利用的主导目的亦会有所减损。其二，税制协调性要求应当在资源税与环保税之间建立起沟通的桥梁，各自征收也不妨碍以整体税制利益为重，在协同运作、共力生效、互相补充的过程中使生态税制呈现完整又严密的立体构造。

最后，《资源税法（征求意见稿）》运用"促进资源节约集约利用"和"生态环境保护"描述资源税的特色功能。功能是既定的语态表达，若调整为目的的预期语态，措辞应发生一定的转换。"节约集约"是与"浪费"相对的概念，社会生产对资源的利用应当适度合理，因此"节约集约"的本质是合理利用。生态环境保护作为社会发展的长期目标，理应始终强调"加强"的使命

---

① 参见于佳曦、宋珊珊：《资源税对资源利用效率影响的实证分析》，《税务研究》2021 年第 2 期。

状态。如此,一方面在税收法定主义的前提下需要强化资源税适用的规范意识,可以"依法规范资源税征纳法律关系"作为规范目的宣示;另一方面兼顾促进资源利用和保护生态环境的特定调控目的,并以促进资源利用为主导目的,以保护生态环境为次要目的诠释特定目的税的实质内涵。

综上,可以拟定《资源税法》目的条款为:"为了依法规范资源税征纳法律关系,促进资源合理利用,加强生态环境保护,特制定本法。"

五、结 论

目的条款并非法律关系评价规范,而是法律规则评价规范,应当承认其有别于常规税法规则的立法宣示功能。特定目的税相较于财政目的税整体显示出偏政策性的规范特征,依赖目的条款赋予自身课税正当性,并借助目的表达迎合社会可接受性的价值评断。税收的特定目的影响具体税法的规则设计、体系建制和价值衡平,税制交融的状态下更反映出税际之间、要素之间目的导向的价值联结与规则协调需要。预期不同税法伸展出既能各司其职又能联合规制的功能模式。税收法定原则作为税法共识性原则,借助目的条款作规范目的的表达,是税收形式正义的诠释;而个别税收的政策依附性运用目的条款作特定目的的阐释,是税收实质正义的归宿。

论消费税税收立法中征税客体的选择*

彭　程**

目　次

一、问题的提出

消费税主要有一般消费税与特别消费税两种类型，我国消费税采取了选择部分特定消费品额外课征的课税形式，属于特别消费税。立法技术上，《中华人民共和国消费税暂行条例》（以下简称《消费税暂行条例》）没有设定立法目的条款，在第一条中规定消费税的征税范围为"在中华人民共和国境内生产、委托加工和进口本条例规定的消费品"。这一概括性的征税范围表述并未直接揭示消费税征税客体的独特特征，虽然另通过附件以税目列举的方式对何谓"本条例规定的消费品"予以说明，但依然未明确阐明消费税征税客体在选择逻辑上所具有的同一性。

---

　* 本文为中国人民大学 2022 年度研究生科学研究基金项目"论消费税税收立法中征税客体的选择与扩围——基于实然与应然路径的融贯分析"（项目编号：22XNH018）的阶段性成果。

　** 中国人民大学法学院博士研究生。

自消费税设立以来，征税客体随时代发展而不断调整。在未来的税制改革以及消费税立法中，消费税税目亦将持续增删、扩围，背后是消费税的调整目标与调整手段随社会经济发展而做出的变革。财政部与国家税务总局于 2019 年 12 月 3 日公布《中华人民共和国消费税法（征求意见稿）》（以下简称征求意见稿），将消费税界定为对生产和消费行为具有重要调节职能的调节税种。根据习近平总书记的最新指示，消费税税制改革的下一步目标在于"加大消费环节税收调节力度，研究扩大消费税征收范围"，[1] 厘清消费税税目选择与扩围背后的税制原理与选择逻辑尤为重要。

在我国既往消费税变革中，征税客体的选择上是否具有内在一致的逻辑暗线？传统的可税性理论与量能课税、量益课税原则能否为消费税征税客体选择提供坚实的理论逻辑与法理建构？何种解释路径能够为消费税税目选择之正当性充分背书？税法理论亟须对此作出回答。本文以消费税征税客体的选择为中心，尝试分析消费税在征税客体的选择上是否具有动态一致的内在逻辑，并对消费税立法在制度平移基础上的应然优化路径予以探讨，以期为我国消费税的税目扩围改革、消费税法征税客体的选择完善提供学理支持。

二、消费税的税目选择与应然功能

税目是征税对象在"质"上的具体化。[2] 探究消费税征税客体的选择逻辑，首先应对现行消费税制及历次调整中税目变迁予以详细梳理。

（一）现行消费税的税目变迁与沿革

我国消费税的雏形发轫于 1950 年《全国税政实施要则》中规定的"特种行为消费税"。[3] 改革开放后，消费市场逐步放开，1989 年初国务院决定对彩电、小汽车征收特别消费税，以规范市场交易。1993 年《消费税暂行条例》颁行，消费税作为一个独立的税种正式载入我国的税制历史当中。同年，《中华人

---

① 习近平：《扎实推进共同富裕》，《求是》2021 年第 20 期。
② 参见张守文：《经济法原理》，北京大学出版社 2020 年版，第 282 页。
③ 1950 年政务院《全国税政实施要则》规定了"特种行为消费税"。1951 年《特种消费行为税暂行条例》确定了特种消费行为税的征税范围，即对包括筵席、娱乐、冷饮、旅店在内的特殊消费行为课征税收。这一条例于 1953 年废止。

民共和国消费税暂行条例实施细则》（以下简称《实施细则》）出台，细化消费税征税的具体内容与稽征方式。《消费税暂行条例》与《实施细则》共同搭建了我国现行消费税制的整体框架，经过 2008 年修订以及大量部门规章等规范性文件的细微调整与税目增删，至今仍是我国消费税征收的有效依据。

《消费税暂行条例》颁行后，随着社会经济水平的提高，国民的物质生活条件得到明显改善，居民消费水平、消费能力以及市场中的消费品品类均较立法初期有了明显变化。同时，规模化工业生产招致环境污染、生态破坏等不利后果，国家具有以宏观调控手段促进环境保护与节能减排的需要。基于这一背景，财政部和国家税务总局先后对消费税税制尤其是课税项目进行了大范围的调整与改革。① 本文选取了部分财政部与国家税务总局发布的与消费税税目增删与范围调整相关的制度文本，如表 1 所示。

表 1　消费税税目的调整与变迁

2006 年	2010 年	2014 年	2015 年	2016 年
《财政部、国家税务总局关于调整和完善消费税政策的通知》（财税〔2006〕33 号）（部分失效）	《国家税务总局关于农用拖拉机、收割机和手扶拖拉机专用轮胎不征收消费税问题的公告》（国家税务总局公告 2010 年第 16 号）（已失效）	《财政部、国家税务总局关于调整消费税政策的通知》（财税〔2014〕93 号）	《财政部、国家税务总局关于对电池、涂料征收消费税的通知》（财税〔2015〕16 号）	《财政部、国家税务总局关于调整化妆品消费税政策的通知》（财税〔2016〕103 号）

---

① 自 1993 年《消费税暂行条例》实施以来，消费税税目经历多次调整与增删，主要涉及成品油、高档消费品、卷烟、电池、小汽车、涂料以及化妆品。如将经历了从"奢侈品"到普通民众的日常消费用品之地位更迭的护肤护发产品剔出消费税征税客体范围，并新增了部分应税商品税目，如成品油、奢侈品、木制一次性筷子与实木地板等过度消费可能造成乱砍滥伐等不利后果的消费品。2006 年《关于调整和完善消费税政策的通知》（财税〔2006〕33 号）在消费税征税对象的选择中着重植入环境保护因素，体现了随着产业发展与社会进步国家对于环保价值的逐步重视。

续表

2006 年	2010 年	2014 年	2015 年	2016 年
新增高尔夫球及球具、高档手表、游艇、木制一次性筷子、实木地板税目。取消汽油、柴油税目,增列成品油税目。汽油、柴油改为成品油税目下的子目(税率不变)。另外新增石脑油、溶剂油、润滑油、燃料油、航空煤油五个子目。	对农用拖拉机、收割机和手扶拖拉机专用轮胎不予征收消费税。	取消了以下税目的消费税:1. 气缸容量 250 毫升(不含)以下小排量摩托车;2. 汽车轮胎;3. 车用含铅汽油消费税;4. 酒精。	将电池、涂料列入消费税征收范围,在生产、委托加工和进口环节征收,适用 4%的税率。	取消对普通美容、修饰类化妆品征收消费税,将"化妆品"税目名称更名为"高档化妆品"。征收范围包括高档美容、修饰类化妆品、高档护肤类化妆品和成套化妆品。

历经数次调整与增删,我国现行消费税共对 15 类税目课征消费税,包括烟、酒、高档化妆品、贵重首饰及珠宝玉石、鞭炮焰火、成品油、摩托车、小汽车、高尔夫球及球具、高档手表、游艇、木制一次性筷子、实木地板、电池、涂料等应税消费品。

(二) 消费税承载的应然功能与价值目标的复杂性

消费税选择何种消费品或消费行为课税方具有经济上的正当性与可行性,是消费税制建构、改革以及消费税立法中应当首先解决的问题。征税客体选择属于消费税的税制建构及实体课税要素设计的内容,与消费税功能定位息息相关,不同征税客体暗含着不同课税逻辑与迥异的社会经济性政策目的,这体现了消费税所承载的功能期待与价值目标的复杂性。

筹集财政资金是税收的基本功能,"1994 年我国进行税法大变革时开征消费税的直接目的,是使消费税成为增值税的辅助税种,对某些消费品的销售在征收增值税的基础上,再加征一道消费税,以避免在产品税改增值税后,产生总体税负的下降和国家财政收入的减少"①。此外，学界普遍认为消费税可发挥特定的经济社会政策作用，以体现公益性原则。② "我国进行税法大变革时开征消费税的直接目的……同时，也要发挥消费税的积极作用，使其既能对生产经营和消费进行特殊调节，又能保障财政收入的稳定增长，还能引导社会消费和促进良好的社会风气的形成。"③ 2019 年 12 月 3 日公布的征求意见稿中，消费税更是被明确界定为对生产和消费行为具有重要调节职能的调节税种。

消费税征税客体的选择与立法者在筹集财政资金、税收公平和政策实现等方面的综合权衡息息相关。④ 财政功能与调控功能构成了消费税应然功能定位的二元结构。但是，财政功能与调控功能的具体作用机理不同，对于征税客体选择的要求存在明显差异。现行消费税税目包括烟、酒、成品油等 15 种不同品类的应税消费品，多元且复杂的税目结构的背后是差异化的课税逻辑。

三、消费税税目的功能分裂与逻辑检视

根据财政部与国家税务总局陆续发布的规范性文件中所明示的与消费税课征相关的目的性表述，消费税除增加财政收入外，亦被赋予了促进资源综合利用与资源节约、促进环境治理、节能减排与环境保护、引导合理消费与调节收入分配等多种调控功能。⑤ 基于消费税财政与调控二分的功能定位，有必要梳理与分析现行消费税立法中业已选择且大概率会在《消费税法》中平移沿用的 15 类征税客体，检视课税的实际作用是否与对其功能的期待相吻合。

---

①　张守文：《财税法学》，中国人民大学出版社 2018 年版，第 178 页。
②　参见叶姗：《消费税法的解释与解释性规则》，《社会科学辑刊》2019 年第 1 期。
③　张守文：《财税法学》，中国人民大学出版社 2018 年版，第 178 页。
④　参见黄家强：《应税消费品的界定、识别与调整——基于法律、技术与政治互动的税收逻辑》，《财经理论与实践》2019 年第 3 期。
⑤　参见《财政部、国家税务总局关于调整和完善消费税政策的通知》（财税〔2006〕33 号）、《财政部、国家税务总局关于调整乘用车消费税政策的通知》（财税〔2008〕105 号）、《财政部、国家税务总局关于调整烟产品消费税政策的通知》（财税〔2009〕84 号）、《财政部、国家税务总局关于对废矿物油再生油品免征消费税的通知》（财税〔2013〕105 号）、《财政部、国家税务总局关于提高成品油消费税的通知》（财税〔2014〕94 号）、《财政部、国家税务总局关于继续提高成品油消费税的通知》（财税〔2015〕11 号）、《财政部、国家税务总局关于对电池、涂料征收消费税的通知》（财税〔2015〕16 号）、《财政部、国家税务总局关于调整化妆品消费税政策的通知》（财税〔2016〕103 号）、《财政部、国家税务总局关于调整小汽车进口环节消费税的通知》（财关税〔2016〕63 号）、《财政部、国家税务总局关于对超豪华小汽车加征消费税有关事项的通知》（财税〔2016〕129 号）。

(一) 消费税实然征税客体类型与作用机制

对于消费税征税对象的分类,叶姗基于各国和地区消费税的征收范围,将课税消费品分为:过度消费有害人体健康、环境生态、社会秩序的消费品,高能耗及高档消费品,奢侈品和非生活必需品,不可再生和替代的石油类消费品等。① 程雪琴将其分为三类:公共健康减损型消费、误导式炫耀型消费、生态环境不友好型消费。② 杨佩龙将主要课税的税目分为三大类,即过度消费导致负外部性商品、奢侈品和不可再生品。③ 结合上述几种分类,并以税目的公认属性及可能的规制方向为依据,本文将我国目前课征消费税的 15 类应税消费品分为三类:有害健康类消费品,不可再生类与高耗能高污染类消费品,以及奢侈品类消费品。

1. 有害健康类消费品

自 1993 年《消费税暂行条例》将消费税作为一个独立的税种开始,烟类产品与酒及酒精类产品一直处于消费税的征税客体范围当中。为何大部分国家均对烟、酒征收消费税,理论上有不同维度的解释。首先,烟类(尤其是占比最大的卷烟)与酒类产品均具有一定的成瘾性,长期消费不利于身体健康,其消费与使用场景亦具有负外部性,可能对消费者及周围人的健康与人身安全造成不必要的损害。烟草及酒精制品的成瘾性极易诱导消费者产生消费黏性,长期将导致身体健康受损,但其对消费者造成的危害通常具有一定的时滞性,短时的消费决策与消费行为又能带来一定的愉悦感,这种行为与后果在时间上的割裂显然会对消费者的消费偏好与购买决策产生误导。

当政府认为烟、酒类消费品的消费与使用行为会对消费者产生潜在的负面效应,不宜被消费者完全不受限制地广泛消费时,政府有必要对烟、酒课以额外的税收负担,矫正烟、酒的真实价格,以激励人们基于对价格的考虑改变消费行为。这一对国民的现时与未来利益予以看护的社会公益目的亦赋予了政府干预以充足的正当性。但是,这种行为激励由于烟、酒的成瘾性以及由此导致的较低的需求弹性而往往难以发挥有效作用。烟类与酒类产品均因其具成瘾性

---

① 参见叶姗:《消费税法的解释与解释性规则》,《社会科学辑刊》2019 年第 1 期。
② 参见程雪琴:《从量能课税视角看消费税的立法完善》,《税务研究》2020 年第 6 期。
③ 参见杨佩龙:《消费税法设计中的量能课税考量——以〈消费税法〉制定为契机》,《税务与经济》2020 年第 3 期。

而导致长期消费不利于身体健康，对此二者的征税普遍被认为具有限制烟酒消费的作用。但同样由于成瘾性的存在，消费者对烟、酒具有难以矫正的偏好，其较低的价格弹性亦不利于行为矫正的实现，却更易于维护消费税的稳定课征，以供给财政收入。课税所增加的行为成本只能大致接近这些产品在消费中的真实价格，无法精确刻画潜在的外部成本，往往在消费决定影响上表现欠佳。① 根据实证研究，卷烟的需求收入弹性较高，在 2007 年至 2015 年间，卷烟消费量反而随卷烟价格的上涨而增加，而 2015 年的烟草消费税改革虽短期内减少了卷烟消费量，但效果并不明显与持久，② 对卷烟课征消费税所能够起到的抑制消费作用十分有限。③ 另有研究表明，人们对于卷烟价格提升的敏感度较低，若要实现对烟草消费行为的限制，仅依靠对卷烟课征消费税很难实现。④

2. 不可再生类与高耗能、高污染类消费品

成品油等能源燃料类产品是各国消费税制中的常见税目。成品油等能源燃料类产品通常由石油制成，石油属于不可再生资源，因此对此类产品的生产与消费应当将石油资源的可持续利用纳入考量，部分个体对该类产品的过度消费侵占其他公民的石油资源，影响他人的消费可能性，对社会公众与代际未来产生负外部性。为了限制、敛抑成品油等能源燃料类产品的消费与使用，各国在对成品油等运输燃料的消费税课征上达成一致。同时，成品油等能源燃料类产品的消费会产生废气等污染物排放，尤其当作为交通工具的燃料使用时，近乎于一种移动的污染物排放主体，从环保角度亦有必要对其额外课税。⑤

我国消费税的应税消费品中，成品油同时属于不可再生类产品与高污染类产品；摩托车、小汽车由于使用过程需要消费成品油等能源燃料类产品而同样具有高耗能、高污染的复合特性；鞭炮焰火使用中散发的烟尘会造成空气污染；

① See Vidar Christiansen, Stephen Smith, "Externality-correcting Taxes and Regulation", *Scandinavian Journal of Economics*, Vol. 114, No. 2 (2009), p. 23.

② 参见杨得前：《卷烟弹性与卷烟消费的关系探讨》，《税务研究》2018 年第 5 期。

③ 根据国家烟草专卖局发布的 2013 年至 2017 年全国烟草销量及增长率走势，2015 年之前卷烟销量及增长率持续增长，由于 2015 年卷烟消费税的调整，全国卷烟销量及增长率于 2015 年、2016 年连续下降，但 2017 年重新恢复增长。参见《2017 年全国卷烟市场分析》，载中国烟草网，http://www.tobacco.gov.cn/gjyc/tjxx/20180722/7e99d56a9a854599ad9f16954b7351fd.shtml，2021 年 2 月 3 日访问。

④ See Franks P, Jerant AF, Leigh JP, "Cigarette Price, Smoking, and the Poor: Implications of Recent Trends", *American Journal of Public Health*, Vol. 97, No. 10 (2007), pp. 1873-1877.

⑤ 这种污染物排放由于具有极强的移动性并不受环境保护税规制，环境保护税主要对污染物排放企业课征。

涂料在生产制造以及使用过程中会产生 VOC，在造成空气污染的同时对人体产生危害；电池使用后废弃会对环境造成污染；木制一次性筷子与实木地板由于生产过程耗用大量木材（再生周期较长）而不利于环境保护与林木资源的可持续利用。这些污染物排放及不可再生（或难以再生）类原料的耗用是部分产品在生产与消费过程中必然发生且无法彻底规避的后果性损失。

通过对上述不可再生类产品、高耗能与高污染类产品课税，政府得以将环境污染与资源浪费造成的社会成本与负外部性经由厂商（消费税的实际纳税人）的税负内化于产品的价格当中，抑制消费者的相关消费行为。同时，消费税制亦通过建立优惠与轻课机制，对部分虽属应税消费品税目类别但具有环境友好与资源节约特征的消费品予以税收减免的税收优惠方式。[1] "对于公共利益，其经济活动有功者，给予优惠；有过者，课以特别负担。"[2] 这种优惠与轻课机制强化了对不可再生类产品、高耗能与高污染类产品课征消费税的环境保护、资源节约功能。

3. 奢侈品类消费品

我国消费税的应税消费品中，高档化妆品、贵重首饰及珠宝玉石、高尔夫球及球具、高档手表、游艇以及超豪华小汽车等应税消费品属于奢侈性消费品。对奢侈性税目课征消费税的必要性，学界主要有调节消费行为，引导消费者理性消费、适度消费和绿色消费，[3] 调节收入分配、[4] 矫正社会收入分配不公等观点。

对奢侈品课征消费税无疑抬高了奢侈品的价格，加重了奢侈品消费者的消费成本，对奢侈消费行为具有浓厚的"惩罚性"。从这个角度看，课征消费税

---

① 如《财政部、国家税务总局关于对电池涂料征收消费税的通知》（财税〔2015〕16 号）第二条对无汞原电池、金属氢化物镍蓄电池、锂原电池、锂离子蓄电池、太阳能电池、燃料电池和全钒液流电池等生产制造与使用过程中并不会造成过多环境污染的电池品类免征消费税，并对施工状态下产生 VOC 含量低于 420 克/升（含）的涂料免征消费税。

② 黄茂荣：《税法总论（第 1 册）：法学方法与现代税法》，植根法学丛书编辑室 2012 年版，第 189 页。

③ 参见黄家强：《应税消费品的界定、识别与调整——基于法律、技术与政治互动的税收逻辑》，《财经理论与实践》2019 年第 3 期。

④ 参见杨佩龙：《消费税法设计中的量能课税考量——以〈消费税法〉制定为契机》，《税务与经济》2020 年第 4 期。

不失为一种调节收入差距、促进社会公平的重要手段。① 奢侈品税目选择的公益性色彩和"惩罚"奢华消费的特色体现了消费税对调整收入分配的坚持等。② 但关于消费税收入分配功能的实证研究表明，消费税对收入再分配存在逆向调节作用，③ 消费税的累退性使其在调节收入分配、促进收入分配公平上能够发挥的作用远逊于所得税。④ 课征消费税虽可在较高收入群体与贫困群体之间起到调节收入分配的作用，但"在中产阶级与极端富裕的人群之间，即奢侈品消费的纳税人内部，产生了税收负担的累退性"。⑤ 消费税只有征或不征两种选择，但消费行为的影响因素与影响机制却十分复杂，难以经由消费行为准确透视背后实际税负承担者的经济状况与纳税能力。与消费税相比，实施超额累进税率的所得税是实现收入分配调节、促进公平目标更为有效的手段。⑥

（二）筹资性税目与调控性税目的功能分裂

对烟、酒类消费品课征消费税具有明显的形式正当性，但实际作用却与理想的期待相背离，烟、酒类产品的成瘾性、价格弹性低等特性反而使其成为消费税税收收入的重要来源。烟类产品的消费税税率虽屡经调整，但其子目中占据烟产品消费市场绝对份额的卷烟的税率始终居高不下，烟产品的消费税征税收入始终是消费税税收的重要组成部分。

除烟、酒类消费品外，高档化妆品、贵重首饰及珠宝玉石、高尔夫球及球具、高档手表、游艇以及超豪华小汽车等奢侈性消费品课税，实际作用与普遍的功能期待之间亦存在矛盾。根据普遍的社会观念，对奢侈品课征消费税具有提倡节俭消费、抑制过度消费以及调节收入分配等作用，这也使得对此类消费行为课税具备正当性。但另一方面，由于边际递减效应，能够负担得起高昂价格的奢侈品消费者很难由于价格的小幅提升而抑制自身的消费行为，消费税课

---

① 参见贾康、张晓云：《中国消费税的三大功能：效果评价与政策调整》，《当代财经》2014 年第 4 期。

② 参见杨佩龙：《消费税法设计中的量能课税考量——以〈消费税法〉制定为契机》，《税务与经济》2020 年第 3 期。

③ 参见刘蓉、熊阳：《消费税对收入再分配的公平与福利效应——基于 2017 年中国家庭金融调查数据的分析》，《税务研究》2020 年第 6 期。

④ 参见贾康、张晓云：《中国消费税的三大功能：效果评价与政策调整》，《当代财经》2014 年第 4 期。

⑤ 贾康、张晓云：《中国消费税的三大功能：效果评价与政策调整》，《当代财经》2014 年第 4 期。

⑥ 事实上，哪怕是在以实现收入公平分配为主要目的的个人所得税制中，依然存在大量所得税未能实现调节收入分配、促进社会公平的实证研究质疑。

征对奢侈品的核心消费群体而言并不能够起到足够的激励与诱导效果。同时,这一边际递减效应以及奢侈品消费税高税率的设置,均使得对奢侈品类消费品课税在财政资金筹集上具有出色的效果,其财政意义远大于消费行为调节意义。

对于不可再生类产品、高耗能产品与高污染产品,政府通过对此类消费品课税而将环境污染与资源浪费造成的社会成本经由厂商(消费税的实际纳税人)的税收负担转嫁行为内化于产品的价格中,以激励消费者(消费税的实际承担者)基于减少消费成本的考量而自愿避免或节制对相关产品的消费,抑制和减少消费者的负外部性消费行为。同时,消费税亦为不可再生类产品、高耗能产品与高污染产品建立起了完整的优惠与轻课机制,为消费者对此类消费品的消费行为提供了替代性消费选择与免税、减税的途径,能够形成一个"有功者,给予优惠;有过者,课以特别负担"的行为诱导路径,对相关消费品的生产与消费行为能够起到显著的调控效果。

理论上,调控性税目与财政性税目相互独立,但其功能亦有交叉:调控性税目具有筹集财政资金的作用,其调节功能的发挥亦以组织财政收入的功能为基础;而财政性税目在筹集财政资金上表现出色的同时,亦可能具有一定的行为诱导效果,只是由于此类税目的特殊性质以及复杂的经济作用机制,难以准确厘定其实际的调节作用,或是其实际的经济作用机制与普遍的公众认知存在背离,因此难以以"调控性"对其简单框定。为筹集财政资金而选择的税源丰裕型税目与后期着力于调控功能发挥的调控型税目,杂糅于现行的消费税税制的征税客体当中,不同类型的税目所呈现出的立法逻辑与制度主张各行其是。

(三) 消费税征税客体选择与量能和量益原则的不兼容

除了上述税目的分列与功能的杂糅,消费税在征税客体选择上的逻辑亦无法经由量能和量益课税原则予以解释。税法建制的基本原则之一为税收公平原则,从税负分配的角度强调纳税人所需要承担的经济上不利益应当在不同纳税人之间公平分配。税收公平的衡量主要依据利益原则和支付能力原则。具体到税法建制上,可分为量能课税与量益课税两类。

量能课税"指税收负担的归属及轻重原则上应以税捐债务人之负担能力为准",强调"依据纳税人经济上的给付能力平等课税"。① 消费税的直接征税客

---

① 叶姗:《房地产税法建制中的量能课税考量》,《法学家》2019 年第 1 期。

体是消费品，决定个人是否成为消费税实际税负承担者的是个体的消费行为与消费选择，而非消费者的收入水平与经济负担能力。即便经济负担能力与消费能力之间存在千丝万缕的关联，经济能力的提升对于个体的消费能力具有明显的改善作用，但是二者绝非简单的线性关系。消费税只有征或不征两种选择，绝大部分征税客体的消费逻辑与消费者的购买能力与纳税能力之间难以准确对应，量能课税原则与消费税的建制逻辑无法兼容。

量益课税指"国家提供给付而可归属于某一受益群体，因此由该受益群体共同负担其对价给付，而对该群体课税……税捐负担如果针对场所之特别利用或特别损失之补偿，则可适用量益原则或等价原则（受益者负担）"。① 对于部分消费品而言（如电池与涂料），消费税制中设置的优惠轻课机制的确能够与量益课税原则下的功绩原则相洽，即"对于公共利益，其经济活动有功者，给予优惠；有过者，课以特别负担"。② 但若直接审视消费税建制逻辑与量益课税原则之间的关联，很难论证消费者对应税消费品的消费行为能够与个人所享用的利益相挂钩，应税消费品与其他一般消费品之间的区别亦难言清晰。

简言之，量能课税与量益课税均难以全面解释消费税的建制进路与课税逻辑，无法以统一协调的逻辑适用于各类消费税税目。与主流课税原则的不兼容，决定了消费税课税原则的选择应当另辟蹊径。"当理论难以解释实践时，可能是由于实践偏离了理论范式，也可能是理论落后于实践要求……就该实现理论的范式转变了。"③

四、消费税征税客体选择逻辑的可能进路

在现行的消费税制中，消费税的"实然"征税客体虽然确实承担起了消费税"应然"的财政功能与调控功能的二元功能定位，但却存在不同税目类型的杂糅，以及不同功能定位所涵摄范围的明显分裂。应当如何从税制设计的角度

---

① 陈清秀：《税法总论》，元照出版有限公司 2012 年版，第 36 页。

② 黄茂荣：《税法总论（第 1 册）：法学方法与现代税法》，植根法学丛书编辑室 2012 年版，第 189 页。

③ ［美］托马斯·库恩：《科学革命的结构》，金吾伦、胡新和译，北京大学出版社 2012 年版，第 66-95 页。

对消费税征税客体选择逻辑予以解释?

(一) 消费税征税客体的选择起点:立法原意及其影响因素

政府规制的正当性基础在于发现市场运作中的缺陷并予以纠正。当立法者认为某类消费品存在某种的负面效应,或具有一定"恶"的因素,或不应在消费市场中被自由生产、流通与消费,便可能通过将此类消费品纳入消费税的征税客体范围,以额外税负的分配对特定消费品的消费行为进行"限制"与"抑制"。"在税收决策中,政治的考量才是决定性的。"① 从这种解释路径看,立法者作出的消费税征税客体选择,目的是对市场运行中的缺陷进行纠正,传递其价值取向与政策信号。现行消费税征税客体的选择主要依循随时代变迁而处于不断流变中的立法原意,立法者基于筹集财政资金的考量,选择筹资性税目另加征一道消费税作为增值税普遍课征基础上的"重税区域"设置,以弥补增值税无高税率区间设置的制度缺口,核心功能在于筹集财政资金。但近年基于社会经济发展的政策考量而在部分税目的设置中日益具有调控功能发挥的倾向。

在具体的税制运作过程中,消费税的课税逻辑与其所欲实现的规制效果之间的因果关系要更为微妙与复杂。下列四项因素能够对消费税征税客体的调整与变迁予以解释。

1. 政策偏好的转移

消费税的选择性课征方式表明,征税客体范围完全取决于立法者的判断,这一判断通常受制于一国的社会、经济、心理、历史、文化以及当前社会经济发展状况等因素。在众多价值中,立法者在特定时期与社会经济状况下总有一定的政策偏好与倾向性,这便导致了消费税不同时期所承载的功能期待的不同、规制重点的转移,以及相应的消费税征税客体的变迁与调整。

一个完善且周密的税目结构不可能在立法之初便一蹴而就,立法者亦无法在税种设立之初便将值得采纳的价值倾向全部融入消费税制当中,立法者的价值判断与政策偏好亦需与不断发展的社会经济状况相互磨合、逐渐周全,推动消费税制在与经济社会发展状况的相互磨合与塑造中实现变迁与发展。

---

① [美] B. 盖伊·彼得斯:《税收政治学:一种比较的视角》,郭为桂、黄宁莺译,江苏人民出版社 2008 年版,第 3 页。

2. 正当性论证的需要

开征之初的消费税是以增值税的辅助型税种作为基本定位，因此，能够有效筹集财政资金的烟、酒类消费品便首先进入消费税的征税客体当中。同时，烟、酒类消费品具有明显的对个人以及社会公众健康的负面效应，即便课税所能起到的对烟、酒消费行为的规制效果也极为有限，未必能够实现"寓禁于征"以及明显的对社会整体福利的促进效果，但烟、酒类消费品公认的"负面效应"使得立法者在将其纳入征税范围时易于说理，课税行为能够经由"公共利益"而具有充分的形式正当性。

消费税的开征主要是基于其筹集财政资金的需要，这使得立法者在具体消费品的选择上更青睐于消费广泛、筹资效果明显且易于进行正当性说理的消费品，其中便以烟、酒类消费品为典型代表，后期加入的各种奢侈品类消费品亦属其列。

3. 消费税改革的历史惯性

中国法律制度的演进过程往往具有明显的路径依赖，消费税税制的演进亦是如此。如前文所述，消费税税目的混合与杂糅是我国整体税制建立、税制改革以及经济社会发展等因素共同作用的结果，原初的立法逻辑与制度模式亦在不断的调整与修订中得到强化。

路径依赖兼具正面与负面效果。从正面影响看，消费税制度的演进从未大刀阔斧地改革，税制的细节微调使得整体制度的推行与实施面临的阻力更小，有效避免了新制度推行中可能造成的利益剧烈更迭与水土不服。从负面影响看，消费税制具有明显的历史惯性，使消费税在设立之初时便未及周全的立法理念在后期的税制改革中始终没有得到清晰的表达与提炼，导致早先为筹集财政资金而选择的税源丰裕型税目与后期着力于调控功能发挥的调控型税目，杂糅于现行的消费税税制的征税客体当中。2019 年 12 月财政部与国家税务总局公布的《中华人民共和国消费税法（征求意见稿）》采取税制平移的立法模式，消费税"实然"层面的"历史惯性"仍被保留，消费税税目的复杂性及其所承载的功能定位的多元化仍将在很长一段时间内延续。

4. 域外的课税规则借鉴

根据 2018 年经济合作与发展组织（OECD）关于消费课税趋势的报告，OECD 国家普遍对酒、烟与运输燃料三种消费品品目课征消费税以作为筹集财政资金的工具，但近年来也从用于影响消费者的特定消费行为转向了更有益于集体福利的更具责任感的消费行为，如对汽车等会产生有害环境的排放物的消费品课税。[1]

美国的联邦政府与州、地方政府均分别开征了特别消费税，主要于《美国法典》第26章《国内税收法规》D部分与E部分予以规定。根据D部分的规定，美国消费税的主要税目有珠宝及相关物品、皮草、卫生间用制剂、箱包手袋、燃料、重型汽车与卡车、煤炭等；E部分则对烟草、酒类消费品的消费税征收做出了规定。美国消费税征税客体范围较广，在筹集财政收入的同时，对部分特别商品的消费与服务行为进行调节，如对环境造成威胁的产品以及有害身体健康的消费品等。[2]

欧盟各国均开征消费税。基于税制一致、弱化政策差异的目的，欧盟委员会对其成员国的征税政策的一些通用性规则做了横向规定，以欧盟立法形式课征消费税的税目主要有酒精、烟草与能源三种。[3]

简言之，各国现行消费税的税目选择主要集中在非生活必需品、嗜好品、奢侈品、环境外部性消费品等品目上，国家之间在特定税目类型下的细分品目具有明显的个性化差异，但在消费税征税客体的选择上具有高度的一致性与典型性：以"非生活必需品、嗜好品、奢侈品、环境外部性消费品"为主要特征，以"酒类、烟草类与能源燃料类"为核心内容。无论是认为我国在消费税设立之初存在对域外消费税制度的参考与借鉴，还是认为这种征税客体选择的一致性是国家间税制相互交流与影响的结果，这种各国在消费税征税客体选择上的共性均能够为国家对消费税的征税客体实然选择提供正当性的补充。

(二) 消费税征税客体的选择是否具有逻辑

消费税的征税客体选择理应同时承担起财政与调控的双重功能，若未能承担起上述功能预期，则说明消费税的实然征税客体选择与其应然的功能定位之间出现了裂隙。

---

[1] See OECD, "Consumption Tax Trends 2018: VAT/GST and Excise Rates, Trends and Policy Issues, Consumption Tax Trends", available at https://doi.org/10.1787/ctt-2018-en, visited on Jan. 1, 2021.

[2] 美国税法对税目类别仔细区分的同时，亦以大量除外条款基于提供公共服务、保护弱势群体的目的，明示了上述税目的减免税情形。

[3] Available at https://ec.europa.eu/taxation_customs/business/excise-duties-alcohol-tobacco-energy_en, visited on Nov. 10, 2021.

现行消费税的实然征税客体确实承担起了消费税"应然"的财政功能与调控功能的二元功能定位，但不同类型的税目所具有的调控性与财政性的程度并不相同。这使得消费税税目安排呈现出了一种在不同征税客体的核心功能定位之间的分裂：为筹集财政资金而选择的税源丰裕型税目，后期着力于调控功能发挥的调控型税目，同时杂糅于现行的消费税税制的征税客体当中。回到本文的核心问题"消费税在征税客体的选择上是否具有动态一致、前后统摄的内在逻辑"上，并从税种功能定位之变迁的角度进行理解，消费税在征税客体选择上的逻辑内核则可能更多地落在处于流变中的立法原意上。

税目选择属于消费税具体税制设计的范畴，受控于立法者对消费税功能定位的设想与预期。消费税的税制构造与具体课税要素的确定围绕着该税种在确立之初时的立法者原意展开，但在税种设立之初，由于立法技术的不完善以及立法者原意的主观性与不稳定性，该税种在步入税收实践后往往未必能呈现出税制设计与立法目的的统一，而是在随后若干年间的持续沿革与变迁中与实际社会经济状况相互磨合与锻造。

结合消费税税目的演变历程可知，烟、酒、贵重首饰等筹资性税目俱是在立法之初便已被纳入消费税的征税客体范围当中，这与消费税在立法之初重在"筹集财政资金、以作为增值税的补充"的定位相吻合，并因国家仍具有较强的筹集财政资金的需求加之税制变迁的路径依赖与历史惯性倾向，在随后若干年的税目调整中始终在消费税税目中得以保留。而后由于工业生产导致环境污染，国家具有以宏观调控手段促进环境保护与节能减排的需要，使得近些年的消费税税目调整日益强调消费税的调控功能，增设成品油、木制一次性筷子与实木地板等消费品，并将环境污染性明显的电池、涂料列入消费税税目范围。这几类税目对环境与生态的负面影响早在立法之初便已初见端倪，并非近些年才出现，但立法之初并未列为消费税税目。这正是立法者主观认识的不断提高、对环境保护与资源节约的现实需要以及消费税调控功能日益彰显所致。

（三）建基于消费税征税客体选择逻辑的税制优化与税目扩围

税制具体设计应始终围绕税种的立法目的展开，依循税种的功能定位予以细化安排，对包括征税客体在内的具体课税要素实现周全的总领与统摄。《消费税暂行条例》未设定立法目的条款，目前公布的征求意见稿中仍未对消费税法的立法目的予以厘定。

经济法是典型的政策法,需要规定立法目的以防止政策法的实施偏离立法目的。税法是国家税收政策的法律化,在税法中设置明确的立法目的条款方能体现国家税收政策的明确导向与具体立法意图,以反映整部法律所追求的价值目标。① 如前文所述,消费税流变的立法原意的背后是消费税所承载的功能期待的不同。在 2019 年 12 月 3 日公布的征求意见稿中,消费税更是被明确界定为对生产和消费行为具有重要调节职能的调节税种。对于此类调节税种,以立法目的的形式在法律第一条中开宗明义,方能更好地避免消费税制度在后续实体课税要素的设置、解释与改革中可能出现的混杂与逻辑不清。消费税本身的选择性课税特征更是需要明示的立法目的对消费税征税客体的选择所应遵循的内在逻辑予以厘定。

未来消费税立法将延续现行消费税选择性征收的征税方式,揭示消费税在征税客体选择上是否具有内在一致的逻辑线索,有益于为消费税改革扩围提供征税客体选择方面的建议,优化消费税税目结构。2013 年中共中央十八届三中全会将消费税下一步税制改革的方向定为征收范围、环节、税率的调整,并明确要把高耗能、高污染产品及部分高档消费品纳入征收范围。习近平总书记强调"要加大消费环节税收调节力度,研究扩大消费税征收范围"。基于消费税立法的税制平移模式,未来消费税征税客体的选择仍将以现行消费税税目设置为基础,并结合税种功能定位与社会经济政策要求,在征求意见稿所列税目的基础上予以一定程度的扩围与调整。

首先,从税收与国家治理关系的角度看,未来消费税制将"后移征收环节"并"稳步下划地方",② 以弥补地方财力不足,促进地方财力均衡,③ 增强地方政府治理能力。④ 基于这一改革方向,未来的消费税制作为地方财政资金的重要补充,必将持续承担重要的财政收入筹集功能,财政功能突出而调控功能不足的烟、酒、奢侈品等征税客体类型有必要在消费税税目体系中稳定延续,

---

① 参见郭昌盛:《基于立法实践的税收立法目的的条款省思》,《重庆社会科学》2020 年第 2 期。

② 参见《国务院关于印发实施更大规模减税降费后调整中央与地方收入划分改革推进方案的通知》(国发〔2019〕21 号)。

③ 参见杨晓妹、唐金萍、王有兴:《消费税改革与地方财力均衡——基于后移征收环节与调整收入划分的双重视角分析》,《财政研究》2020 年第 10 期。

④ 参见马万里、俞露:《国家治理现代化视域下的税收功能——消费税改革政策评价》,《社会科学研究》2020 年第 4 期。

并研究将以高档手表、贵重首饰和珠宝玉石等税目为代表的奢侈性征税客体的征税环节，逐步后移至批发或零售环节，以支持地方财政、推动国家治理方式转型。

同时，对于烟、酒、奢侈品等筹资性征税客体，征税客体内部的细分品目较多，目前仍有许多奢侈性消费品未被囊括进消费税的征税客体范围，如私人飞机等，又如近年兴起但未被列入消费税征税范围的电子烟、烟弹等产品。在酒类产品内部，可对处于不同价格层次的酒类产品的从价税率予以梯级设置，以实现对高价白酒、葡萄酒等同时具有"奢侈性"的酒类产品予以税收规制。另外，含糖饮料具有明显的成瘾性及健康危害性，在具体分类上应属与烟、酒产品相似的有害健康类消费品之列，对含糖饮料征税能够通过税收政策影响消费者的选择和购买，促使国民转向更健康的食品和饮料，获取健康"红利"。①而含糖饮料消费规模之巨亦能发挥筹资功能，应当作为我国未来消费税扩大征收范围的可选项。对于此类具有鲜明筹资性且能够基于产品本身的成瘾性而予以充分正当性说理的消费品，应当考虑纳入征税范围，使该品类的消费品在应税方面实现内部的周延，以充分发挥消费税组织财政收入的功能，并避免在特定类型消费行为内的税收负担分配不公。

其次，从税制结构上看，增值税与消费税同属于商品税，在征税客体范围上呈现出"一般"与"特别"关系的递进式二元结构关系，二者前身均为我国1984年实施的"产品税"。然而，在当前增值税对"商品"与"劳务"普遍征税的前提下，消费税仅对所选择的部分特殊"消费品"征税，这使得大量符合消费税征税客体选择逻辑的"服务"未被纳入消费税的征税范围。消费税制应"扩围"至服务业，将具有高排放量、高耗能的服务形式、高档娱乐业、高奢性服务纳入消费税的特别调整，以实现消费税在特定类型内"商品"与"服务"的征税周延，如娱乐性质的骑马、直升机驾驶、高尔夫运动、赛车等与奢侈品具有同一性的奢侈性服务等，这亦与消费税税目扩围以及支持地方财政需要的税制改革目标相契合。

最后，消费税在高耗能、高污染产品的消费规制上具有重要的调控功能。

① 参见周鹏飞、沈洋、孙雨蕾：《含糖饮料税的国际经验借鉴及启示》，《国际税收》2020年第9期。

2013 年中共中央十八届三中全会明确要把高耗能、高污染产品纳入征收范围，但在面对种类繁多、性能庞杂的高耗能、高污染产品时，如何挑选应税消费品，如何通过税制设计实现对消费者的规制与诱导效果，发挥消费税的行为调节作用，立法者与税务机关需要应对大量可能发生的应税消费品认定的技术性问题，课税范围的实际扩大亦面临多方面约束。大量在使用过程中存在污染问题的最终消费品属于中间产品或生产资料，① 因此对高耗能、高污染产品进行选择和标准确定上宜参考《环境保护税法》的多部门协作模式，由财政部、国家税务总局、环境保护部门以及工业生产管理部门等合作，选择在技术上更具有替代性的产品与在消费上具有替代性的高耗能、高污染产品课征消费税。

五、结 论

消费税征税客体的选择主要依循立法原意进行：立法者基于筹集财政资金的考量，另加征一道税种作为增值税普遍课征基础上的"重税"，以弥补增值税无高税率区间设置的制度缺口。消费税的核心功能在于筹集财政资金，但近年基于社会经济发展的政策考量而在部分税目的设置中日益注重调控功能的发挥。现行消费税制虽存在不同税目类型的分列与杂糅，以及不同功能定位涵摄范围的明显分界，但从时间维度仍能梳理出一条"初期着重财政功能""后期逐渐加强调控作用发挥"的立法原意的流变逻辑。此外，社会经济政策变动、消费税演进的路径依赖、域外法借鉴等因素俱是影响消费税征税客体选择与调整的重要因素。

认真审视这些变化，揭示消费税征税客体调整背后的税制原理与选择逻辑，将有益于在消费税立法中推进消费税税目的扩围改革，尽可能使消费税在应税税目上实现品类内部的周延，以及消费税在特定类型内"商品"与"服务"的课税周延，发挥消费税组织财政收入的功能，避免在特定类型消费行为内的税收负担分配不公，同时也应将更多在技术与消费上均具有明显替代性、能够实现对消费行为规制与诱导效果的高耗能、高污染产品纳入消费税的征收范围，以优化消费税的税目结构，发挥消费税的调节作用。

---

① 参见许文：《功能定位、制度优化与多元协调》，《地方财政研究》2020 年第 2 期。

我国企业破产重整债务豁免所得税的
实践检视与立法进路

丁　燕[*]　孔凡诚[**]

目　次

引　言

　　破产重整与企业重组是两个不同的概念，前者包括资产重组与债务重组，是在《中华人民共和国企业破产法》（以下简称《企业破产法》）中明文规定的法律概念，系破产法拯救企业、平衡利益之司法手段；后者原本为实践中产生的专业用语，在《财政部、国家税务总局关于企业重组业务企业所得税处理若干问题的通知》（财税〔2009〕59号，以下简称第59号文）中予以明确，即

---

　[*]　青岛大学法学院教授，青岛市法学会破产法研究会会长。

[**]　青岛黄海学院教师。

企业在日常经营活动以外发生的法律结构或经济结构重大改变的交易，包括企业法律形式改变、债务重组、股权收购、资产收购、合并、分立等。根据该文相关规定，债务豁免处理中债务人应当按照支付的债务清偿额低于债务计税基础的差额确认债务重组所得并计算缴纳企业所得税，据此，税务部门认为破产重整企业也应当负担债务豁免所得税。但实际上，第 59 号文颁布于 2009 年，彼时《企业破产法》虽然已经正式施行，但破产重整还未得到应有的重视，所谓"企业重组"与破产法中以解决债务人财务困境的"法庭外重组"不能同日而语，与法庭内的破产重整亦相去甚远。

在实务中，高额债务豁免所得税导致重整企业负担加重，意向投资人对重整项目投放顾虑重重，尽管各方积极探索，试图规避重整债务豁免所得税并在一定程度上对具体案件的办理产生了积极效果，但由于缺乏制度保障，这些举措并未从根本上解决此问题。现行《中华人民共和国企业所得税法》（以下简称《企业所得税法》）规定的亏损弥补或延期缴纳的方式难以扭转高额所得税带来的影响，税务减免的相关规则也难以真正惠及重整企业。重整债务豁免所得税不仅与破产法拯救企业、平衡利益的宗旨相悖，亦违背税收法定原则、税收效率原则、实质课税原则等税法原则。鉴于此，本文首先检视我国现行规避重整债务豁免所得税方法的局限性，并深入剖析我国重整企业豁免债务负担所得税的非正当性，考察其他国家或地区的相关立法情况，对我国破产重整债务豁免所得税制度进行修改完善。

一、检视我国现行规避重整企业债务豁免所得税方法的局限性

我国破产企业清偿率普遍较低，《企业所得税法》仍以正常经营企业债务豁免之标准计算税负，这无疑使得重整企业面临天文数字的债务豁免所得税。虽然《企业所得税法》规定了亏损弥补制度与分期缴纳制度以缓解企业在缴纳税务上的压力，同时实践中管理人、重整投资人与债务人企业也会在现有法规的基础上采用不同方法以降低、规避税负，但目前我国的税收法律制度未能及时调整以适应破产法实施的需要①，相应的递延纳税或分期缴纳的制度在重整

---

① 参见王欣新：《营商环境破产评价指标的内容解读与立法完善》，《法治研究》2021 年第 3 期。

企业上适用时极易产生偏离。在债转股、出售式重整等常见方法运用中，规避重整债务豁免所得税的具体操作实际也是建立在现行税收法律制度的基础之上的，因此也难以在宏观层面发挥太大价值。部分地区尝试让税务机关主动降低重整债务豁免所得税，但同样受制于现行立法，推行起来仍较为困难。

特殊性税务处理难以实质性降低重整企业的豁免所得税。根据第 59 号文之规定，符合相应条件的资产重组企业得以在债务豁免的情况下，在 5 个纳税年度的期间内，均匀计入各年度的应纳税所得额；适用特殊性税务处理规定时，债务人可以分期缴纳税款，债权人不必分期确认损失并可一次性确认债务重组损失并在计算企业所得税时做税前扣除，在这之后 5 年内，如果有投入并形成成本，也可以抵税，因此，这 5 年内债务豁免所得税不必然全额缴纳。表面上，这一政策能够为重整企业提供缓冲期，且对于债权人所得税产生税前扣除，但与正常经营的企业相比，陷入破产危机的企业可供偿债资产几乎为零，如果要达到重整成功之目的，远高于破产企业承受能力的债务将会被豁免，并被计为债务重组收入的应纳税所得额，按照 25% 的税率缴纳所得税。由于进入破产程序的债务人企业本身基本不具备偿债能力，所得税实际主要是由重整投资人以及债权人承担。对于投资人而言，参与重整时利益考量是首位的，通过提高清偿率以获取债权人的支持已然十分困难，更遑论为企业继续分担因债务豁免而产生的所得税；对于债务人企业而言，高额的所得税即便能分期缴纳甚至减少缴纳额度，也只是起到了危机暂缓的效果，高额的所得税依旧是破产企业的巨大负担，容易使"大病初愈"的债务人企业面临二次破产风险。

部分案件采取债权转股权的方式规避债务豁免所得税，但成本过高。"债转股"是当事人所创设的一种新型违约救济方式，本质为"以股抵债"或"以债作股"。[①] 在税务处理上，应当分解为债务清偿和股权投资两项业务，确认有关债务清偿所得或损失。[②] 债转股后，债权人成为新生企业的投资人，其面临"两难"的境地，如果采用一般税务处理方法，产生的所得税额过高且需要一次确认，显然不利于企业重整，也不利于即将成为新股东的债权人；如果采用特殊性税务处理规定也不符合债权人利益诉求，因为符合特殊税务处理规定的

[①]　参见丁燕：《破产重整企业实施"债转股"的法经济学分析》，载史际春主编：《经济法学评论》（第 18 卷），中国法制出版社 2018 年版，第 215 页。

[②]　参见徐战成：《企业破产涉税百问及经典案例解析》，中国税务出版社 2021 年版，第 184 页。

债转股对债务清偿和股权投资两项业务暂不确认有关债务清偿所得或损失,股权投资的计税基础以原债权的计税基础确定,重整企业之所得与债权人之损失将暂不确认,只得在后续转让股权时处理,这等于让债权人付出了时间成本。①

实务中为规避过高的债务豁免所得税并争取债权人对重整计划草案的支持,有的案件在采用债转股的同时采取其他辅助措施。如部分案件采取"收购债权后转股模式",第三方投资者以相对低价收购债务人企业的债权,后再进行债转股;有的案件采取"一元债转股模式",即通过几乎可以忽略不计的价格收购债转股股份,差额计入资本公积金,② 如此,负债得以消除,且符合公允价值之规定。实务的处理方法因案而异,并不能成为具有普适性的规则,债务人企业与债权人若想达成一致,不仅要调和两者在税务处理规则适用上的矛盾,也要注意债转股价格的制定,实际上都增加了重整成本。

此外,部分地区允许税务机关主动开展包含债务豁免所得税在内的税收减免。一种方式为,税务机关依照《企业破产法》的规定,通过重整计划草案表决机制主动降低各类税收债权;另一种方式为地方法院会同税务部门、地方政府等机关出具支持本地破产重整的税务处理办法、指南等文件,明确重整企业的税收优惠、减免。有学者指出税务机关应当在重整计划草案制订时提前介入,出具纳税评价意见,或由人民法院主动通过召开联席会或重大信息通报会等方式,与税务机关沟通协调。③ 但以上方式存在三大问题:其一,税务机关出于执法风险等因素考虑不愿主动降低税收债权,或拒绝通过重整计划草案;其二,各地方出具的税务处理文件对税负减免作用有限,特别是在重整债务豁免所得税方面几乎只有原则规定,企业难以获得实质性支持;其三,囿于地方税务部门没有主动进行税收减免的权限,主动降低税费缺乏立法上的依据。④ 但税务部门提前介入破产案件正成为一种常态,其可就债务豁免所得税问题进行评估或出具意见,一定程度上仍有利于重整。

---

① 参见徐战成:《企业破产中的税收法律问题研究——以课税特区理论为指导》,法律出版社 2018 年版,第 167 页。

② 参见国浩律师事务所编著:《破产重整律师业务疑难问题与实务应对》,法律出版社 2021 年版,第 404-405 页。

③ 参见曹文兵:《破产案件审理中司法权与行政权的边界》,《湖北民族学院学报(哲学社会科学版)》2018 年第 1 期。

④ 参见浙江省温州市中级人民法院联合课题组:《论破产涉税若干问题的解决路径——基于温州法院的实践展开》,《法律适用》2018 年第 15 期。

二、剖析我国重整企业债务豁免负担所得税的非正当性

实践表明，管理人、法院或税务机关都认识到现有企业重组债务豁免所得税相关法律规定制约破产重整制度的适用。从税法角度剖析，对重整企业课以债务豁免所得税同样与税法原则产生冲突，违背了税收法定原则、量能课税原则与稽征经济原则。

（一）征收重整企业债务豁免所得税违反税收法定原则

税收法定原则是指税收的开征必须有法律依据，要严格按照法律依法征税，依法纳税，禁止随意突破税收法定限定范围的税法适用解释。其强调税务主管部门应在法律规定的范围内相对教义学式地征收税款。在判断某个主体是否可行使征税权力（即征税主体是否可税）时，首先应看它是否有税收立法权，以及其行使是否合法。[①] 我国目前对重整企业课以债务豁免所得税的依据为第59号文，该文的制定主体为税务部门本身，后续修订完善也多依赖之。[②] 有学者认为，收入、扣除的具体范围、标准和资产的税务处理的具体办法过于技术化，或需根据情况作频繁调整，故可以由税务部门进行精细化，但前提是不违反税收构成要件。[③] 即便认定第59号文的合法性，"破产重整"与"企业重组"也是两个不同的概念，后者不能包含前者，税务部门若依第59号文征收债务豁免所得税有自行创设法律之嫌。

（二）重整企业债务豁免负担所得税违反税收效率原则

税收效率原则总的要求是国家征税应使社会承担的非税款负担为最小，[④]要把税收对经济活动所造成的不良影响减少到最低限度。该原则可细分为有机统一的规模效率原则、经济效率原则、行政效率原则与社会生态效率原则；规模效率原则强调税收总收入与有效税率之间的关系，税率的高低、税种的多少

---

① 参见张守文：《论税法上的"可税性"》，《法学家》2000年第5期。
② 财政部、国家税务总局发布的《关于促进企业重组有关企业所得税处理问题的通知》对第59号文进行了调整。
③ 参见熊伟：《重申税收法定主义》，《法学杂志》2014年第2期。
④ 参见饶爱民：《关于税收效率原则的思考》，《财金贸易》1998年第2期。

都存在"过犹不及"的情形。① 对重整企业征收债务豁免所得税表面上使政府取得了部分税收收入,但联系经济效率、行政效率与社会生态效率来看,其反而造成了税收总收入的减少。

首先,对重整企业征收债务豁免所得税违背行政效率原则。行政效率原则要求税收成本占税收收入的比重不应过高,而重整企业征税行为本身会产生国家资产的消耗,税务部门需要付出人力与时间成本以承担税务稽查、征收工作,而重整企业本身能否重新恢复正常经营尚属未知,一旦因此再次进入清算程序,反而无法收回征税行为引发的成本。正如学者所言,尽量使纳税人的付出等于国家的收入才是最好的结果,否则还不如让它留在人民的手中。② 其次,对重整企业征收债务豁免所得税违反经济效率原则。研究表明,征税使得税款加入价格,价格提高则需求下降,均衡产量会减少,此时,将产生部分随着政府征税而无形损耗的"额外负担"。③ 高额的债务豁免所得税可能使企业不得不通过提高商品或服务的价格以消弭税收带来的压力,消费者会寻求其他替代品;即便存在亏损弥补等支持性政策,但为满足这些政策要求企业需要付出成本,使得重整企业的经营效率降低。最后,对重整企业征收债务豁免所得税也使得社会生态效率受到影响。对债务人企业征收债务豁免所得税容易导致重整无法进行而进入清算程序,则企业得到再次拯救的概率几乎为零,最终使得税源减少,职工失去就业岗位。

(三) 重整企业债务豁免所得税违反实质课税原则

实质课税原则亦称经济观察法,学界对实质课税原则存在"法的实质主义"与"经济实质主义"两大学说,考虑到经济观察法脱胎于量能课税原则④

---

① 在一定的社会经济条件下,税收收入存在客观限量,有效税率达到极值时,税收规模达到极限,此时,再增加有效税率,将会产生与降低有效税率相同的效果——税收规模的缩小。参见郑榕:《论我国税收效率原则的理论和实践》,《税务与经济》1998 年第 4 期。

② 参见王婷婷:《关于小型微利企业税收效率原则的思考》,《税务与经济》2017 年第 4 期。

③ 参见郑榕:《论我国税收效率原则的理论和实践》,《税务与经济》1998 年第 4 期。

④ 量能课税本是经济学之概念,在演进的过程中针对公平认定标准发展形成"收益说"与"能力说","能力说"更为法学界所接受。量能课税原则强调税收应在各纳税主体之间公平分配,而判断公平的重要依据是课税条件,公平是相对于纳税人的课税条件说的,不单是税收本身的绝对负担问题,即正常经营企业与破产重整企业存在纳税能力差异,破产重整企业之间也存在纳税能力差异。参见陈立诚:《分配正义视野下的量能课税——一种税收理想的破茧新生》,《厦门大学法律评论》2015 年第 1 期;徐孟洲:《论税法原则及其功能》,《中国人民大学学报》2000 年第 5 期。

并应当反映之，此为法的实质主义所不能满足，采用经济实质主义更为恰当，① 即当法律事实与经济事实相违背时，应依据经济事实对税法予以解释。重整的理论来源可概括为营运价值论、利益与共论和社会政策论。营运价值论乃重整理论的历史与逻辑之滥觞并萦绕在三个问题上：如何增加企业的运营价值以挽救企业，如何平衡企业与债权人的利益以减少零和博弈，如何防止债务积淀以提升社会经济效率，② 故经济实质主义才能让重整真正进入税法的视野。从课税对象归属看，债务被豁免表面上是企业负债的消灭，但债务豁免的最终受益者因企业的状态而存在差异，破产重整中的债务豁免不能简单认为是重整企业的收入：依据"状态依存所有权理论"，在破产重整中企业所有权应转移至债权人手中，企业的剩余所有权和剩余控制权当归属于债权人。③ 因此，"重整债务人的所得税实质上加诸债权人，结果将导致国家给予的债权人损失税前扣除的税收待遇，却通过债务人负税的方式予以收回。"④ 破产重整债务豁免所得税也不符合经济实质主义视角下的税收客体特征。在现行《企业所得税法》及相关规定中，企业重组债务豁免所得被界定为企业所得体现的是"纯资产增加说"，凡是增加企业经济收益的都构成所得。但多数情况下，不进行债务豁免就意味着进入清算程序，此时债权也难以被清偿，更鲜有人入手这类债权。债务豁免所免除的基本是永远无法被清偿的债务，这样的债务并不真的引起资产的变化。

破产重整并未被纳入《企业所得税法》的考虑范围，属于"隐藏的漏洞"，⑤ 得采目的性限缩理论以弥补之。"因字义过宽而适用范围过大的法定规则，其将被限制仅适用于——依法律规整目的或其意义脉络——宜于适用的范围。"⑥ 税收的职能主要有分配收入、配置资源与保障稳定，税法的直接目的是保障税收三大职能的实现。同时，税法归属于经济法，故其目的与经济法具有

---

① 参见陈清秀：《税法总论》，元照出版有限公司 2012 年版，第 189 页。

② 参见王卫国：《论重整制度》，《法学研究》1996 年第 1 期。

③ 参见宋玉霞：《破产重整中公司治理机制法律问题研究》，法律出版社 2015 年版，第 34 页。

④ 徐阳光、范志勇、徐战成：《破产法与税法的理念融合及制度衔接》，法律出版社 2021 年版，第 135 页。

⑤ 所谓"隐藏的漏洞"系规则无法适用于某一特殊类型事件，是"嗣后的漏洞"下的分支之一。"嗣后的漏洞"，即立法者在立法时未认识到的漏洞。参见 [德] 卡尔·拉伦茨：《法学方法论》，陈爱娥译，商务印书馆 2003 年版，第 256 页。

⑥ [德] 卡尔·拉伦茨：《法学方法论》，陈爱娥译，商务印书馆 2003 年版，第 267 页。

统一性，即促进经济效率提高、解决个体经营性与社会公益性的矛盾，以促进经济与社会的良性、协调发展。① 对破产重整债务豁免课以所得税阻碍企业重生并进入清算，使企业失去本应拥有的未来收入，其拥有的优质资产只得变价出售（往往是低价）。此举不利于提升市场活力，企业清算导致债权人清偿率低下企业职工失业，引发矛盾。这背离了税法与经济法的宗旨。因此，企业重组债务豁免所得税的规定应排除适用于重整企业。

三、考察其他国家与地区重整企业债务豁免所得税制的设计

重整企业债务豁免所得税问题在于现行企业重组债务豁免所得税的规则不能兼容破产重整制度。学界对于重整企业债务豁免所得税制度纠偏的讨论主要存在减免优惠以及课税除外两大意见：税收的减免与优惠具有补贴性质，包含在税式支出的概念范畴，是国家为实现一定经济、社会目标，背离基准税制，放弃征税给纳税人带来一定的经济利益，② 简言之是政府对于税收的放弃；后者将重整企业债务豁免排除出课税范围。由前文论证可知，通过立法明确将重整企业债务豁免所得从课税范围内排除而非给予优惠更加符合税法原则的要求。同时，采取减免优惠还是规定课税除外仍需参考域外重整企业豁免债务所得税制的设计。

（一）实质不征税的"破产例外"规则——以美国为例

美国《破产税务指南》（以下简称《指南》）规定，一般来说，当一个人或实体的债务被免除时，免除的金额被视为对欠款人征税的收入。如果债务在破产程序下被免除，免除的金额不是收入，然而，被免除的债务将降低债务人本应享有的其他税收优惠。③ 在《美国国内税收法典》（以下简称《税收法典》）中，"……债务的豁免是因为法院的批准或法院批准的计划的实施内容的，那么债务人无需将该等豁免额计入当年度的纳税总收入中"④。《指南》与

---

① 参见张守文：《税法原理》，北京大学出版社 1999 年版，第 34-35 页。
② 参见刘蓉：《税式支出的经济分析》，西南财经大学出版社 2000 年版，第 4 页。
③ See The Introduction of Bankruptcy Tax Guide.
④ 参见王池：《法际交集中的重整企业所得税：理论协调与制度重构》，《法学评论》2020 年第 6 期。

《税收法典》明确了破产条件下的收入不包括被豁免债务的"破产例外"规则，此外，在《指南》中，由于豁免债务被排除出收入范围，因此必须使用被排除出收入范围的金额，按照一定顺序减少某些"税收属性"（tax attributes）。美国并非"一刀切"式的完全不征收，而是通过让债务人丧失部分税收属性利益的方式换取破产程序中的利益支持，通过减少税收属性，被豁免债务的税收将部分推迟，而非完全免除。学者指出，尽管并未脱离广义的税收优惠体系，然而美国税法通过确定税收属性的减计顺序的灵活安排，实质上达到了不对重整豁免债务课征企业所得税的效果。[①]此外，美国破产法中存在大量的利益与处罚并存的制度设计，对于"诚实而不幸"的债务人予以帮助，并惩罚那些不怀好意的破产者，例如美国破产免责制度尽管概括地、自动地免除破产人清偿义务，亦规定了大量免责例外，其中就有对债务人不良行为的处罚情形，这些情形或敦促债务人认真、主动参与破产程序，或防止债务人恶意逃债。这种立法模式既能有效规范破产程序，也能防范逃债、逃税行为，值得借鉴。

（二）"安全港"规则——以新加坡为例

新加坡《所得税法》第 10 条第（1）款规定，对于所得税的征收区分"收入"性质（income）与"资本"性质（in nature of capital），前者应当征收所得税，后者基本予以免征。新加坡一直以来并未对重整企业所得税进行特别规制，但新冠疫情期间，新加坡税务管理局（Inland Revenue Authority of Singapore，IRAS）在官方网站公布了针对小微企业的简易债务重组方案（Simplified Debt Restructuring Programme，SDRP），明确指出根据 SDRP 免除的债务将被视为资本性质，因此无需缴纳所得税。[②]新加坡学者称其为"安全港"制度。新加坡多年来便有对《所得税法》进行修改的呼声，学者认为，债务豁免并不产生真正的现金流，不应征收所得税，因此提出建立"安全港"制度，即（1）将任何正式重整程序下的债务豁免，或（2）将任何被视为贷款免除的协议条款所豁免之金额，视作具有资本性质，从而免征所得税。如果该被免除的债务被视

---

①　参见徐阳光、范志勇、徐战成：《破产法与税法的理念融合及制度衔接》，法律出版社 2021 年版，第 145 页。

②　See Tax Treatment of Debts Forgiven under MinLaw's Simplified Debt Restructuring Programme.

为具有资本性质,则债务人便不能做财务上的减计,反之则减计不受影响。①尽管目前新加坡并未大规模地、概括性地将债务豁免视为具有资本性质,但 IRAS 为应对新冠疫情而采用"安全港"制度,已经开始尝试。这避免了小微企业重整时的巨额债务豁免所得税,同时也激励了小微企业采取 SDRP 方案进行重组,然而这一制度目前仍属于 IRAS 的短期政策,未在《所得税法》中体现。

(三)"企业并购法"的税收优惠制度——以我国台湾地区为例

我国台湾地区并未区分破产重整与企业重组的范畴,其主要通过税收优惠以消弭债务重组所得税的影响。我国台湾地区符合条件的企业在并购前享有的税收优惠可以由并购后的新企业继受,称为"租税奖励之继受"。其中对于营利事业所得税进行特别规定,依据所谓"企业并购法"第四十二条,继受租税奖励的企业应当"继续生产合并消灭公司、被分割公司或被收购公司于并购前受奖励之产品或提供受奖励之劳务",且奖励范围以"原受奖励且独立生产之产品或提供之劳务部分计算之所得额为限"。这一带有激励性质的制度能够更好服务于侧重保护原企业之事业的重整,为其重新参与市场竞争提供税收方面的便利。此外,为加速产业结构调整,我国台湾地区在企业并购中鼓励有盈余的公司并购亏损公司,偿还并购时随同移转积欠银行之债务,并由"行政院"制定"办法",对并购之财产或营业部分产生的所得免征一定期间内营利事业所得税,且"亏损公司互为合并者,比照前项规定办理"。所谓"企业并购法"第四十二条显示,我国台湾地区对重整企业所得税采取的是优惠为主、部分减免的规划。有学者指出其做到在事实上免除属于并购交易组成部分之重整企业的所得税;②但也有人指出,税收优惠是对基本税制的背离,这可能造成税收混乱,例如在多个政策目标产生交叉时,发生依据某一规定给予优惠但根据另一规定则不给予优惠的情况,加剧市场机制的扭曲。③

---

① See Aurelio Gurrea-martínez, Andvincent Ooi, The Tax Treatment of Haircuts in Financial Reorganizations.

② 参见徐阳光、范志勇、徐战成:《破产法与税法的理念融合及制度衔接》,法律出版社 2021 年版,第 143 页。

③ 参见楼继伟:《税式支出理论创新与制度探索》,中国财政经济出版社 2003 年版,第 235 页;毛捷:《税式支出研究的新进展》,《经济理论与经济管理》2011 年第 5 期。

四、探究我国重整企业债务豁免所得税的立法路径

从比较法而言，主要发达国家与地区皆采取各种方法降低重整企业债务豁免所得税，新加坡"安全港"规则与美国"破产例外"规则有异曲同工之处，均对重整企业所豁免的债务性质作例外规定——不认定为"收入"，并在税收减计程序上作特别安排，在不计入收入的同时也不允许其利用债务豁免获取过多税收优惠，但美国"破产例外"规则已形成立法，具有稳定性与可预测性。然而"破产例外"规则仍具有税收优惠的特性，这与我国台湾地区税收优惠制度类似，虽然能起到实质上不征税的效果，但容易造成税收混乱，应慎重采纳之。故我国对于重整企业豁免债务所得税应当采取课税除外的立法路径，在实质层面建立"重整例外"规则，在程序层面建立税务部门提前介入制度。

（一）构建债务豁免所得税"重整例外"规则

《企业所得税法》应当规定"重整例外"规则，即破产重整企业产生豁免债务时，不将豁免金额计为收入，不征收企业所得税；对于不计为收入的部分不允许税前扣除。原因如下：其一，我国与美国等发达国家在税法、破产法架构上的差异。破产法和税法规则过于复杂在实践中操作困难，可能造成逃避税收现象，且复杂的减计规则可能致使财务处理问题困难，拖延重整进度。故应借鉴新加坡的做法，建立简洁的"安全港"规则。其二，税收法定原则要求明确、稳定的法律规定，应将"重整例外"规则置于《企业所得税法》，而不能作为临时性政策。其三，实质课税原则要求依照经济事实看待税法问题并保障税收公平，故应当防止纳税人获得过多的税收利益，因而规定对于不计为收入的部分不允许进行税前扣除，债务人不确认债务重组所得自不必多言，同时债权人也不得确认债务重组损失，这不仅为防止税务处理的不平衡，[①] 也是经济观察法的自然延伸。因为重整企业所有权实质上已然转移，债权人是重整企业的所有者，不予征收债务豁免所得税对其有利，若再允许其确认损失，实质上给予其过多税收利益。

---

① 国家税务总局认为，与债务人的债务重组所得相对应，债权人的债务重组损失允许在税前扣除，如果不对债务人的债务重组所得征税，将会带来税务处理不平衡。参见国家税务总局：《对十三届全国人大一次会议第 2368 号建议的答复》。

同时, 适用 "重整例外" 规则应有前提, 即重整企业之债务豁免应当具有合理的商业目的, 且不以减少、免除或者推迟缴纳税款为主要目的。这里存在两种情形, 其一是企业通过隐匿财产、承担虚构的债务或者以其他方法转移、处分财产, 此时应当由管理人依法恢复债务人财产为原状, 若恢复原状后企业不再具备破产情形, 也就不再会有债务豁免, 若仍然具备破产情形的, 则应按真实财产状况对真正的豁免债务适用 "重整例外" 规则。其二是企业重整债务豁免系以减少、免除或者推迟缴纳税款为主要目的, 此时应就相应债务豁免金额排除适用 "重整例外" 规则。

(二) 明确税务部门提前介入重整案件审理的制度

《企业所得税法》与《企业破产法》应当明确税务机关有义务提前介入重整案件, 对所涉及的被豁免债务审核是否有逃避税收征管的情况, 并出具是否应当排除适用 "重整例外" 规则征收债务豁免所得税的意见, 交由人民法院参考。税务部门认为应当征收债务豁免所得税, 人民法院应当及时组织听证会, 税务部门应当向听证会以及人民法院就适用 "重整例外" 情况以及排除适用 "重整例外" 的事实及理由等作出说明, 并回答债务人企业、债权人、重整投资人等利害关系人的质询, 并形成听证会笔录, 作为法院最终裁定是否排除适用 "重整例外" 规则的依据。现实中税务部门与人民法院建立常态化沟通机制的做法在多地已有实践。由于排除适用 "重整例外" 规则对利害关系人不利, 立法明确提前介入制度以及配套的听证会作为法定程序, 既能保障重整效率, 又提供了纠纷解决的正当程序。听证会制度 "有利于确保政策制定的公平性, 有利于保障公民的合法权利, 另一方面有利于政府依法行政"[①]。利害关系人可在人民法院的主导下, 就反对意见向税务部门提问, 税务部门应当予以解答。

结　语

让企业摆脱困境重获新生是《企业破产法》的首要任务, 保护纳税人的合法权益、保障实质的税收公平、增加国家财政收入是《企业所得税法》立法之

---

① 参见龚志婧、王娟:《我国行政听证会中的公众参与文献综述》,《现代商贸工业》2012 年第 16 期。

本，两者交叉时，应本着让利于民的精神取长补短，共同服务于企业破产重整，保障破产案件参与主体的合法权益，维护税收公平正义，既不应互相掣肘，也不应无所作为。通过总结实务问题，得以明确重整企业产生债务豁免时，应以不征收所得税为原则。在我国司法机关主导破产案件审理的大环境下，"重整例外"规则以及税务部门提前介入制度存在其落地生根的土壤，符合发展社会主义市场经济、优化营商环境的现实需求，可以期待《企业破产法》与《企业所得税法》的合作，维护税收正当性，助力企业重生。

证券市场变革下的双层股权上市规制路径构造*

吴尚轩**

目　次

一、问题的提出

对于特定的上市公司，双层股权结构（Dual-class Structure，DCS）指相应公司发行两类或两类以上普通股股份。[①] 作为公司融资和治理的关键衔接点，表决权在不同类别普通股间差异化分配：公司内部人和部分早期投资者被赋予

---

* 本文系国家社科基金重大项目"数据中国背景下公共数据技术标准的法治体系研究"（21&ZD200）的阶段性成果。

** 华东政法大学国际法学院特聘副研究员，上海交通大学智慧法院研究院研究人员。

① See Edward B. Rock, "Shareholder Eugenics in the Public Corporation", *Cornell Law Review*, Vol. 97, No. 2（2012）, pp. 899–900.

加权表决权股份，公众投资者仅能认购普通表决权股份。^① 双层股权结构被视为公司融资和治理结构的创新，表决权差异安排（Differentiated Voting Rights Arrangement，DVR）系双层股权上市实践的主要表现形式，^② 亦称为同股不同权。上述实践虽在西方世界具有较长历史，^③ 但中国仅在近年才许可双层股权公司上市。^④

2020 年《深圳经济特区科技创新条例》对《公司法》第四十三条及第一百零三条的默认规则加以变通，一定程度上突破"同股同权"原则，允许在深注册的科技企业实施"同股不同权"治理结构。此前，继上交所科创板于 2019 年许可"同股不同权"上市后，深圳证券交易所也于 2020 年 5 月修改《创业板上市规则》，许可设置"表决权差异安排"的创新型公司上市。2021 年 9 月，北京证券交易所正式落地，附条件许可表决权差异安排上市。至此，许可创新企业实施双层股权上市实际已成为中国证券市场的通行规则。基于北交所定位于与深交所、上交所差异化竞争，未来双层股权上市必将突破大型科创企业的樊篱，促使学界反思科技创新企业的本质与边界。

中国资本市场改革是对国际秩序和国内环境变化的重要回应。^⑤ 鉴于经济全球化受挫，各主要经济体原有合作范式遭遇较大挑战，加之原有发展模式赖以运行的人口红利渐趋衰竭，将中国原有依赖传统三驾马车的"出口导向型"发展模式转向"创新驱动型"内需发展模式，正当其时。上述模式转型的重心在于充分鼓励和保障创新，其首要载体指向中国科技企业。京沪深三地证券交

---

① See Aurelio Gurrea-Martínez, "Theory, Evidence, and Policy on Dual-Class Shares: A Country-Specific Response to a Global Debate", *European Business Organization Law Review*, Vol. 22, No. 3 (2021), pp. 477-478.

② See Min Yan, "Differentiated Voting Rights Arrangement under Dual Class Share Structures in China: Expectation, Reality and Future", *Asian Pacific Law Review*, Vol. 28, No. 2 (2020), pp. 337-338.

③ See Dorothy S. Lund, "Nonvoting Shares and Efficient Corporate Governance", *Stanford Law Review*, Vol. 71, No. 3 (2019), pp. 701-707.

④ 在我国内地、香港地区以及新加坡等法域转向许可双层股权结构之前，该结构主要实践集中在美国、加拿大等北美法域，以及瑞典、芬兰等北欧国家，其规制演进历史长达一个世纪。相较之下，德国、法国、英国等传统西欧国家禁止本文所定义的双层股权结构，德国的"双层股权结构"系普通股（common shares）与优先股（preferred shares）的组合使用，法国在表决权差异安排的范畴内推行"任期表决制"（tenure voting），英国则禁止采用双层股权结构的公司在伦敦证券交易所主板上市。

⑤ See Longjie Lu, "The Regulation of the Dual-class Share Structure in China: A Comparative Perspective", *Capital Markets Law Journal*, Vol. 15, No. 2, (2020), pp. 224-225. 参见史际春：《政府与市场关系的法治思考》，《中共中央党校学报》2014 年第 6 期。

易所相应变革，首要目的即在于保障中国科技企业发展，意在使科技企业兼顾外部融资获取与创始人决策权保持，从而有效促进科技创新。

比较京沪深交易所双层股权上市规制，除在申请上市企业营收和市值要求上存在一定差异外，深交所创业板有关双层股权上市管理规则，在结构设置阶段、权力行使范围、结构失效条件等维度与上交所科创板高度相似。这体现了中国资本市场改革者对"双层股权结构"的审慎态度。一方面，中国大陆证券交易机构许可双层股权上市，持续强化市场资源配置机制，同时增强本土交易所对海外上市中国企业的需求回应。此举意在塑造中国大陆证券交易所市场竞争力，并着力优化本土市场环境对科技创新企业的支持。另一方面，京沪深三地双层股权上市规制进路设计，深受香港联交所（HKEX）上市规则影响，通过限定申请人产业属性、限制表决权倍数差异、限制高级表决权行使范围等具体规则，设置了较高准入门槛。上述审慎逻辑，既是为回应规则设计先于国内实践的不确定性，[①] 也是为了防控"双层股权结构"的潜在负面影响。[②]

21 世纪以来，中国科技创新企业蓬勃发展。多轮融资后股权比例的显著稀释、科技企业相对迫切的融资需求、科技企业对创始人异质愿景的显著依赖等要素叠加，催生了采用双层股权上市的客观需求。[③] 由于中国内地、香港地区和新加坡等法域，此前均长期禁止双层股权上市，相应上市需求随之流向美国等海外市场。[④] 截至 2021 年 9 月，在美国市场实施双层股权上市的中概股企业多达 119 家，约占其间赴美上市中概股总数的 44.6%，科技企业在其中占据显著比例，且近年来采用上述结构海外上市的科技企业数量和比例持续增长。[⑤]

[①] See Thomas J. Chemmanur, and Yawen Jiao, "Dual Class IPOs: A Theoretical Analysis", *Journal of Banking & Finance*, Vol. 36（2012），pp. 305-307.

[②] See Lucian A Bebchuk and Kobi Kastiel, "The Perils of Small-Minority Controllers", *Georgetown Law Journal*, Vol. 107（2019），pp. 1462-1470.

[③] See Fa Chen and Lijun Zhao, "To Be or Not to Be? —An Empirical Study on Dual-Class Share Structure of US Listed Chinese Companies", *Journal of International Business and Law*, Vol. 16, No. 2（2017），pp. 216-219；刘胜军：《新经济下的双层股权结构：理论证成、实践经验与中国有效治理路径》，《法学杂志》2020 年第 1 期。

[④] See Robin Hui Huang, Wei Zhang and Kelvin Siu Cheung Lee, "The（Re）Introduction of Dual-Class Share Structures in Hong Kong: A Historical and Comparative Analysis", *Journal of Corporate Law Studies*, Vol. 20, No. 1（2020），pp. 123-126.

[⑤] 使用双层股权结构的中概股企业数据，系作者基于美国证监会网站公开的上市公司治理文件整理而成，涵盖了 2004-2020 年间赴美上市的中概股企业。

同时，阿里巴巴、腾讯、百度、京东、网易、新浪、拼多多等几乎全部代表性科技企业，均采用上述结构实施上市探索，凸显双层股权上市在中国大陆的现实需求和增长潜力。随着中国内地和香港地区等法域转向许可该结构，相应需求和潜力势必将转化为商事实践。

处于第一线的证券交易所，依托其专业知识与经验上的比较优势，有力回应证券市场和科技产业的专业性监督需求，有效衔接市场调节与行政监管，在双层股权上市规制中的关键地位不可或缺。立足中概股双层股权结构海外上市经验，基于既有规制体系基本一致的现实，京沪深三地证券交易所，如何实现双层股权上市规制的良性竞争，既要避免出现争夺上市资源的逐底竞争（Race to the Bottom），又要防止致使资本市场欠缺吸引力的规制同质化，促使京沪深三大证交所得以充分发挥"自律监管（Self-Regulation）"功能，客观梳理多个证券交易所规制双层股权上市的潜在短板，上述议题有待系统绸缪。

二、双层股权上市规制的理论基础

现有文献对证券交易所规制双层股权结构达成一项共识，提出了两条实施路径。一项共识是指向对表决权差异安排设置方式的限制，仅许可通过首次公开募集（Initial Public Offering, IPO）建立双层股权结构，而禁止已上市企业中途实施双层股权结构变更（DCS Recapitalization）。研究者普遍认为，中途实施双层股权结构变更，市场和价格机制难以有效运行，致使既有投资者难以表达真实意愿，势必将损害和压迫现有投资者利益。[①] 相较之下，未上市公司通过首次公开募集建立双层股权结构，公众投资者得以通过市场和价格机制获得有效补偿，对其利益不构成显著压迫。[②]

围绕双层股权结构建立后的有效监督存在争论，可归纳为深度信赖市场调

---

① See Robin Hui Huang, Wei Zhang and Kelvin Siu Cheung Lee, "The (re) Introduction of Dual-Class Share Structures in Hong Kong: A Historical and Comparative Analysis", *Journal of Corporate Law Studies*, Vol. 20, No. 1 (2020), pp. 134-135; Ronald J Gilson, "Evaluating Dual Class Common Stock: The Relevance of Substitutes", *Virginia Law Review*, Vol. 73, No. 5 (1987), pp. 812-814; Aurelio Gurrea-Martínez, "Theory, Evidence, and Policy on Dual-Class Shares: A Country-Specific Response to a Global Debate", *European Business Organization Law Review*, Vol. 22, No. 3 (2021), pp. 476-477.

② See Ronald J Gilson, "Evaluating Dual Class Common Stock: The Relevance of Substitutes", *Virginia Law Review*, Vol. 73, No. 5 (1987), pp. 808-809.

节机制下的私法秩序（Private Ordering）和建立自洽的制度化规则体系两条进路。主张市场调节机制下的私法秩序的进路，建立在市场和价格机制能在公司治理中有效运行的假设之上，借助律师事务所等专业机构的支持，私法自治下的沟通协商能够充分回应双层股权结构使用中的差异化需求，从而实现双层股权结构促进效益的最大化。① 私法秩序的有效运行，需要证券集团诉讼、信义义务追责等事后救济机制的强力保障。该进路主张"一刀切"的制度化规则体系将损害双层股权结构的活力与效益，侧重对表决权差异安排促进效应的充分发挥，认可不同证券交易所间采用差异化的监督策略，否认发生逐底竞争的可能性。相较之下，另一条进路强调对双层股权结构潜在风险的有效防范，主张通过制度化的规则体系构建来保护双层股权实施，往往聚焦于规则体系设计的自治性和可行性，着力于促成规则密集度与规制体系有效性的显著正相关。该进路更为侧重事前准入标准的满足和保护性规则的事先设置，因而主张通过一系列技术性条款提升相关方防御能力的下限。相关研究者虽未彻底主张强制性统一证交所规制体系，但关注通过行政手段干预规则差异设置的可能性。②

上述两条进路均存在潜在短板，且中国的制度环境可能导致相应缺陷的放大与裂变。建立在市场调节上的私法自治进路的显著短板，体现在对市场机制有效性的质疑上。发达经济体中市场机制间歇性和周期性失灵已成为学界共识，市场和价格机制的缺陷在新兴经济体持续完善的制度环境中更易触发与裂变。此外，全球化竞争视域下，各法域证券交易所为争夺上市资源和商业利益，极大提升了发生逐底竞争的概率。因此，市场机制需要行政监管的适度保障。为应对高度专业化的表决权差异安排规制，市场机制应成为证交所行业自律监督与行政保障的衔接点。

---

① See Andrew William Winden, "Sunrise, Sunset: An Empirical and Theoretical Assessment of Dual-Class Stock Structures", *Columbia Business Law Review*, Vol. 2018, No. 3 (2018), pp. 909-929; Bernard S Sharfman, "A Private Ordering Defense of a Company's Right to Use Dual-Class Share Structures in IPOs", *Villanova Law Review*, Vol. 63, No. 1 (2018), pp. 32-34.

② See Daniel R Fischel, "Organized Exchanges and the Regulation of Dual Class Common Stock", *University of Chicago Law Review*, Vol. 54, No. 1 (1987), pp. 151-152; Jeffrey N Gordon, "Ties That Bond: Dual Class Common Stock and the Problem of Shareholder Choice", *California Law Review*, Vol. 76, No. 1 (1988), pp. 70-77; Lucian A Bebchuk and Kobi Kastiel, "The Perils of Small-Minority Controllers", *Georgetown Law Journal*, Vol. 107, No. 6 (2019), pp. 1498-1511; Ronald J. Gilson and Alan Schwartz, "Constraints on Private Benefits of Control: Ex Ante Control Mechanisms Versus Ex Post Transaction Review", *Journal of Institutional and Theoretical Economics*, Vol. 169, No. 1 (2013), pp. 180-181.

然而，市场调节机制不可或缺，有效的表决权差异规制有赖于市场机制持续运行于合理区间。因而，中国大陆密集事前防范双层股权风险的主要短板，在于市场机制运用的不足，以及行政监管与证交所自律监督机能的混同。此进路短板的逻辑起点在于中国大陆证券交易所的过分科层化，行政监管过限，吞噬"自律监督"机能。此外，为各交易所设置底线性的统一规则，容易造成各证交所规制体系同质化的前奏，使得纸面上的规则设计缺乏活力，从而导致提升证券市场竞争力与促进科技创新发展的政策难以落地。

一言以蔽之，围绕证券交易所规制双层股权上市实践，现有共识和进路存在短板。在中国大陆，市场机制不宜限制过多[①]，行政监管不宜过度扩张[②]，有效发挥证交所"自律监督"机能，达成"自律监督"与行政监管、市场调节的有效衔接，[③] 需要建构中间进路。

三、双层股权上市的中概股实践

海外中概股双层股权上市实践探索始于 21 世纪初，深受美国资本市场科技公司双层股权上市浪潮影响。紧随谷歌等企业步伐，百度、迈瑞等中概股公司于 2004 年前后开始使用该结构。基于梳理美国证监会（SEC）官网 2000 年以来的全部中概股上市文件，提取出 2000 年至 2020 年 267 家中概股企业样本，其中双层股权上市公司 119 家，占中概股样本总数的 44.6%。在这些双层股权上市公司中，除约 23.5% 的企业属于人力资源服务、房地产服务、游戏开发、教育培训、物流运输、电视传媒、酒店管理、体育竞技等传统产业外，剩余 76.5% 可归入计算机应用与服务、互联网服务与应用、金融科技、医学健康、电子商务和先进制造等科技创新领域。

21 世纪以来中概股双层股权上市实践，可分为 2000 年至 2010 年间的初步试验阶段与 2010 年至 2020 年间的显著加速阶段。初步试验主体以百度、艺龙、

[①] See Katharina Pistor and Chenggang Xu, "Governing Stock Markets in Transition Economies: Lessons from China", *American Law and Economics Review*, Vol. 7, No. 1 (2005), pp. 207-208.

[②] See Paul G. Mahoney, "The Exchange as Regulator", *Virginia Law Review*, Vol. 83, No. 7 (1997), p. 1478.

[③] 参见彭冰、曹里加：《证券交易所监管功能研究——从企业组织的视角》，《中国法学》2005 年第 1 期。

优酷、当当等早期互联网企业为代表，创始人往往具有海外经历，较早认知"双层股权结构"。该阶段实施双层股权上市的中概股企业共计 13 家，分别在纽约证券交易所（NYSE，以下简称纽交所）和纳斯达克交易所（Nasdaq，以下简称纳斯达克）上市 5 家和 8 家，比例分别为 38.5% 和 61.5%；中概股双层股权上市比例和绝对值均较低，平均比例与平均数量分别约为 11.56% 和 1.86。相较之下，显著加速阶段内实践主体以阿里巴巴、京东、腾讯音乐、拼多多等为代表，上市比例和绝对值均显著增长，两项平均值分别达到 66.24% 和 10.6；双层股权上市数量共计 106 家，其中，纽交所上市 41 家，纳斯达克上市 64 家，美交所（NYSE AMEX）上市 1 家，比例分别约为 38.7%、60.4% 和 0.9%。

综合两阶段样本数据，中概股企业双层股权上市在纽交所、纳斯达克和美交所分别达到 46 家、72 家和 1 家，占比分别约为 38.7%、60.5% 和 0.8%。中概股企业主要上市地，纽交所与纳斯达克两交易所上市数据比值约为 16∶25。同时，纽交所偏重金融服务、教育培训、商业服务等传统行业，以及与传统行业联系较为紧密的互联网服务和硬件制造等产业；纳斯达克更加侧重创新属性较强的互联网服务、计算机应用和先进制造、医疗健康等产业领域。上述产业差异，主要源自交易所历史差异与上市标准差异。作为全球范围内上市企业总市值最高的证券交易所，纽交所历史超过百年，在金融、制造、商业等传统产业上具有深厚底蕴，偏好吸引大型成熟企业，对申请主体盈利能力和规模要求较高。[1] 纳斯达克作为后起之秀，发展历史相对短暂，因而将延揽科技创新企业作为构建比较优势的主要手段，偏好计算机应用、互联网服务、医学健康等科技产业，强调企业高成长性及可预期性，对申请主体盈利及规模要求相对宽松。[2]

虽然在上市准入和产业偏好上存在差异，纽交所与纳斯达克现行双层股权上市规制体系基本相同，除均禁止已上市公司在首次公开募集（Initial Public Offering）后转为"双层股权结构"外，两交易所强行性规定均指向"双层股权

---

[1]　See Joel Seligman, "Cautious Evolution or Perennial Irresolution: Stock Market Self-Regulation during the First Seventy Years of the Securities and Exchange Commission", *Business Lawyer*, Vol. 59, No. 4 (2004), pp. 1363-1364.

[2]　See Onnig H. Dombalagian, "Demythologizing the Stock Exchange: Reconciling Self-Regulation and the National Market System", *University of Richmond Law Review*, Vol. 39, No. 4 (2005), pp. 1123-1125.

结构"的使用不得减损、抑制或废止既有股东的利益。① 纽交所曾在 1920–1986 年间禁止双层股权上市，纳斯达克规制策略则更具延续性，对"双层股权结构"始终较为包容。基于分析实施双层股权上市的中概股样本，纳斯达克上市公司所使用的"双层股权结构"相对常规，多数为两层普通股分类下，每股内部人所持普通股所含表决权显著大于公众投资者所持普通股表决权，使得创始人及部分早期投资人能以较少股权份额控制较多表决权。

相比之下，纽交所上市中概股企业所采用的"双层股权结构"具有较多变体，包括赋予内部人多数董事提名权、高表决权行使仅限于控制权变动、高表决权附条件生效、多层普通股等类型。多数董事提名权赋权实践以阿里巴巴为代表，阿里巴巴登陆纽交所时，创始人股权份额合计仅约 9.1%，却通过在公司章程中设置"湖畔合伙人"制度，使创始人团队得以控制简单多数董事任命权，实际控制超过 51%董事会表决权，该类型被视为广义的双层股权结构。② 高表决权行使仅限于控制权变动以兰亭集势为代表，即仅在控制权变动一项议题上，兰亭集势创始人所持普通股被赋予 3 倍于外部投资人所持普通股的表决权，从而有效防御敌意收购。高表决权附条件生效则以汽车之家为代表，该公司章程约定，当汽车之家早期投资者 Telstra 电信所持有股权份额在 [39.3%，51%) 内时，Telstra 电信将被赋予 51%的固定表决权，从而能通过简单多数表决权有效影响公司决策。此外，多层普通股结构实践企业包括蔚来汽车、百世快递、尚德机构等公司，上述公司分别以 8∶4∶1、30∶15∶1、10∶7∶1 等比例建立三层股权结构，此类结构与"双层股权结构"的差异在于，进一步区分公司创始人与早期投资者所持普通股表决权倍数，使早期投资者能在减持退出前有效影响公司决策。

相较于 Google、Facebook、Linkedin、Snapchat 等一众美国本土科技企业实施双层股权上市，阿里巴巴、腾讯、百度、京东、小米、360、网易、新浪、搜狐、拼多多等中国互联网公司均深入参与中概股"双层股权上市"探索，重点

---

① See Dorothy S. Lund, "Nonvoting Shares and Efficient Corporate Governance", *Stanford Law Review*, Vol. 71, No. 3 (2019), p. 704.

② See Wei Shen and Angus Young, "Dual Share Plan in Context: Making Sense of Hong Kong's Decision Not to Embrace Alibaba's Listing", *International Company and Commercial Law Review*, Vol. 2015, No. 1 (2015), pp. 4-5.

涵盖电子商务、计算机应用与服务和互联网服务与应用等领域。

从内部人所持普通股表决权与外部投资者持有普通股表决权比值来看,不同"双层股权结构"中概股个体差异显著。第九城市内外普通股表决权比值为50∶1,为中概股样本中最大差值,内部人以 20.6% 的股权份额,控制 78.5% 的表决权;凤凰新媒体内外普通股表决权比值为 1.3∶1,为样本中最小差值,创始人股权份额和表决权分别约为 58.65% 和 52.15%。整个双层股权上市中概股样本,内外普通股表决权比值中位数为 10∶1,内部人以平均值 37.02% 的股权份额,控制平均值达 72.92% 的表决权。整个样本中个体表决权与股权份额比值,表决权与股权份额比值平均数为 2.59,比值中位数为 2.12。其中,最大比值为 8.89,对应纽交所上市公司触宝科技,公司内部人以 7.6% 的经济权益,掌握 67.6% 的表决权,超过 2/3 的绝对多数;最小比值为 1.07,对应纳斯达克上市企业去哪儿网,公司内部人以 54.8% 的经济权益,控制约 58.8% 的表决权。

基于对双层股权上市中概股样本的总体占比、结构类型、交易所分布、行业分布、内外普通股表决权比值、个体表决权与股权份额比值等关键信息的系统考察,在美进行双层股权上市的中概股公司,在海外上市中国企业中占据显著比例,展现出中国科技创新企业对"双层股权结构"的客观需求。同时,结合产业特征和交易所偏好,实施双层股权上市的中概股企业在纽交所和纳斯达克间比例分布趋于平衡,且在两大交易所强行性规范较少的背景下,在公司章程制定中充分体现私法自治,赋予中概股个体较大自由裁量权,强调行业自我规制(Self-Regulation)与事后救济。在此基础上,纳斯达克与纽交所形成了差异化良性规制竞争,中国科技企业融资需求与国际化推广也获得有力支持。

四、双层股权上市的域外规制体系镜鉴

21 世纪以来,中国科技企业双层股权上市需求现实且显著,以该结构上市的科技创新公司绝对数量与相对占比均持续增长。相比之下,中国大陆仅有优刻得一家成功实施双层股权上市,且仅有京东数科等数家公司计划使用该结构实施首次公开募集,与中概股实践形成较大反差。时间因素、地缘影响和中国企业回应政策变动的审慎倾向共同造就了上述反差。就时长而言,上交所科创板许可双层股权上市仅一年有余,深交所创业板转向时间更为短暂,相当比例

目标受众尚在酝酿或衡量；从地缘影响来看，略早于上交所科创板接纳双层股权上市的香港联交所，凭借其国际声誉和流动性上的优势，吸引了美团点评、小米、阿里巴巴、京东等互联网企业以上述结构登陆，分流了部分上市需求；结合中国科技企业回应政策变动的审慎倾向，虽然中国大陆双层股权上市需求客观且显著，但需求处于积累阶段。

　　鉴于许可双层股权上市被视为推动中国发展模式转型的关键举措之一，结合中国科技企业使用该结构的现实需求，经过一定周期沉淀，中国大陆科技创新企业实施双层股权上市的数量和占比势必持续增长。如何在上交所科创板与深交所创业板之间，乃至与港交所之间，围绕双层股权上市规制构建差异化良性竞争格局，无疑值得预先绸缪。交易所间的差异化良性规制竞争，既要防止各交易所规制实践严重同质化，又要避免陷入逐底竞争，使得证券交易所得以有效发挥"自律监督"功能，在吸引企业上市资源和实施有效规制间达成有机平衡。对上述问题的应对，可以从美国主要证券交易所竞争博弈的历史脉络中汲取经验。

　　经过较长时期博弈，美国各证券交易所间形成了较为明晰的差异化竞争格局，集中体现在中概股"双层股权上市"企业登陆纽交所和纳斯达克的数量和比例分布均较为稳定。美国各证券交易所间展开双层股权上市规制博弈，可追溯至20世纪80年代中期，当时美国三大全国性证券交易机构应对双层股权上市的规制策略各异。[①] 其中，纽交所持禁止态度，[②] 纳斯达克交易系统未针对该结构设置规制措施，美国证券交易所采纳"王氏准则（Wang Formula）"，许可无表决权普通股发行之外的"双层股权结构"类型使用。[③] 在此之前，由于其在声誉、规模和融资成本上的优势，均远胜历史短暂的纳斯达克交易系统与偏重中小企业上市的美国证券交易所，自20世纪初以降的大多数时间中，纽交所在"双层股权结构"规制中长期占据优势地位，纽交所20年代给出的禁止性回应，由于"大萧条"和世界大战等因素的影响，得以延续至80年代中期。其

　　① See Joel Seligman, "Equal Protection in Shareholder Voting Rights: The One Common Share, One Vote Controversy", *George Washington Law Review*, Vol. 54, No. 5 (1985), pp. 704-706.

　　② See Louis Lowenstein, "Shareholder Voting Rights: A Response to SEC Rule 19c-4 and to Professor Gilson", *Columbia Law Review*, Vol. 89, No. 5 (1989), pp. 979-980.

　　③ See Andrew William Winden, "Sunrise, Sunset: An Empirical and Theoretical Assessment of Dual-Class Stock Structures", *Columbia Business Law Review*, Vol. 2018, No. 3 (2018), pp. 864-866.

间，虽有福特汽车等少数企业以例外情形实现双层股权上市，纽交所规则策略在逾半个世纪中居于主导地位。①

上述格局在 20 世纪 80 年代遭受冲击。科技产业的兴起、敌意收购的扩张和通信技术革新的影响共同作用，纽交所与纳斯达克等在融资成本和声誉等关键要素上的差距日趋缩小，"双层股权结构"日益被接纳为抵御敌意收购的关键手段，纳斯达克和美交所的竞争力随之显著提升。② 从商事主体实践来看，微软、苹果、英特尔等科技企业均在 80 年代登陆纳斯达克，倒逼遭遇挑战的纽交所重新评估其禁止性策略，催化了纽交所与后发者纳斯达克等"自律监督组织"（Self-Regulation Organizations）间的双层股权上市规制调整博弈。事实上，这一博弈从 20 世纪 70 年代纳斯达克交易系统的创立与美交所的规则调整中即初见端倪。

1971 年，为进一步管理证券场外交易市场（Over the Counter Market），美国成立了全国政权交易商协会（NASD）行使自律监督职能，纳斯达克交易系统（Nasdaq）最初系 NASD 建立的证券自动报价系统。③ 获得与纽交所、美交所等主流证交所等同的各州证券监管机构注册豁免待遇，成为纳斯达克交易系统提出"双层股权结构"规制方案的主要动力源。④ 相较之下，美交所于 1976 年提出以"王氏准则"替代其既有双层股权上市规制体系，已展现出与纽交所争夺上市资源的势头。"王氏准则"因最初设立为吸引王安电脑公司而得名，该规则禁止无表决权普通股的发行，但允许受限制表决权股份存在，受限制表决权股份持有者有权选举不少于 25% 的董事，高级表决权使用限于董事选举，表决权差异倍数不高于 10 倍。⑤ "王氏准则"为美交所参与"双层股权结构"规制博弈提供了规则基础。

---

① See Stephen M. Bainbridge, "The Short Life and Resurrection of SEC Rule 19c-4", *Washington University Law Quarterly*, Vol. 69, No. 2 (1991), pp. 569-571.

② See David J. Berger, Steven Davidoff Solomon and Aaron J. Benjamin, "Tenure Voting and the U. S. Public Company", *Business Lawyer*, Vol. 72, No. 2 (2017), p. 318.

③ See Onnig H. Dombalagian, "Demythologizing the Stock Exchange: Reconciling Self-Regulation and the National Market System", *University of Richmond Law Review*, Vol. 39, No. 4 (2005), pp. 1082-1084.

④ See Douglas C. Ashton, "Revisiting Dual-Class Stock", St. John's Law Review, Vol. 68, No. 4 (1994), pp. 900-903.

⑤ See Andrew William Winden, "Sunrise, Sunset: An Empirical and Theoretical Assessment of Dual-Class Stock Structures", *Columbia Business Law Review*, Vol. 2018, No. 3 (2018), pp. 864-865.

　　纳斯达克系统功能的扩张与美交所规制体系的调整，结合寻求以"双层股权结构"抵御敌意收购的企业数量显著增加，促使纽交所于 1985 年评估重构其"双层股权结构"规制体系，以维持其市场竞争力。① 打破其半个世纪以来对双层股权结构的禁止态度，纽交所 1985 年重构方案主要包括 4 项内容：双层股权结构的设立须经 2/3 有表决权股东批准，视情形应经全部或多数独立董事批准，表决权差别倍数不得大于 10，不同表决权股份其他权利相同。为回应纽交所改革计划，纳斯达克提出了类似方案：2/3 以上已发行表决权批准设立，不高于 10 倍表决权倍数差异，设置时间性"日落条款"，该结构最长使用期不超过 10 年。② 然而，纳斯达克与纽交所最终落地的规则远较改革方案宽松，加之美交所基本维持"王氏准则"，三大证券交易机构的双层股权结构规制呈现"逐底竞争"的倾向。③

　　为遏制上述倾向，美国证监会尝试以行政权力督促三大交易机构间建立双层股权结构规制商谈机制，但因难以协调利益分歧而告终。④ 其后，美国证监会试图通过设置 Rule 19c-4 来强行统一各证券交易机构相应规则，即"双层股权结构"的使用不得取消、削减或限制已有股东的表决权行使。实际上，Rule 19-4 并非严格意义上强制推行"同股同权"规则，而主要限制了双层股权结构的设置方式，禁止通过首次公开发行（Initial Public Offering）以外的方式引入该结构，⑤ 体现了美国证监会在实施行政监管中所做的妥协。虽经过 Roundtable v. SEC 一案，Rule 19c-4 被哥伦比亚特区上诉法院裁定超越其监管权限边界；但由于美国证监会保有对全国性证券交易机构变革双层股权结构的规制规则的审批权，Rule 19c-4 的实质内容被三大证券交易机构纳入其规制体系并沿用至

---

　　① See David J. Berger, Steven Davidoff Solomon and Aaron J. Benjamin, "Tenure Voting and the U. S. Public Company", *Business Lawyer*, Vol. 72, No. 2 (2017), p. 318.

　　② See Joel Seligman, "Equal Protection in Shareholder Voting Rights: The One Common Share, One Vote Controversy", *George Washington Law Review*, Vol. 54, No. 5 (1985), pp. 691-692.

　　③ See Louis Lowenstein, "Shareholder Voting Rights: A Response to SEC Rule 19c-4 and to Professor Gilson", *Columbia Law Review*, Vol. 89, No. 5 (1989), p. 979.

　　④ See Douglas C. Ashton, "Revisiting Dual-Class Stock", *St. John's Law Review*, Vol. 68, No. 4 (1994), pp. 899-903.

　　⑤ See Paul H. Edelman, Wei Jiang and Randall S. Thomas, "Will Tenure Voting Give Corporate Managers Lifetime Tenure", *Texas Law Review*, Vol. 97, No. 5 (2019), p. 1001.

今,① 成为美国双层股权上市规制体系中少有的强行性规则之一。

21 世纪以来,科技创新公司逐渐成为表决权差异安排的应用主力②,保障创始人愿景在实现公司整体长期效益中的关键作用成为主要动机。③ 纳斯达克与纽交所等主要证券交易组织间形成了较为稳定的良性竞争态势,在产业侧重、数量比例、计量数据等关键要素上形成显著均势。④ 鉴于京沪深三大证券交易所尚处于发展期,各交易所在一系列关键要素上的差异化分野有待澄清。上述均势的形成过程,可为中国证券交易所规制竞争格局建构提供有益经验与借鉴。

五、证券市场格局流变下的规制进路构造

作为双层股权上市的第一线规制者,证券交易所对采用上述结构的上市企业实施有效规制,有赖于证交所充分发挥证券市场和科技产业相关专业知识与经验,以期充分发挥"自律监督"功能。同时,全球化影响也使得上市规制竞争不仅局限于国内市场,京沪深三地交易所也受到来自发达经济体一众交易所的竞争压力。进而,促进京沪深三地证交所双层股权上市规制形成良性竞争,关键在增强证交所运行中的市场机制作用,使市场调节下的信息和价格等要素有效支撑"自律监督"功能的发挥。在我国,增强证交所市场机制与淡化交易机构行政色彩紧密相关,即证交所现有体制的市场化转型,以及双层股权结构的规制中行政监管与自律监督的边界厘定。应对行政监管和自律监督均设置合理预期,不宜对边界厘定的落地操之过急,并合理利用行政力量引导产业区分。同时,应深化上市公司内部治理与行业"自律监督"的衔接,并为证券交易所规制手段匹配合理约束效果。总体而言,围绕双层股权结构规制的良性竞争构建具有前瞻性,难以毕其功于一役。京沪深三地证券交易所之间,乃至与港交

---

① See David J. Berger, Steven Davidoff Solomon and Aaron J. Benjamin, "Tenure Voting and the U. S. Public Company", *Business Lawyer*, Vol. 72, No. 2 (2017), pp. 318-319.

② See Paul H. Edelman, Wei Jiang and Randall S. Thomas, "Will Tenure Voting Give Corporate Managers Lifetime Tenure", *Texas Law Review*, Vol. 97, No. 5 (2019), pp. 992-993.

③ See Zohar Goshen and Assaf Hamdani, "Corporate Control and Idiosyncratic Vision", *Yale Law Journal*, Vol. 125 (2016), pp. 564-568.

④ See Joel Seligman, "Cautious Evolution or Perennial Irresolution: Stock Market Self-Regulation during the First Seventy Years of the Securities and Exchange Commission", *Business Lawyer*, Vol. 59, No. 4 (2004), pp. 1369-1372.

所间，需在行政力量的有效引导下，避免逐底竞争与规制同质化，渐进探索保障证交所规制有效性与资本市场吸引力的有机平衡。

1. 强化市场机制，探索证券交易所体制转型。鉴于中国内地资本市场的后发历史，沪深证券交易所当前均仍为会员制非营利法人事业单位，高层人事任命权由证监会主导，科层化特征明显，市场资源配置机制不足，行业自律监督基础较为薄弱，规制实践中往往成为行政监管的延伸。囿于体制限制，京沪深三所在人才储备、规则设置灵活度等方面比较优势不足，致使其双层股权上市规制动力与手段均有待提升。因此，借鉴纽约证交所、纳斯达克和港交所等转型经验，提升京沪深三大交易所市场化程度，推进两所体制公司化改革，为构建京沪深三所间双层股权上市规制的良性竞争供给制度基础。一方面，借此增强人才储备和规则设置灵活性，倒逼证交所提升规制动力和专业素能。① 另一方面，以此进一步厘清行业自律监督与行政监管边界，② 基于试错探寻行政权力的合理运行区间。③

2. 保持适度行政权力引导，避免证交所规制逐底竞争。证券交易所有效实施双层股权结构规制，有赖在适度行政权力引导下赋予证交所一定自主权。既有域内外双层股权结构规制竞争的经验表明，在证交所声誉、流动性和融资能力等要素水平接近的情境下，对上述结构的规制往往趋于宽松，如纽交所重新许可该结构、港交所 2018 年正式接纳该结构。美国证监会对证交所上市规则修改审批权的保留，对各交易所间形成双层股权结构规制均势，该项非正式制度的影响至关重要。④ 反之，缺少有效行政监管的市场资源配置，易致公司化的证券交易所为争夺上市资源而趋向逐底竞争，相应规制宽松程度可能有损双层股权结构的有效规制。⑤ 因此，构建京沪深三地证交所间的规制竞争均势，应立足京沪深三地产业特征与中概股经验，以行政力量引导改革初期的产业区分。

---

① See Adam C. Pritchard, "Self-Regulation and Securities Markets", *Regulation*, Vol. 26, No. 1 (2003), pp. 36–37.

② See Sam Scott Miller, "Self-Regulation of the Securities Markets: A Critical Examination", *Washington and Lee law Review*, Vol. 42, No. 3 (1985), pp. 884–886.

③ 参见史际春：《从证券市场看"错法"及其纠正机制》，《政治与法律》2013 年第 1 期。

④ See Stephen M. Bainbridge, "The Short Life and Resurrection of SEC Rule 19c-4", *Washington University Law Quarterly*, Vol. 69, No. 2 (1991), pp. 627–628.

⑤ See Joel Seligman, "Equal Protection in Shareholder Voting Rights: The One Common Share, One Vote Controversy", *George Washington Law Review*, Vol. 54, No. 5 (1985), pp. 700–706.

鉴于上海在金融服务和工业制造等领域的历史积淀与深圳在创新技术研发上的比较优势,应将上交所科创板和深交所创业板双层股权结构产业重点分别设置为与传统产业密切联系的金融科技、互联网服务和硬件制造与计算机应用、先进制造和医疗健康。同时,若试验赋予京沪深三地证交所上市规则一定修改自主权,应保留行政监管机关审批权。

3. 避免规制实践严重同质化,保持资本市场吸引力。中国内地和香港地区等法域,转向许可双层股权上市的重要目的在于提升资本市场对创新企业的吸引力;同时,中国内地和香港地区均对防控双层股权结构潜在负面影响持审慎态度,导致规制上述结构潜在风险与保持资本市场吸引力之间形成明显张力,且风险规制优先于保持市场吸引力。基于上述逻辑,通过借鉴香港地区双层股权结构的规制设计,沪深两地交易所均建立了与之极为相似的严格规制体系,北交所相应规制体系尚在酝酿中。然而,中国内地资本市场在国际声誉、流动性和持续融资能力等维度逊于香港地区市场,易使双层股权上市需求流向香港地区,造成沪深两地交易所双层股权结构的规制实践严重同质化与市场吸引力不足。为疏解上述问题,京沪深三地证交所应系统借鉴在美中概股实践经验,在规则制定和调整上赋予京沪深三地交易所一定自主权,尝试结合京沪深三地营商环境特点和产业优势,围绕结构分类、表决权差值倍数、细分行业等维度构建比较优势。

4. 发掘企业创新潜力,提升准入门槛灵活性。出于充分发挥双层股权结构的促进效益、培育科技创新的审慎考量,深交所与上交所相应上市规则,均将适格双层股权上市申请人限定于具有较大市场份额、显著核心竞争力和较高发展潜力的科技创新企业。[①] 虽然两地证交所各自就盈利能力和市值规模做了较好的差异化回应,但对企业核心竞争力衰退和创新企业转型潜质关注不足。创新企业转型潜质,主要指特定企业持续转型中所展现的显著创新潜力。以作为电商企业实现双层股权上市的阿里巴巴为例,其所属行业创新程度尚存争议,而其转型所催生的云计算、金融科技和供应链科技等业态,充分呈现了其创新潜质与实力;相比之下,科技企业核心竞争力衰退,主要指特定科技企业竞争

---

① See Min Yan, "Differentiated Voting Rights Arrangement under Dual Class Share Structures in China: Expectation, Reality and Future", *Asian Pacific Law Review*, Vol. 28, No. 2 (2020), p. 355.

力壁垒维系时长渐趋短暂且易受挑战，如王安电脑技术优势被竞争者快速突破、搜狐等早期互联网企业滞后于搜索引擎、百度转型受制于移动互联网等。有鉴于此，京沪深三地证交所应适当提升双层股权上市准入门槛灵活性，以增强应对企业核心竞争力衰退和企业转型潜力的容错能力。

5. 强化关键约束手段，试验时间性"日落条款"设置。强化证交所市场机制，为现有双层股权结构规制系统的自洽运行提供了基本进路。同时，证交所规制约束力的保障，则有赖于相应规制手段对双层股权上市公司治理与发展产生显著实质性影响。要求双层股权上市申请者在公司章程中明确约定双层股权结构的失效期限，以充分约束内部控制人动机和手段，时间性"日落条款"能够产生有效规制效果。① 相较之下，鉴于企业声誉制衡机制在中国语境下尚不成熟，强制退市等既有证交所规制手段约束力相对局限。同时，沪深两交易所虽已将事件性"日落条款"及比例型"日落条款"纳入规制系统，却因上述两类"日落条款"触发条件易于事前规避，导致约束力相对不足。② 同时，仅仅依赖非加权表决权股东的多数决，来决断表决权差异安排到期后的延续与否，相应股东在动机和利益衡量驱使下易于选择消灭此结构。③ 为提升京沪深三地交易所规制效益，应探索将时间性"日落条款"纳入强行性上市规则的可行性，以此优化内部控制人决策保障与外部投资者话语权保护间的平衡。同时，建立第三方评估机制，用以对特定上市公司所设置双层股权结构到期后应否延长进行评估，将评估结果与外部股东表决一同作为双层股权结构存续与否的决策依据，以避免失效期限"一刀切"的潜在弊端。

6. 试验任期表决制，塑造不同交易所差异优势。任期表决制（tenure voting）赋予连续持股达到预定时长的股东所持股份表决权上的倍数扩张，④ 因其向所有投资者提供平等增强表决权的可能性，较之定向增强公司内部人表决权

---

① See Lucian A Bebchuk and Kobi Kastiel, "The Untenable Case for Perpetual Dual-Class Stock", *Virginia Law Review*, Vol. 103, No. 4 (2017), pp. 618-619.

② 参见沈朝晖：《双层股权结构的"日落条款"》，《环球法律评论》2020 年第 3 期。

③ See Jill E Fisch and Davidoff Steven Solomon, "The Problem of Sunsets", *Boston University Law Review*, Vol. 99, No. 3 (2018), pp. 1084-1085.

④ See Lynne L. Dallas and Jordan M. Barry, "Long-Term Shareholders and Time-Phased Voting", *Delaware Journal of Corporate Law*, Vol. 40, No. 2 (2016), pp. 547-548.

的双层股权结构更为温和,通常被视为一股一权与双层股权结构的中间形态。[1] 鉴于上交所在地缘区位、社会认知、历史积淀等维度具有一定优势,且两证交所的双层股权结构规制体系差异甚小,该机制可作为塑造不同证券交易所差异化优势的切入点,在既有框架内开展审慎试验,探索以深交所承担任期表决制实践。一方面,以实践推动评估任期表决制作为双层股权结构补充性机制的可行性,促进深交所吸引具有长期持股偏好的投资者。另一方面,向已上市企业提供采用表决权差异安排的新机会,在技术层面促进异质化愿景保障路径多元化。

结　论

许可表决权差异安排上市,既是对中国科创企业海外融资实践的因应,又是中国资本市场和公司治理体系重建以来的关键改革举措。以双层股权上市规制竞争为契机,立足自律监督功能的优化,推动中国证券交易所体制变革,是资本市场和公司治理改革的题中之义,亦是推动中国发展模式转型的切入点。作为有效市场和有为政府的关键衔接点,证券交易所的自律监督功能在市场调节与行政监管间的联结作用不可或缺。鉴于多家证券交易所进行双层股权上市规制竞争可能导致逐底竞争、监管同质化等难题,应以中国科创企业表决权差异安排上市为逻辑起点,有机平衡证券交易所规制者与市场参与者的双重定位。通过强化市场机制,淡化证券交易所科层色彩;保持适度行政权力引导,避免为过度争夺上市资源引发逐底竞争;避免规制体系同质化,保持资本市场吸引力;发掘企业科技创新潜力,探索提升准入门槛灵活性;强化关键性约束手段,系统试验"日落条款"设计与实施;初步探索任期表决制可能性,为构造不同证券交易所间差异化竞争提供切入点。

---

[1] See Paul H. Edelman, Wei Jiang and Randall S. Thomas, "Will Tenure Voting Give Corporate Managers Lifetime Tenure", *Texas Law Review*, Vol. 97, No. 5 (2019), pp. 993-994.

大额持股披露的特殊规则研究

王若川*

目　次

引　言

近年来，面对屡禁不止的大额持股披露违规现象，监管者开始严厉查处违规披露行为，立法者也以《证券法》修订为契机，意图从法律层面收紧大额持股披露制度。

但是，日趋严苛的大额持股披露监管引发了新的问题。证券市场中，可能触发大额持股披露义务的主体还包括公募基金、社保基金、企业年金、保险公司、证券公司等机构投资者。它们多不以获取上市公司控制权为目的，仅意在获取经济收益，属于消极的财务投资者，与上市公司的收购者迥然有别。这些机构投资者并非大额持股披露制度的主要规制对象，却因资金体量和投资规模

---

* 中国人民大学法学院硕士研究生。

而极易触及披露标准。如果要求此类机构投资者承担与上市公司收购者相同的披露义务，既无法反映上市公司控制权的变动，又对其频繁进行的证券交易带来了过高成本。因此，有必要在大额持股披露制度中设置特殊规则，允许不具有控制意图的机构投资者简化适用，甚至豁免适用"举牌规则"和"慢走规则"。

2019 年修订的《证券法》第六十三条首次以但书条款形式为特殊规则预留了制度端口。我国的大额持股披露制度需要怎样的特殊规则，亟待从理论探讨变为回应和解决现实问题的操作。本文以 2019 年修订的《证券法》为基础，探究大额持股披露特殊规则的理论基础，分析现存特殊规则的问题，立足于我国独特的市场环境和大额持股披露的监管目标，尝试为我国大额持股披露特殊规则的完善提供切实可行的建议。

一、大额持股披露特殊规则的设置缘由

(一) 特殊规则的基本前提：大额持股披露的独立价值

大额持股与上市公司收购并非等同概念，大额持股披露制度具有独立的地位和价值。大额持股仅是持股达到特定比例的一种客观行为，并非同上市公司收购一般具备明确的主观目的性。① 大额持股既可能是为了获取控制权，也可能是为了进行不以收购为目的的财务投资。因此，大额持股披露制度亦应当对"不以收购为目的的大额持股行为"进行规制，这恰是大额持股披露特殊规则所关注的重点。

(二) 特殊规则的正当基础：信息披露的精细化要求

大额持股披露是信息披露制度的重要一环，对特殊规则的分析亦须遵循信息披露的基本原理，以提升信息披露实质有效性。证券市场的透明度和价格机制的有效性深受信息披露充分性的影响。② 但充分的信息披露并不意味着市场上的信息多多益善。灯光虽是最有效的警察，但过量的灯光也会使人眩晕。③

---

① 参见莫壮弥：《试析违反权益披露义务的法律责任》，载洪艳蓉主编：《金融法苑》(第 93 辑)，中国金融出版社 2016 年版，第 99 页。
② See Hanno Merkt, "Creditor Protection Through Mandatory Disclosure", *European Business Organization Law Review*, Vol. 7, No. 1 (2006), p. 99.
③ See Troy a. Paredes, "Blinded By The Light: Information Overload and its Consequences for Securities Regulation", *Washington University Law Review*, Vol. 81 (2003), p. 419.

向证券市场披露的大额持股信息应当具备"价值相关性"，① 尽可能有利于投资者作出理性的投资决策。

特殊规则的存在，正是为了提升大额持股披露的有效性。与公司收购者相比，机构投资者意在财务投资，而非获取公司控制权，其触及披露标准的主要原因是资金体量、交易额度和交易频次等，其大额持股行为对证券市场产生的影响较不显著。如果要求机构投资者承担与公司收购者相同的大额持股披露义务，其所披露的信息未必属于有效的信息。当市场上的信息超出投资者决策所需的必要限度时，投资者就会在过量的信息面前丧失应有的敏感性，市场反应也会趋于迟钝。②

信息过滥也可能产生信息干扰，扭曲证券市场的价格信号，加剧"柠檬市场"，使上市公司的股价偏离其内在价值。当所有大额持股人的披露行为均遵循同一标准时，市场就无法判断披露行为背后是否真正蕴含着控制权变动的可能性。这就导致所有大额持股行为都会被市场解读为"即将发生控制权变动"，进而引发股价的快速上涨和持续波动，造成证券市场的混乱，破坏市场秩序，影响市场的稳定性。③

因此，必须对不同目的的大额持股主体设置差异化的披露规则，尤其是对不具备控制意图的投资者设置特殊规则，以减轻或免除其披露义务，防止证券市场信息过度泛滥。

（三）特殊规则的必要性：降低大额持股披露的制度成本

1. 持股成本过高

大额持股披露的一般规则可能为机构投资者带来过重的交易成本和合规成本，使其囿于成本而选择不再进行频繁的证券交易。这会降低证券市场的流动性，最终对投资者不利。

在交易成本方面，"举牌规则"要求机构投资者向市场披露持股信息，导

---

① 参见程茂军：《上市公司信息披露法律规制研究——以中小投资者的信息需求为视角》，中国法制出版社 2019 年版，第 34-35 页。

② 参见齐斌：《证券市场信息披露法律监管》，法律出版社 2000 年版，第 85 页。

③ 参见张子学：《完善我国大额持股披露制度的若干问题》，载徐明主编：《证券法苑》（第 5 卷），法律出版社 2011 年版，第 420 页。

致其持股行为过早暴露，向外界传递出被举牌公司具有投资价值的信号。① 该种信号属于重大利好，加之特殊规则缺位引发的信息干扰扭曲了市场价格信号，将进一步推动公司股价迅速上涨。"慢走规则"阶梯式披露的要求在实践中也被异化为一种严格的爬行式收购。② 持股人必须在触及"慢走"比例时停止交易，但其他投资者却不会因此而停止买入股票。继续推高的股价会进一步提升机构投资者的交易成本。

在合规成本方面，机构投资者因防止被监管机构处罚而频繁履行披露义务，将导致其日常经营中的合规成本急剧增加。证券立法对"一致行动"定义的宽泛性也导致机构投资者旗下不同投资组合的持股被合并计算，更易触及披露线，这也会增加机构投资者协调多方投资策略的法律风险，③ 对其自身的投资决策形成掣肘。

特殊规则通过调整适用"举牌规则"和"慢走规则"，有效对持股目的进行区分，降低机构投资者的披露频次，并对其持股合并计算作出一定程度的特殊安排，抑制市场的跟风炒作和爬行式收购的负面影响，降低了机构投资者的交易成本和合规成本。

2. 挤占监管资源

大额持股人所披露的信息亦是监管机构实施证券监管的信息来源之一。监管机构通过监控大额持股人披露的信息，可以更充分地了解上市公司权益变动情况，更好地进行市场研究、制定监管规则，亦可更高效地惩处内幕交易、操纵市场等证券违法行为。特殊规则缺位带来的过度信息披露，会加重监管机构的监管负担，使过量的信息挤占本就十分有限的监管资源，降低监管效率。

3. 影响信息供给

特殊规则的缺位可能带来频繁的"搭便车"现象，严重影响证券信息供给。机构投资者在市场信息收集、上市公司分析、投资决策选择等方面投入了大量资源，是证券市场信息的主要发掘者。机构投资者生产出的信息本没有向

---

① 参见叶建木、李梓萌：《基于不同投资主体 A 股市场举牌事件市场反应研究》，《财会通讯》2018 年第 8 期。

② 参见郑彧：《上市公司收购法律制度的商法解读》，《环球法律评论》2013 年第 5 期。

③ See Luca Enriques et al. , "Mandatory and Contract-Based Shareholding Disclosure", *Uniform Law Review*, Vol. 15, Issue 3&4 (2010), p. 729.

公众公开的义务，却因大额持股披露制度的存在而提前向市场暴露。由于公众投资者了解机构投资者的资金实力，并认同其专业判断能力，因此机构投资者的投资行为也更容易受关注和跟风。大额持股披露制度使公众投资者，甚至是机构投资者的同业竞争者可"搭上便车"，获得机构投资者的投研成果。机构投资者投入大量资源所获得的回报减少，"寻找价值被低估企业"的激励亦将降低。[1] 当信息搜寻和发掘的成本高于收益时，就会形成逆向选择，使机构投资者不再投入资源进行投资研究、发掘市场信息，最终导致资本市场整体信息的匮乏和市场效率的减损。[2]

大额持股披露的特殊规则通过减轻或免除机构投资者的信息披露义务，使其投研成果免于频繁地向市场公开，在一定程度上保障了机构投资者获取收益不至于因大额持股披露而过度降低。这使其具备不断寻找价值受低估企业，并设计创新性的投资策略和业务类型的动力，对保障证券市场的信息供给具有积极的作用。

4. 外部监督不足

机构投资者虽意不在获取上市公司的控制权，却是上市公司的重要监督者。但是，特殊规则的缺位会使机构投资者承担过重的披露责任，导致其对上市公司的监督失效。为了降低持股成本，避免触发大额持股披露义务，机构投资者会在基金管理合同、资管合同等文件中设置限制条款，将自身对单一上市公司的持股比例限制在5%以下，否则相关投资指令无效。[3] 此种条款进一步降低了机构投资者在上市公司中的影响力，其对上市公司的监督动力和监督效果都因此大打折扣。

特殊规则可以在大额持股披露层面给机构投资者"松绑"，提升了机构投资者监督上市公司的积极性，使之不再保持"理性淡漠"的姿态，公司管理层亦会迫于外部压力而更加勤勉尽责，代理成本随之降低，将提升上市公司治理的水平，保障外部监督的有效性。

---

① 参见伍坚：《论我国大额持股披露制度的完善》，《法学》2018 年第 2 期。

② See Bebchuk & Jackson, "The Law and Economics of Blockholder Disclosure", *Harvard Business Law Review*, Vol. 2, No. 1 (2012), pp. 50-51.

③ 参见唐林垚：《论我国上市公司收购之举牌预警及全面要约》，《西南民族大学学报（人文社会科学版）》，2017 年第 12 期。

二、我国大额持股披露特殊规则存在的问题

(一) 法律层面的问题

一是立法逻辑不周延。新《证券法》第六十三条仅在前两款中存在特殊规则,允许证监会以规章的形式在"初次持股达到 5%"和"持股达到 5% 后,每增减 5%"的情况下规定"除外情形",却并未授权证监会对第三款"持股达到 5% 后,每增减 1%"的披露制度设定特殊规则。故证监会得到的授权其实相当有限。[①] 但"每增减 1% 的披露义务"显著增加了持股人披露的频次;法律也没有授权证监会规定更简便的披露方式,持股人在"每增减 1%"时仍然需要履行通知上市公司并向市场公告的繁杂流程。因此,与 5% 的披露要求相比,1% 的披露会给机构投资者带来更加频繁的披露义务和更高的披露成本,对其业务开展的影响更大。在这种情况下,法律反而未规定特殊规则,立法逻辑存在冲突。此外,这一规定也导致证监会只能设置简化披露的规则,不能对被动型指数基金等特殊机构投资者设置豁免规则,降低了特殊规则适用的灵活性。

二是立法授权过于宽泛。新《证券法》的但书条款仅为概括授权,给予了证监会较大的自主权。证券授权立法的授权意图和目的应当明确,授权范围和内容应当清晰。[②] 新《证券法》既没有指明适用特殊规则的主体,也没有明确证监会可以在哪些方面规定特殊规则。这种宽泛的概括授权并不符合证券授权立法的要求,将导致监管机构缺乏特殊规则的基本适用标准,规则制定的主观因素极大,难免产生过度的不确定性。[③]

(二) 监管规则层面的问题

证监会虽同步修订了《上市公司收购管理办法》(以下简称《收购办法》)等监管规则,对权益变动报告制度进行补充。但现行监管规则对特殊规则的关注依旧不充分。

---

① 参见彭冰:《权益披露的规则的变化与影响》,载北京大学金融法研究中心公众号,https://mp. weixin. qq. com/s/l_ 7mkV6IeAMu516I1ljIdQ, 2021 年 11 月 18 日访问。

② 参见巩海滨:《论我国证券授权立法制度的完善》,《山东大学学报(哲学社会科学版)》2016 年第 4 期。

③ 参见李东方:《证券监管法论》,北京大学出版社 2019 年版,第 283 页。

一是监管规则尚未落实法律的授权条款。新《证券法》已生效两年有余，证监会依据授权制定的特殊规则却迟迟未能出台。截至目前，在披露触发线、披露窗口期、披露内容等方面，均不存在针对机构投资者的具体规则。新《证券法》第六十三条的授权条款未得到具体落实，存在严重的规则空缺。

二是现行简式与详式报告的区分存在缺陷。这种区分虽考虑到了不同持股比例的投资者可能对市场产生的不同影响，在某种意义上体现了大额持股披露特殊规则的立法精神，但依然存在区分标准不科学和内容不合理两大缺陷。

在区分标准方面，大额持股披露的目的是提醒证券市场可能出现的控制权变动。如果投资者不具有争夺控制权的目的，仅意在通过财务投资获利，就不是大额持股披露制度的主要规制对象。[1] 因此，区分简式、详式报告的根本标准也应当为持股目的。然而，目前我国简式、详式权益报告书的区分标准仅为持股比例。持股比例与持股目的并非完全等同，获取上市公司控制权不仅仅取决于持股比例。只有在公司决策层和执行层取得控制地位时，才意味着控制权的转移。[2] 简式报告本是导入大额持股披露特殊规则的良好载体，与详式报告的应用场景不同。但现行区分标准下，简式报告成了详式报告的前奏。这就导致市场难以通过披露形式来有效区分收购者和不具备控制意图的机构投资者，只能将所有持股达到5%的"举牌"行为都与上市公司控制权争夺、重大资产重组等事项联系起来，引发股价的异常波动和市场更为明显的"羊群效应"。因此，单一的"持股比例"标准难以完全准确地反映持股目的，也容易被大额持股人规避，引发信息披露的失真。[3]

在报告书内容方面，简式权益变动报告书要求披露的事项包括：持股人身份、持股目的、所持股份情况、权益变动时间、变动方式、资金来源、6个月内买卖该公司股票的情况等。这些内容对于具备控制意图的收购者而言过于简单，相当数量的大额持股人以"因自身资金需求而做出的审慎决策"等模糊语句描述持股目的，很难据此判定大额持股人的意图；对于不具备控制意图但频

① 参见沈心怡：《我国权益披露制度的困境与出路——从〈证券法〉修改谈起》，载彭冰主编：《金融法苑》（第104辑），中国金融出版社2021年版，第68页。

② 参见姚蔚薇：《违反证券交易大额持股及慢走规则的民事责任探析》，载黄红元、卢文道主编：《证券法苑》（第20卷），法律出版社2017年版，第66页。

③ 参见项剑、从怀挺、陈希：《股东权益变动规则重构：以控制意图和冷却期为核心》，载黄红元、卢文道主编：《证券法苑》（第20卷），法律出版社2017年版，第39页。

繁进行证券交易的机构投资者，又过于复杂，带来了严重的持股负担。

（三）个案批复与监管执法层面的问题

在法律和监管规则尚未覆盖的领域，监管机构曾就公募基金①和社保基金②如何履行大额持股披露义务的问题进行个案批复，也通过具体案件的执法表明监管态度。证监会针对机构投资者的个案批复和监管执法可在一定程度上填补法律与监管规则漏洞，但存在效力层级低、缺乏体系性的问题。许多监管要求也未曾向监管对象以外的市场公开，规则本身的质量亦有待提升。

1. 区别对待不同机构投资者缺乏合理依据

在监管实践中，对公募基金和公募基金之外的其他机构投资者设置不同的大额持股披露要求。目前，证监会仅对"同一基金公司旗下多只公募基金合并持股"的情形规定了极为有限的豁免。对于单只公募基金和社保基金、企业年金、私募产品等其他机构投资者，证监会却要求其严格履行大额持股披露义务。③ 监管机构进行此类区分的理由有二：一是公募基金无法进行要约收购，不具有收购目的；二是公募基金受到严格监管，运行较为规范。

其一，收购目的问题。将"不具备收购目的"作为适用特殊规则的标准本身并没有问题。但是，单只公募基金或其他机构投资者同样可能不具备收购意图，监管机构却没有简化或免除其大额持股披露义务。就单只公募基金而言，由于监管规则中"双 10%"投资限制的存在，其几乎不可能谋求上市公司控制

---

① 《关于规范证券投资基金运作中证券交易行为的通知》（证监发〔2001〕29 号，现已失效）。证监会将公募基金大额持股分为"单只公募基金持股"和"同一基金公司旗下多只公募基金共同持股"两种情形。对于单只公募基金持股超过 5% 时，需要履行大额持股披露义务，不存在任何特殊规则；对于同一家基金公司旗下的多只公募基金共同持有一家上市公司股份，累计触及披露标准的，由基金公司自主决定是否披露权益变动报告书。同时，证监会考虑到在当前的市场环境下，基金公司不具备要约收购功能，故持"不鼓励基金公司进行披露"的基本态度，还尤其强调应防止基金公司通过披露持股行为，反向引导投资者操作股票，操纵证券市场。参见邱永红：《特殊机构投资者和证券创新产品——持股变动的信息披露和交易限制问题研究》，《证券市场导报》2015 年第 1 期。

② 《关于全国社会保障基金委托投资若干问题的复函》（证监函〔2002〕201 号）和《关于社保基金行投〔2002〕22 号文的复函》（发行监管函〔2002〕99 号）。证监会认为，上市公司的股权分布及其变动信息对投资者的投资决策具有较大影响，社保基金有义务对其直接或间接持有的股票情况进行了解，并严格依照《证券法》和《收购办法》的有关规定及时披露大额持股信息。

③ 参见邱永红：《上市公司收购中的新型法律问题探析》，载黄红元、徐明主编：《证券法苑》（第8 卷），法律出版社 2013 年版，第 256-268 页。

权。① 就公募基金之外的其他机构投资者而言，虽然部分私募基金、信托和资管计划可能成为敌意收购的"通道"，但不可否认，不具备收购意图的其他机构投资者同样存在。如果将"不具备收购目的"作为区分标准，就应当运用该标准对所有机构投资者进行检验，而非"一刀切"地限缩豁免的适用情形。

其二，严格监管与运行规范性问题。将严格监管与运行规范性作为特殊规则的适用标准，本身也没有问题。但默认其他机构投资者的运行不够规范，从而无法适用特殊规则，存在偏见。尤其是近年来随着监管的趋严和机构投资者合规意识的加强，其整体运行的规范性在不断提升。区别对待不同机构投资者反而更容易形成监管真空，引发监管套利，影响机构投资者运行的规范性。大额持股人完全可以利用这一规则，使旗下的多只公募基金和私募产品"一致行动"，在持股合计达到5%时不进行披露，直至私募产品单独触及披露标准时再履行披露义务，以规避披露规则，延后披露的时间，实现监管套利。② 2020 年 4月，中国基金业协会颁布《基金经理兼任私募资产管理计划投资经理工作指引（试行）》（中基协字〔2020〕55号），允许符合条件的公募基金经理同时负责私募产品的投资管理工作。未来，同一基金经理管理的公募基金和私募产品共同持有上市公司股份的现象将逐渐增多，上述监管真空现象亦会暴露得更加明显。

2. 以豁免披露为主，简化披露缺位

特殊规则可以以两种形式存在：简化披露和豁免披露。前者仍以披露为原则，但在披露标准、披露时限、披露内容等方面有所简化；后者则意味着不需要履行披露义务。目前，监管机构的个案批复基本为豁免披露，"简化披露"处于缺位状态。豁免披露完全免除了披露义务，监管机构在适用豁免规则时尤为谨慎，这使得我国现行特殊规则的适用范围狭窄。

证监会之所以豁免了"多只公募基金合并持股"情形下的披露义务，是担心基金公司通过披露引导市场。此种担忧不无道理，但豁免基金公司披露并不

① 《公开募集证券投资基金运作管理办法》第三十二条规定：基金管理人运用基金财产进行证券投资，不得有下列情形：（一）一只基金持有一家公司发行的证券，其市值超过基金资产净值的百分之十；（二）同一基金管理人管理的全部基金持有一家公司发行的证券，超过该证券的百分之十……

② "朱雀基金举牌铂力特"即为采用这一方法进行监管套利的典型案例。朱雀基金利用旗下管理的公募基金和私募产品共同买入上市公司铂力特的股份，直至私募产品单独持股超过5%后才向市场披露。截至披露时，朱雀基金旗下的公募基金与私募产品合计持股比例已达6.27%。参见《"混血"公募朱雀豁免举牌惹争议》，载东方财富网，https：//finance. sina. cn/2020-10-01/detail-iivhvpwy9848494. d. html？from＝wap，2021 年 11 月 18 日访问。

能从根本上解决问题。基金公司之所以可能通过披露引导市场,根本原因在于基金公司与公众投资者之间存在信息不对称,导致公众投资者无法基于充分的信息作出理性判断。豁免披露使公众投资者完全失去了了解基金公司大额持仓变动情况的渠道,加大了这种信息不对称。相较而言,简化而非完全豁免其信息披露义务,是一种更加合理的形式。简化信息披露义务既可以降低机构投资者的披露成本,又可以向市场传递信息,指明机构投资者的大额持股变化是出于其日常经营的需要,而非谋求公司控制权的目的,有利于公众投资者在了解机构投资者的持股目的后,作出更加理性的判断。

3. 持股合并计算的认定标准不明确

持股合并计算的认定是特殊规则的重要组成部分。机构投资者旗下往往存在多个不同产品或不同的投资板块。当板块或产品均持有同一家上市公司股份时,如果将这些股份合并计算,持股比例就很容易触及披露标准。因此,需对机构投资者的持股合并计算设置特殊规则。

目前,日常监控中对公募基金的持股采取分别计算方式,对其他机构投资者要求合并计算。此种对公募基金"网开一面"的做法缺乏上位法的依据。2018 年,沪、深交易所曾分别颁布《上市公司收购及股份权益变动信息披露业务指引(征求意见稿)》(以下简称《上交所指引》《深交所指引》),意图对机构投资者的持股合并计算问题作出规定,但二者的监管逻辑存在一定的差异。

表 1　沪、深易所指引持股合并计算规则对比表

规则名称	《上交所指引》	《深交所指引》
合并计算的原则	登记在投资者(包括一致行动人)名下的、未登记在其名下但可实际支配表决权的股份。	投资者通过不同证券账户、不同方式在同一上市公司中分别拥有的可以实际支配表决权的权益。
豁免合并计算的主体	社保基金、养老保险基金、企业年金、公募基金。	社保基金、养老保险基金、企业年金等。
豁免合并计算的条件	无	1. 以资产保值增值为目的; 2. 不以共同收购上市公司、共同谋求对上市公司的经营管理权等为目的; 3. 实际上未产生共同收购、共同谋求经营管理权效果。

续表

规则名称	《上交所指引》	《深交所指引》
强制合并计算的主体	资产管理产品，包括但不限于银行理财产品，资金信托计划，证券公司、证券公司子公司、基金管理公司、基金管理子公司、期货公司、期货公司子公司、保险资产管理机构、私募基金公司发行的资产管理产品等。	私募基金、信托计划、QFII 和 RQFII 管理的私募产品、同一证券公司的自营证券账户、融券专用证券账户和转融通担保证券账户、其他资产管理产品。
强制合并计算的条件	资产管理产品的管理人可实际支配表决权。	1. 资产管理产品的管理人可实际支配表决权； 2. 未提供不应合并计算的相反证据。

《上交所指引》直接豁免了社保基金、养老保险基金、企业年金和公募基金的持股合并计算。《深交所指引》采取"列举+兜底"方式，除明确社保基金、养老保险基金、企业年金不适用合并计算外，还增加了额外的限制条件：只有以资产保值增值为目的，而非谋求公司控制权为目的，且客观上也没有产生此类效果者，才能豁免合并计算。① 同时，《深交所指引》并未明确公募基金是否适用持股合并计算规则，但依据该指引的精神，公募基金至少也应满足上述限制条件，才可能不进行合并计算。针对私募基金、信托计划、资产管理产品等主体，《上交所指引》要求其所持股份合并计算，而《深交所指引》允许其提供相反的证据，证明自身不适用合并计算规则。

可见，目前机构投资者的持股合并计算问题缺乏清晰的立法逻辑、统一的监管要求和精细的操作规则，这也导致了监管机构和自律监管组织在具体案件中，尤其是对私募基金、信托计划、资管计划等产品是否合并计算的态度摇摆不定，产生较大争议。

---

① 参见熊川、王振：《沪深上市公司权益变动信息披露新规差异解读》，载 http：//www. zhonglun. com/Content/2018/04-16/1659230751. html，2021 年 11 月 20 日访问。

三、完善我国大额持股披露特殊规则的整体思路

大额持股披露特殊规则并非纯粹理论推导的产物，其背后包含着一个国家证券市场文化、投资者结构、上市公司股权结构等多种因素，是上市公司、机构投资者和市场上其他投资者权利义务的再平衡，是监管政策不同利益目标的动态博弈过程。因此，完善我国大额持股披露特殊规则的整体思路既要立足于实际，考虑我国证券市场的独特环境，又要反映证券监管的价值取向，体现大额持股监管意欲达成的监管目标。

(一) 关注我国证券市场的现实需要

一个国家的证券立法必须立足于本土的市场环境。对我国证券市场独特环境的剖析，既有利于解释现行立法不足产生的原因，也可以使我国的证券立法尽可能符合市场发展的客观规律，更易得到金融市场的接受与执行。

1. 我国证券市场环境的三大特点

一是"机构化"的发展趋势。近年来，我国专业机构投资者的数量、持股市值及其增长速度均在逐步提高。[1] 深圳证券交易所发布的调查报告显示，自然人投资者投资公募基金的积极性显著提高，间接入市渐成趋势。2020 年新入市投资者中，投资公募基金者占比 67.1%，较 2019 年大幅增加 21.3 个百分点。这也使得公募基金成为我国证券市场的主要机构投资者之一。[2]

表 2　我国 A 股市场机构投资者结构表（截至 2021 年第三季度）[3]

名称	持股市值 (万亿元人民币)	市值占比（%）	季度同比 增长速度（%）
公募基金	5.76	8.15	46.87
私募基金	2.01	2.85	71.01

---

① 参见上海证券交易所：《上海证券交易所统计年鉴（2016-2020）》，载 http://www.sse.com.cn/aboutus/publication/yearly/，2021 年 12 月 6 日访问。

② 参见深圳证券交易所：《2019 年个人投资者状况调查报告》，载 http://investor.szse.cn/institute/bookshelf/report/P020200320565008793081.pdf；《2020 年个人投资者状况调查报告》，载 http://investor.szse.cn/institute/bookshelf/report/t20210519_585972.html，2021 年 12 月 6 日访问。

③ 参见 wind 资讯、华西证券研究所研究报告测算。

续表

证券机构（包括券商自营、集合理财与定向资管）	0.41	0.57	9.21
保险机构（包括保险公司自有资金、保险产品、资管产品）	1.69	2.39	0.36
保障金（包括社保基金、养老金、企业年金）	1.16	1.64	8.34
信托机构（信托公司自营、信托产品）	0.44	0.62	25.06
其他机构（银行、财务公司、期货公司、基金专户等）	0.74	1.04	1.25
境外机构（QFII、RQFII、陆股通）	3.56	5.04	29.44

我国证券市场中机构投资者力量逐步增强的趋势与境外成熟资本市场的发展历程相似，① 但与境外市场相比，"机构化"程度仍然不高。目前，我国的政策导向也在鼓励机构投资者的发展。②

二是以中小投资者为主导的市场现状。从投资者数量看，我国证券市场上自然人散户的占比极高。截至 2020 年末，我国 A 股市场投资者中的自然人总数为 17735.77 万，占比 99.8%。③ 从投资者的持股市值看，我国 A 股市场专业投资机构所持股份的市值甚至低于自然人散户，明显偏低。④ 市场结构的另一面是我国机构投资者的内部结构不甚合理。证券投资基金的持股市值占比过高，远超其他机构投资者，且基金持股过于集中、交叉持股现象严重。此外，由于考核激励、赎回压力等原因，机构投资者在部分交易行为中也呈现出"散户

① 参见李建伟、李嘉琪：《中美股票市场比较分析与启示》，《湖南大学学报（社会科学版）》2019 年第 1 期。
② 《国务院关于进一步促进资本市场健康发展的若干意见》（国发〔2014〕17 号）第十九条规定：壮大专业机构投资者。支持全国社会保障基金积极参与资本市场投资，支持社会保险基金、企业年金、职业年金、商业保险资金、境外长期资金等机构投资者资金逐步扩大资本市场投资范围和规模。推动商业银行、保险公司等设立基金管理公司，大力发展证券投资基金。
③ 投资者数量是指持有未注销、未休眠的 A 股、B 股账户的一码通账户数量。参见中国证券登记结算有限公司：《中国证券登记结算统计年鉴（2020）》，载 http：//www.chinaclear.cn/zdjs/editor_file/20210820191941632.pdf，2021 年 11 月 22 日访问。
④ 参见上海证券交易所：《上海证券交易所统计年鉴（2020）》，载 http：//www.sse.com.cn/aboutus/publication/yearly/documents/c/tjnj_2020.pdf，2021 年 11 月 22 日访问。

化"特征,存在一定的短视行为,追涨杀跌,更倾向于追随市场热点,买入短期内市场表现强劲的股票而放弃长期的价值投资。① 尤其在市场大跌时,机构投资者为了应对规模缩减、资金流失等压力,强化单向卖出效应,更可能加剧市场的波动。②

三是上市公司高度集中的股权结构。我国上市公司以绝对控股或相对控股为主流,"一股独大"态势明显。③ 特别是由于家族意识、人际关系、财富分配等原因,再加上存在大量国家控股的国有企业,上市公司股权集中的现象更加突出。④ 2021 年年中数据显示,大股东持股比例超过 30% 的公司占我国上市公司总数的 95%。这反映出我国上市公司的股权依旧集中,壳资源的价值较高。⑤

2. 市场环境对特殊规则设计的影响

首先,我国证券市场"机构化"趋势和"鼓励机构投资者发展"的政策目标要求立法者在设计特殊规则时,须充分考虑不具有控制意图的机构投资者需要,为其留下发展空间。机构投资者力量的壮大有利于增强我国资本市场的韧性。与中小投资者相比,机构投资者利用自身的投研能力和资金优势进行长期投资、价值投资,其投资决策更加专业、投资理念更加成熟理性,有利于资本市场的平稳健康发展。因此,必须以减轻机构投资者负担为目标设置特殊规则,以促进我国机构投资者的发展,推动证券市场投资者结构的优化,提高证券市场的运行效率。⑥

其次,以中小投资者为主的市场结构现状要求我国大额持股披露特殊规则的设计格外关注中小投资者的保护。中小散户易受到大额持股信息的引导,出现显著的"羊群效应",削弱证券市场的稳定性。机构投资者的散户化和短视主义削弱了它们面对市场波动的理性,其交叉持股、集中持股特征又可能加剧散户化带来的消极影响。因此,考虑到中小投资者保护的需要,完全豁免或过度简化机构投资者的大额持股披露义务都不是特殊规则设计的正确思路。设计

---

① 参见薛文忠:《机构投资者对股票市场波动的影响——来自中国 A 股市场的经验证据》,经济科学出版社 2015 年版,第 56-57 页。

② 参见肖钢:《中国资本市场变革》,中信出版集团 2020 年版,第 130 页。

③ 参见李建伟:《公司制度、公司治理与公司管理》,人民法院出版社 2005 年版,第 118 页。

④ 参见赵旭东:《公司治理中的控股股东及其法律规制》,《法学研究》2020 年第 4 期。

⑤ 参见刘凤元、马志健:《权益变动披露规则重构的反思》,《河北法学》2022 年第 1 期。

⑥ 参见沈心怡:《我国权益披露制度的困境与出路——从〈证券法〉修改谈起》,载彭冰主编:《金融法苑》(第 104 辑),中国金融出版社 2021 年版,第 72-73 页。

特殊规则，对机构投资者披露义务的简化必须适度，既要防止信息披露不充分影响中小投资者的投资决策，也须防范机构"散户化"的现状与机构持股市值提升的趋势产生叠加，放大机构投资者对市场波动的影响。

最后，上市公司股权集中、壳资源价值高的特点，使得通过二级市场增持方式进行敌意收购很难实现。加上监管机构对公募基金等机构投资者的投资行为规定了诸多限制，导致目前我国的机构投资者很难具备谋求公司控制权的意图，基本不可能参与上市公司收购活动。因此，对不意在谋求控制权的机构投资者有针对性地设置特殊规则，以简化其披露义务，具备现实依据。

（二）反映价值取向，实现多重监管目标的平衡协调

经济法强调规制的适度，即必须实现各类主体利益的平衡，兼顾效率与公平。[1] 证券法是典型的经济法，也应当以效率与公平作为其基本的价值取向，兼顾多重证券监管目标的平衡协调。

1. 大额持股披露制度的多重监管目标

大额持股披露制度的监管目标至少包括三个方面：保护市场主体权益、维护市场的秩序与公平、保障市场流动性。其中，权益保护和秩序维护是大额持股披露制度的"公平性"监管目标，保障市场的流动性是大额持股披露的"效率性"监管目标。

在权益保护方面，大额持股披露制度可以缓解证券市场中的信息不对称，其所保护的权益实质上是上市公司和市场上其他投资者的知情权。一方面，大额持股披露制度向上市公司及其管理层揭示了外部大额持股人的持股目的等信息，对其决策产生重大影响；另一方面，大额持股披露制度提醒市场注意到每一次大规模的证券迅速积累，防止出现对市场参与者不公平的行为。[2] 这也使投资者能够及时了解上市公司股权结构的重大变化，并据此对投资决策作出调整。[3]

在秩序维护方面，大额持股变动的披露还具有增加市场透明度、规范市场

---

① 参见张守文：《经济法原理》，北京大学出版社 2013 年版，第 72 页。

② See Adam O. Emmerich, et al. , "Fair Markets and Fair Disclosure: Some Thoughts on the Law and Economics of Blockholder Disclosure, and the Use and Abuse of Shareholder Power", *Social Science Electronic Publishing*, (2012), pp. 144-145.

③ 参见刘沛佩、赵航：《慢走规则下大额持股变动的法律性质与规则适用》，载黄红元、卢文道主编：《证券法苑》（第 20 卷），法律出版社 2017 年版，第 79 页。

秩序的作用。大额持股披露制度通过规制大额持股人的投资行为，敦促大额持股人及时、准确、充分地进行信息披露，防止内幕交易、操纵市场行为，预防由此引发的股价异常波动，巩固证券市场公开、公平、公正的交易秩序。[①]

在保障市场流动性方面，大额持股行为有其积极的功能。大额持股人的出现证明其看好公司未来的盈利能力，并认为公司的股价被低估，故大额持股披露将向市场传递有关公司价值的信号，会影响到投资者对公司股份供求关系的判断与预期，增加市场的流动性，激发证券市场的活力。但是，过于严苛的大额持股披露规将极大提升大额持股人的成本，引发"搭便车"的同时也会产生逆向选择：持股人研究、寻找价值被低估企业的激励将会降低，[②] 市场流动性亦会下降。因此，大额持股披露制度需要在一定程度上保障市场的流动性，不能过度抑制大额持股行为。

2. 多重监管目标对特殊规则设计的影响

公平的市场秩序是证券市场平稳运行的基石，提升证券交易和资本运作的效率亦是证券市场的应有功能。大额持股披露制度的目的并非对某一部分投资者实施倾斜性保护，而是应当取得"保证投资者公平博弈"与"鼓励大额持股行为"之间的利益平衡。[③]

具体到特殊规则上，一方面，"效率性"监管目标决定着特殊规则简化幅度的"下限"。通过对上市公司收购者和不具备控制意图的机构投资者设置不同的披露要求，特殊规则可以起到鼓励机构投资者的大额持股行为，最终提升证券市场交易效率和大额持股监管效率的作用。因此，特殊规则中披露义务的最低简化幅度，应以实现"效率性"监管目标为限。如果特殊规则的设计无法实现保障市场流动性、降低机构投资者的持股成本、促进机构投资者发展的目标，就不符合监管目标的要求。

另一方面，"公平性"监管目标决定着特殊规则简化幅度的"上限"。"公平性"监管目标要求特殊规则不能过于宽松，必须发挥权益保护、规范市场交易行为的基本功能。机构投资者的持股情况亦是证券市场透明度的重要组成部

[①] 参见梁上上：《论违规增持的私法救济》，《法商研究》2019 年第 2 期；王化成、陈晋平：《上市公司收购的信息披露——披露哲学、监管思路和制度缺陷》，《管理世界》2002 年第 11 期。

[②] 参见伍坚：《论我国大额持股披露制度的完善》，《法学》2018 年第 2 期。

[③] 参见郑彧：《上市公司收购法律制度的商法解读》，《环球法律评论》2013 年第 5 期。

分，没有理由将其排除出证券市场和上市公司知情权的范围，否则不利于实现"权益保护"的监管目标。"秩序维护"的监管目标亦要求，特殊规则必须保证在发生大额持股变动时，不至于引发证券市场的异常波动，保持市场的透明度与稳定性。完全豁免机构投资者的披露义务，可能对市场秩序造成影响。以公募基金为例，公募基金的"蒙面举牌"问题饱受市场争议，市场担心公募基金利用资金优势牟利，破坏证券市场的公平参与。① 现行监管规则针对公募基金的豁免披露要求，可能与"增强市场透明度与稳定性"的立法目标背道而驰。② 特别是近年来，同一基金公司、同一基金经理管理的多只公募基金持股十分集中，一旦发生"抱团抛售"，可能引发上市公司股价的大幅波动，影响市场的稳定性。若不向市场披露，侵害投资者权益的同时，也可能影响市场的交易秩序与公平。

此外，过于宽松的特殊规则也容易被具有控制意图的收购者滥用，借助特殊规则的简化披露要求，隐藏其收购意图，规避应承担的详尽披露之义务。故在设计特殊规则时还要设置相应的机制，防止特殊规则被滥用。

四、完善我国大额持股披露特殊规则的具体措施

（一）在法律层面规定基本框架

为解决立法授权过于宽泛的问题，有必要将特殊规则的适用主体、适用条件和适用方式等内容通过《证券法》进行框架性规定，应明确《证券法》第六十三条第三款同样适用特殊规则。

在法律层面规定基本框架，并不意味着监管机构的"准立法权"在特殊规则的设计中全无用武之地。证券监管者在规则制定方面所承担的职责，是厘定证券法制体系"神经末梢的种种技术细节"。③ 因此，监管机构依然可以通过规

---

① 参见北京大学金融法研究中心：《公募"蒙面举牌"再引热议，"模糊地带"亟待消除》，载 https://mp.weixin.qq.com/s/TmxpjnNbxGzSE021O-3X5Q，2021 年 11 月 25 日访问。

② 参见张巍：《评〈证券法（三审稿）〉第四章"上市公司的收购"》，《中国法律评论》2019 年第 4 期。

③ Frank B. Cross & Robert A. Prentice, "The Economic Value of Securities Regulation", *Cardozo Law Review*, Vol. 28, No. 1 (2006), p. 377; Howell E. Jackson & Mark J. Roe, "Public and Private Enforcement of Securities Laws: Resource-Based Evidence", *J. Financial. Economics*, Vol. 93, No. 2 (2009), p. 207.

章，对《证券法》中无法涉及的、与特殊规则相关的种种技术细节，包括适用主体的具体范围、"无控制意图"的具体认定标准、披露应遵循的具体流程、具体方式等进行细化和补充，做好监管规则与《证券法》间的衔接。

（二）明确特殊规则仅适用于机构投资者

我国现行市场环境下，特殊规则的适用主体应为"不具备控制意图"的机构投资者，包括公募基金、私募基金、社保基金、企业年金、保险公司、证券公司、信托公司等，而不仅仅局限于公募产品。对机构投资者的判断应当兼顾形式和实质标准，排除作为上市公司收购工具的投资产品和纯粹的"通道类"金融产品。前者的持股目的无疑是"获取上市公司控制权"；后者在形式上也可能表现为资管产品、信托产品等金融产品，但投资机构并不承担主动管理职责，而是由第三方确定资金和所投资的资产，对金融产品的运作享有主导权。投资机构在此类金融产品中仅起到一个提供相关资质、牌照的"通道"作用，不属于真正的机构投资者。

（三）以"控制意图"作为适用特殊规则的判断标准

适用特殊规则的判断标准应以"控制意图"为核心。控制意图本身很难通过外部表征进行判断，对不同的机构投资者亦需要个案处理。有观点认为，我国法律对公募基金、企业年金、社保基金的定位就是消极被动的投资者，也对其设置了严格的投资限制，应当直接推定为"无控制意图"。而对于私募基金、信托计划、资管计划等私募型投资工具，现行监管规则并未对其投资作出过多限制，理论上都具有收购上市公司的能力，故应推定"控制意图"的存在。[1]这种差异性应当得到承认，但"推定"是现有监管资源不足的情况下不得已作出的妥协之策，监管不能过度依赖推定。"控制意图"的推定应当审慎，不宜将私募型投资工具完全推定为"具备控制意图"，还是应当尽量从正面论证其是否意在"谋求控制权"。

要确定"谋求控制权"含义，首先须明确何谓"控制权"。公司控制权是通过"挑选董事会成员或大部分董事来决定性地影响公司各项活动的权力"。[2]

---

① 参见刘燕、楼建波：《企业并购中的资管计划——以 SPV 为中心的法律分析框架》，《清华法学》2016 年第 6 期。

② ［美］阿道夫·A. 伯利、加德纳·C. 米恩斯：《现代公司与私有财产》，甘华鸣、罗锐韧、蔡如海译，商务印书馆 2005 年版，第 79 页。

该种权力的内涵也被概括为"资源控制"，即对公司所有可利用的资源，包括人事任免、财物支配和经营活动在内的各项方针政策具有决定性的影响力。[①]因此，控制权具有全面性和决定性两个特征。全面性意味着取得公司控制权的投资者对公司资源的支配范围之广，几乎囊括了人、财、物、事的方方面面；决定性意味着投资者对公司资源调配的影响力之大，其所作出的决策具有排他性和终局性，很难被他人否决或改变。因此理论上，"控制意图"即是存在"对公司人、财、物、事等资源施加全面性、决定性影响力"的意图。

本文建议，监管机构可以从事前和事后两个角度，并辅之以一定的推定标准，对"控制意图"进行认定。"事前的认定"是指通过对大额持股人意思形成过程的考察，判断大额持股人是否存在控制意图。机构投资者作出大额增持或减持决定时，往往需要经历公司决议、投委会表决等流程才能形成最终决定。此类流程多会以书面形式留下痕迹。如果监管机构判定大额持股人有存在"控制意图"之嫌，并违反了大额持股披露义务，可以在现场检查中通过调查通信记录、公司章程、相关协议、会议纪要、股东会决议、董事会决议、投委会决议等书面文件和资料，判断其是否存在控制意图。"事后的认定"是指通过考察大额持股人成为公司股东后的行为，推断大额持股人是否存在控制意图。本文建议，我国可以借鉴日本的大额持股披露制度，当大额持股人实施了"重要提案行为"时，即可认定其意在谋求控制权。"重要提案行为"包括公司管理层的选任、决定公司的经营方针政策和重大交易、决定公司的合并、分立、解散等。[②]并且结合投资者在重大提案行为表决过程中产生的作用、对其他投票者施加的影响等，来判断投资者是否具备对上市公司资源调配的全面性、决定性的影响力，进而判断投资者是否存在"控制意图"。当然，如果机构投资者仅通过股东会表决等方式参与公司治理，以监督上市公司运行，不宜当然地将其与获取控制权等同。监管机构亦可在具体案件的执法实践中逐步构建"谋求控制权"的体系化判断标准。

此外，控制意图的判断还应以一定的推定标准作为辅助。这是考虑到"重要提案行为"的认定需要耗费大量的监管资源，可能无法完全满足监管实践需

[①]　参见梅慎实：《现代公司机关权力构造论——公司治理结构的法律分析》，中国政法大学出版社1996年版，第72页。

[②]　参见朱大明、陈宇：《日本金融商品交易法要论》，法律出版社2017年版，第181页。

求，故控制意图的推定不可避免。本文建议，持股比例依然可以作为控制意图的一项推定标准。参考公募基金的持股限制，将持股比例在 10%以上的机构投资者推定为"具备控制意图"，须履行披露义务。该种推定可以在一定程度上防止公司收购者利用私募型投资工具规避披露义务。同时，也应当设置相应的申诉与报告机制，允许持股 10%以上的机构投资者向监管机构提供相反的证据，证明其不存在"控制意图"，而适用特殊规则。

（四）以适度简化为主，豁免为辅，重构权益变动报告制度

针对豁免披露，本文认为可能绝对豁免披露义务的情形主要有二。一是被动型指数基金。此类基金通过持有特定上市公司的股份，持续跟踪标的指数，达到模拟标的指数表现的效果。此类指数基金旨在模拟相应市场、行业的整体表现，在选股策略和增持、减持股份的操作上均具有相当的被动性。二是因公司增减资而被动触及披露线，且未成为第一大股东或实际控制人的机构投资者。

针对简化披露，应当从如下几个方面进行设计。

首先，将简式权益变动报告书作为在现行大额持股披露制度中植入特殊规则的载体，以持股目的和持股主体的身份作为区分简式、详式报告的标准。简式报告适用于"不具备控制意图"的投资者，详式报告适用于"谋求控制权"的公司收购者。

其次，针对机构投资者的简式报告还可以从披露窗口期、披露触发点、披露内容等方面设置特殊的披露规则。在披露窗口期方面，可适当延长披露窗口期，建议可对不具备控制意图的机构投资者设置更加宽松的披露窗口期，例如按照季度进行披露，减轻其披露负担。在披露触发点方面，可考虑减少披露义务的触发点。本文建议，对不具备控制意图的机构投资者，披露义务触发点仅为首次持股达到 5%，以及随后增减变动达到 5%。其无须在持股达 5%后，每增减 1%时履行披露义务。在披露的内容方面，应在现行简式报告基础上进一步简化。本文建议，机构投资者披露的简式权益变动报告，仅须包含两类信息。一是大额持股人的基本情况，包括名称、住所等；二是大额持股人的持股情况，包括权益变动的方式和时间、持股的数量、种类和比例等。

在慢走规则方面，取消机构投资者的"慢走义务"。是否在大额持股披露制度中整体取消"慢走规则"，依然存在理论上的争议。[①] 但鉴于"慢走规则"对机构投资者带来的持股负担十分显著，尤其是当机构投资者大额减持股票时，如果在适用"慢走规则"时又遭遇投资者大量赎回，二者叠加使机构投资者难以通过出售上市公司股票应对赎回压力，将导致机构投资者的现金流紧张，也可能使机构投资者被迫出售其他原本计划长期持有的股票，对机构投资者的投资和运作都可能造成不利影响。因此，可以考虑在大额持股披露的特殊规则中，取消"慢走规则"。

当然，机构投资者披露义务的具体简化内容和简化幅度，不能盲目照搬他国立法，还需要监管机构结合我国证券市场发展的实际情况进行确定。

（五）合理认定"一致行动"，完善持股合并计算的豁免规则

持股合并计算问题的背后是"一致行动"的认定。《收购办法》采取了列举与兜底相结合的做法，但依旧缺乏统一的认定标准，出现了模糊地带。[②]

在理论层面，机构投资者"一致行动"存在"否定说"[③] "肯定说"[④] 和"推定但允许反证说"[⑤] 三种观点。"肯定说"与"否定说"都不够全面，"推定但允许反证说"在我国目前的市场环境下是更为务实的做法。"推定但允许反证说"认为，在同一机构投资者内部的投资团队之间协商、沟通的成本很低，一旦需要彼此协助，会高度盖然地产生"一致行动合意"，而在法律上要证明这一点却尤其困难。故推定一致行动关系存在，但允许机构投资者进行反证。当然，"推定"仅是目前监管资源相对有限、"一致行动"认定困难情况下的权宜之计，监管机构依然应当尽力积极调查取证，结合多种因素综合认定一致行动关系。

具体应分别考虑以下三种情况：一是机构投资者与其控股的子公司之间，

---

① 主张取消"慢走规则"的观点多是基于市场现状、交易公平、抑制并购活动、信息传递速度等考量，如徐聪：《违反慢走规则买卖股票若干争议法律问题研究》，《法律适用》2015 年第 12 期；吴建忠：《上市公司权益披露规则与"慢走规则"法律适用》，《证券市场导报》2013 年第 1 期；反对者则从市场秩序维护的角度，认为应当保留"慢走规则"，参见邓纲、吴英霞：《证券法"慢走规则"之完善——基于立法目的解释的考察》，《经济法论坛》2018 年第 1 期。

② 参见刘凤元、马志健：《权益变动披露规则重构的反思》，《河北法学》2022 年第 1 期。

③ 参见吴双：《一致行动认定论：概念重构与规范变革》，《理论月刊》2020 年第 9 期。

④ 参见熊锦秋：《基金公司旗下投资组合宜推定为一致行动人》，载《上海证券报》2017 年 6 月 28 日。

⑤ 参见吴双：《一致行动认定论：概念重构与规范变革》，《理论月刊》2020 年第 9 期。

是否存在一致行动;二是机构投资者内部的不同业务板块、不同投资团队之间,是否存在一致行动;三是同一投资团队内的不同投资组合之间,是否存在一致行动。

针对第一种情况,可以参考欧盟和我国香港地区对于母子公司的持股合并计算豁免规则,以组织架构的独立性与投资决策的独立性作为"一致行动"的判断标准。首先,控股子公司必须在实质上成为独立的法人主体;其次,控股子公司必须实现投资决策的独立性,包括独立的决策机构、研究团队、投资团队,不能存在过度的人员重叠。股份增持或减持、股份附带的表决权如何行使的决定都由子公司独立作出,不能受到母公司投资指令的干预。

针对第二种情况,如果不同业务板块、不同投资团队的金融产品穿透后存在相同的实际受益人、聘请同一机构担任投资顾问,或将某只股票附带的表决权委托给同一第三人行使时,就有可能被认定为"投资决策不独立",存在一致行动。此外,监管机构和行业自律组织对于相当部分的机构投资者提出了信息隔离的要求。[①] 本文认为,是否豁免同一机构投资者内部的不同业务板块、投资团队的持股合并计算,应当重点审查上述信息隔离制度的有效性。例如,对于不同业务团队之间的持仓情况、交易策略等关键信息,是否健全内控合规机制,建立了有效的信息管理制度、保密制度和相应的审批制度,确保关键信息仅由有合理业务需求或管理职责需要的人员知悉,防止关键信息的不当流动或使用,对确有需要跨越信息隔离墙的人员进行全面监控。如果信息隔离墙的有效性不足,投资决策的独立性将受到影响,就可能被认定为"一致行动",从而无法豁免持股合并计算。

针对第三种情况,不同投资组合由同一投资团队进行管理,例如同一基金经理旗下的多只公募基金,其交易策略、持仓情况具有高度的相似性,其共同持有一家上市公司股份接近 10%,却无须向市场披露,如果该基金经理换手率较高,难免引发市场波动。因此,应当推定此种情况下"一致行动"关系的存在,将不同投资组合之间的持股合并计算。当然,也应当允许机构投资者提出反证,证明不同投资组合之间不存在一致行动关系。

---

① 参见证监会《证券投资基金管理公司公平交易制度指导意见》《证券期货经营机构私募资产管理业务管理办法》,中国证券业协会《证券公司信息隔离墙制度指引》,等等。

在综合考虑上述三种情况的前提下，监管机构可以通过现场检查，对机构投资者内部的业务团队与板块设置、投资决策、信息流动、通信记录、合作文件和资料等来判定其是否存在接触或正式、非正式的一致行动协议；也可以通过调查公司章程、产权登记、资金账户、证券账户、银行账户等方法，对一致行动关系进行判定。[①]

（六）设置"冷静期"规则，防止特殊规则被滥用

考虑到公司收购者与不具备收购意图的机构投资者在持股初期的外观形态上几乎不存在差异，收购者很可能通过特殊规则提交简式报告，隐藏获取控制权的意图，规避大额持股披露义务，或在已经获取了大比例股份后再提交详式报告，并声称持股初期不存在收购目的，直至持股后期才产生控制意图。上述情形下，应当排除特殊规则的适用。

本文建议，可以参照美国、日本的大额持股披露制度，要求持股达到一定比例的机构投资者如不能证明自己不具有控制意图，或实施了具备控制意图的行为（如"重要提案行为"），就必须恢复适用大额持股披露的一般规则。对于声称"持股目的发生变化"的机构投资者，可以设置"冷静期"，要求其自"持股目的变更之日"至"依照一般规则披露后"的一段时间内，不得继续实施权益变动行为，也不得就相应股份行使表决权。[②]

监管机构还可以采用大数据量化分析等技术监测手段，重点关注那些具有可疑特征的大额持股行为和多次声称"持股目的发生变化"的机构投资者。此类机构投资者必须提交与"持股目的变动"相关的详细报告和合同、协议、备忘录等文件作为证据，证明这种持股目的的变化是真实发生的，而非为了规避大额持股披露义务而使用的托词。这便于市场和监管机构更好地识别投资者的意图，警惕可能发生的特殊规则滥用行为。

结 论

信息披露是证券监管的核心与灵魂，特殊规则虽是大额持股披露制度中一

---

① 参见刘运宏、周凯：《上市公司市场化收购的公平与效率问题研究——以〈证券法〉修改为视角》，中国法制出版社 2014 年版，第 109 页。

② See Kristin Giglia, "A little Letter, A Big Difference: An Empirical Inquiry into Possible Misuse of Schedule 13G/D Filings", *Columbia Law Review*, Vol. 116, No. 1 (2016), p. 116.

个极小的切口,却具有不可或缺的地位和作用,也是信息披露制度的重要一环。为上市公司收购者和不具备收购意图的机构投资者设置差异化、精细化的披露安排,对提升信息披露质量,抑制大额持股披露成本具有积极的作用。大额持股披露特殊规则的设计与完善,应当成为我国后续证券立法与监管的着力点。只有建立足够完善的特殊规则体系,才能发挥大额持股披露制度应有之功能,对建立公正、透明、高效的资本市场也有所裨益。

个人金融数据安全监管进路研究[*]

张龄方[**]

目　次

一、问题的提出

大数据背景下，个人源源不断供给数据，已经成为金融活动的"原材料"。相较于一般数据，个人金融数据往往同时包含姓名、身份证号、银行卡号、资产情况、信用状况、金融交易等诸多内容，兼具人身性和财产性，具备更高的数据价值，其面临的数据安全风险也更为突出。据报道，泄露在"暗网"的个

---

[*] 本文是北京市法学会市级法学研究课题"数字经济背景下我国地方金融监管转型研究"［BLS(2022) C001］的研究成果。
[**] 中国政法大学民商经济法学院博士研究生。

人信息 60% 以上来自金融行业，个人金融数据已成为黑客最青睐的攻击目标。①
个人金融数据一旦大规模泄露，将严重影响金融消费者权益保护和金融机构的
稳健运行，因此迫切需要对于个人金融数据安全予以有效监管。尽管《个人信
息保护法》和《数据安全法》已明定金融主管部门承担本行业、本领域数据监
管职责的职权，但是相关监管规范还不健全，仍存在诸多问题亟待解决：其一，
对个人金融数据利用的关注度较低。作为金融监管机构的"一行两会"②的规
范侧重于强调金融机构履行对个人金融数据保护义务，而对个人金融数据合理
利用的关注度较低，不利于个人金融数据对金融产业的有效赋能。其二，制度
文件层级较低，且强制力不足，个人金融数据安全监管效果不显。"一行两会"
出台文件以规章、推荐性行业标准为主，制度法律位阶较低，强制力不足，不
利于金融监管措施在金融行业有效实施。其三，规范对象呈现碎片化特征，且
集中于传统机构，容易造成监管真空，危及个人金融数据安全。"一行两会"
以各自监管领域为着眼点，出台个人金融数据保护，尚未形成体系化的个人金
融数据安全监管体系，与大数据背景下个人金融数据的跨界共享实践相冲突，
容易造成监管冲突和监管真空。在数据成为驱动经济社会发展的一种全新生产
要素的背景下，亟须在剖析个人金融数据特异属性的基础上，从监管机构职责
安排、监管对象、监管方式等角度，厘革个人金融数据安全监管之具体进路，
进而提升个人金融数据安全治理能力，以充分发挥个人金融数据作为生产要素
的基础作用。

二、个人金融数据多重悖论属性对金融监管的挑战

国内大多学者将个人金融数据直接表述为个人金融信息，并对二者不做明
显区分。③ 笔者认为，个人金融信息与个人金融数据呈现出交叉关系，二者既

---

① 参见《泄露在"暗网"的个人信息 60% 以上来自金融行业》，载 http://www.hg-news.cn/
chuangtou/202104/999920934.html，2021 年 11 月 2 日访问。

② 编者注：根据 2023 年 3 月国务院出台的机构改革方案，"一行两会"现已变更为"一行一局一
会"，即中国人民银行、国家金融监督管理总局和中国证券监督管理委员会。

③ 梅夏英教授采用"个人信息数据"表述，参见梅夏英：《数据的法律属性及其民法定位》，《中
国社会科学》2016 年第 9 期；范思博虽采用"个人金融数据"表述，但认为金融数据的本质是特殊的个
人信息，并将二者混同使用，参见范思博：《个人金融数据跨境流动的治理研究》，《重庆大学学报（社
会科学版）》2021 年第 4 期。

有联系又有区别。虽然内容上个人金融数据是个人金融信息的记载和表达，但在数据内容和实际控制者归属上，二者有明显的不同。在数据内容方面，个人金融信息聚焦单一主体人格权益保护，侧重对已识别或可识别的自然人有关信息的保护与利用，关注初次采集数据的"个人性"特征；个人金融数据则是一个聚合整体概念，不仅包括初次收集到的原始数据，还包括对原始数据进行分析运算而得出的二次数据，① 强调对沉淀于金融机构内部海量个人金融数据的合理使用，更关注个人金融数据作为金融活动"原材料"的财产性。在实际控制者方面，特定金融消费者虽然是个人金融信息的所有权人，金融机构在处理个人金融信息时需遵循《个人信息保护法》"同意"原则，然而在大数据背景下，个人金融信息在被金融机构收集完成之时，即"脱离"了个人控制，汇集到金融机构手中，成为沉淀于金融机构内部的数据，② 金融机构代替个人成为个人金融信息的实际控制者、使用者和最大的受益者。综上，本文将个人金融数据定义为金融机构在提供金融产品或服务的过程中，收集、加工和保存的以电子或其他方式对客户金融信息的记录。

不同于一般数据，个人金融数据不仅呈现全面性、高价值性等特质，同时也具备更强的私益性与公益性、封闭性与开放性、静止性与流动性等矛盾属性，这给传统金融监管带来多重挑战。

（一）私益性与公益性的复合挑战金融监管权力配置

"私益性"即以个体为中心，与私人利益相关的属性。个人金融数据的私益性表现在其与个人利益密切相关，往往涉及个人私生活的敏感信息而归属于个人隐私的范畴。③ 个人金融数据是个人姓名、出生日期等身份信息的记载，同时也是个人账户信息、信贷情况等财产信息的表达，其中多数属于"自然人不愿为他人知晓的私密活动"，与个人隐私密切相关，具备高度的私益性。基于个人金融数据与个人关系的密切性，着眼于私权保护理念，金融机构承担不得泄露所知晓客户信息的严格保密义务。

数字经济时代，作为战略性资源的数据具有生产要素属性，对个人金融数

---

① 参见刘斌：《大数据时代金融信息保护的法律制度建构》，《中州学刊》2015 年第 3 期。

② 沉淀于金融机构的数据不仅包括个人金融数据，还包括金融机构的业务经营数据、公开数据等。

③ 参见张新宝：《从隐私到个人信息：利益再衡量的理论与制度安排》，《中国法学》2015 年第 3 期。

据进行开放共享及深度利用的需求日益强烈，个人金融数据的公益性越加突出。金融业本质上是信息产业，金融产品和服务创新关键在于对金融数据的挖掘、分析和运用，各类金融产品和服务均可以视为信息数据集合的产物。[①] 申言之，金融行业发展天然需要以数据作为生产要素，个体对自身金融信息适度让渡正是金融契约得以建立的前提。不宁唯是，着眼于信息不对称之弥合，只有获取足够数量的个人金融数据，方能便利于金融机构风险发现和识别，才能完善金融机构内部风险控制，进而提升其防范抵御风险的能力，才能守住金融安全之底线。故个人金融数据不仅是私权之标的，还具有一定的公共属性，关涉国家安全和社会稳定。

个人金融数据的私益性要求数据保密，对抗、限制数据公开；而个人金融数据公益性则要求有效回应大数据时代对于数据开放、共享甚至交易的需求。前述悖论属性之张力，在个人金融数据安全监管领域的实然映射，就在于通过金融监管权的有效、有序、有度之行使，恰当厘定个人金融数据合理保护和共享利用的边界范畴，以达至个人私益与公共利益之平衡。

(二) 封闭性与开放性的兼具挑战金融监管场域

金融机构收集的个人金融数据是本机构的重要数据资产，基于市场竞争及履行合规义务的保密等要求，金融机构之间以及金融机构与其他市场主体之间所收集管理的个人金融数据呈现出各自封闭的"孤岛"状态。基于对合规义务的遵循，金融机构往往将个人金融数据的使用"封闭"于本机构内部，如我国《商业银行法》即规定商业银行办理个人储蓄存款业务应当遵循为存款人保密的原则。

大数据背景下，数据赋能金融业以及数据开放共享、数据深入利用已成为金融行业发展和金融监管的共识。在金融行业发展方面，以开放银行为代表的金融数据共享模式逐渐兴起，推动金融机构打破自身数据壁垒，向外部主体进行开放；在金融监管方面，针对跨行、跨支付机构的欺诈问题，亟须打破各机构的信息孤岛，实现金融行业交易风险事件评级、信息共享和联防联控。[②] 打破金融业信息孤岛，最重要的是以共享机制打通沉淀于金融机构内部的诸如金

---

① 参见邢会强：《大数据时代个人金融信息的保护与利用》，《东方法学》2021 年第 1 期。
② 参见中国人民银行：《中国金融标准化报告（2019）》，中国金融出版社 2020 年版，第 100 页。

融交易等个人金融数据孤岛，实现个人金融数据的有限开放利用，即在互联应用程序接口下，允许外部机构通过互联网渠道，调用金融机构应用程序接口，访问金融机构内部的个人数据。数据开放场域下，个人金融数据由过往金融机构主导控制，转变为具有金融机构、金融科技公司和第三方合作平台协同处理的市场融合特征。

个人金融数据从封闭于金融机构内部走向有限开放是数字金融发展的必然要求。但开放过程中，第三方服务机构等主体的加入，导致个人金融数据处理主体增多。着眼于我国的金融监管体制，传统金融机构的业务活动（包括个人金融数据处理）始终处于严格的金融监管之下；但目前尚未将第三方服务机构和大型科技公司纳入个人金融数据的处理监管范畴，其所承担的个人金融数据安全义务也主要体现为合同义务下的连带责任约束。[①] 着眼于数据安全，亟须全面约束各类主体处理个人金融数据的行为。进言之，金融监管层面需要适时扩大监管对象范畴，将涉及个人金融数据处理业务的第三方服务机构纳入监管。

（三）静止性与流动性的叠加挑战金融监管方式

与封闭性强调金融机构对个人金融数据的独占使用不同，静止性表现为对个人金融数据流通性的关注。换言之，封闭性聚焦个人金融数据处理的实际控制者归属，静止性则是个人金融数据处理中的特定状态。始于客户身份识别需要，并基于市场竞争的考虑及技术手段的限制，传统金融机构初始收集并封闭于自身内部的数据呈现出相对静止状态。也即沉淀于金融机构内部的个人金融数据，除基于金融机构与特定市场主体开展外包服务的需要外，几乎不对外进行流动。此时的金融监管也着力于对静止性数据的分析，监管手段呈现以现场监管和非现场监管的事后监管方式为主，通过对金融机构已有行为的事后惩戒，达至防范未来金融活动风险的目标。

伴随信息科技的发展以及数据开发利用需求的增高，个人金融数据的流动性不断增加。一方面，科技发展推动传统纸质存储方式的变革，传统纸质客户资料已基本全部实现数字化，具备了高度利用性、可复制性强等特点，便于个

---

① 《个人信息保护法》第二十条第二款规定：个人信息处理者共同处理个人信息，侵害个人信息权益造成损害的，应当依法承担连带责任。

人金融数据的流动。① 另一方面，流动性的增加提升了个人金融数据的价值。"数据不应该以它的存储而定义，应该由它的流转来定义"。② 个人金融数据只有在流动中才能发挥其作为生产要素的作用，在合理利用的状态下才能推动金融创新，具备公共物品属性的数据不可能被某一特定主体独占,③ 对其进行开发利用成为共识。

大数据背景下，数据作为一种全新的生产要素参与到市场化配置活动中来，个人金融数据也因以计算机储存而具备高度的利用性，传统静止状态的个人金融数据逐步信息化和高速流动化。流动起来的个人金融数据在被大量开发利用的同时，也面临着被大规模侵害的风险，对个人金融数据保护方式也提出了新的要求，金融监管方式亟须进行科技化和实时化转换。具体而言，在以事后手段实现个人金融信息静态保护的同时，需要创新金融监管方式，推动金融监管在实时化和科技化下实现个人数据监管的前瞻性和预判性，以规范个人金融数据流转过程中的合规使用，从而促进个人金融数据的有序共享与利用。

三、监管机构厘革：独立金融消费者保护局的监管主体框架设计

个人金融数据的私益性和公益性冲突要求监管机构在个人利益与公共利益之间探索平衡之道。公共利益是在一定历史时期主体对客体的法律、政治、经济等多方面的价值判断，如何促使公益的增进及维持，以及如何调和与私人的基本权利之间的紧张关系，都是宪法赋予立法者的形成权，由立法者以制定法律的方式来消弭及调和。④ 应在未来金融消费者保护专门立法过程中,⑤ "剥离"现有金融监管机构的金融消费者保护职责，成立独立的金融消费者保护机构，履行个人金融数据监管职能。

---

① 参见郑岩:《从私益到公益：金融信息权保护路径研究》,《辽宁大学学报（哲学社会科学版）》2021 年第 2 期。

② 参见《凯文·凯利斯坦福演讲：现在只是分享时代的早期》,载 http://news.cnfol.com/it/20160103/22046845.shtml, 2021 年 11 月 17 日访问。

③ 参见程啸:《论大数据时代的个人数据权利》,《中国社会科学》2018 年第 3 期。

④ 参见胡建淼、邢益精:《公共利益概念透析》,《法学》2004 年第 10 期。

⑤ 参见彭扬:《央行：推动金融消费者保护专门立法》,载 https://baijiahao.baidu.com/s? id = 1709299541114320959&wfr=spider&for=pc, 2021 年 11 月 30 日访问。

（一）"一行两会"分散保护下个人金融数据监管障碍

金融消费者个人金融数据安全属于金融消费者信息安全权范畴，目前由中国人民银行、中国证券监督管理委员会、中国银行保险监督管理委员会（以下简称"一行两会"）具体履行本领域的个人金融数据安全监管职责，① 个人金融数据监管呈现出分散化特点。

表1　"一行两会"金融消费者保护机构设置

机构名称	金融消费者保护机构名称	职能范围	处室设置
中国人民银行	金融消费权益保护局	综合研究金融消费者保护重大问题，拟订发展规划和业务标准，建立健全金融消费者保护基本制度。牵头建立金融消费者保护协调机制，统筹开展金融消费者教育，牵头构建监管执法合作和非诉第三方解决机制。协调推进相关普惠金融工作。依法开展中国人民银行职责内的金融消费权益保护具体工作。	综合处、监督检查处、金融教育处、投诉管理处、普惠金融处
中国银行保险监督管理委员会	消费者权益保护局（消保局）	研究拟订银行业和保险业消费者权益保护的总体规划和实施办法。调查处理损害消费者权益案件，组织办理消费者投诉。开展宣传教育工作。	未公布
中国证券监督管理委员会	投资者保护局（投保局）	负责投资者保护工作的统筹规划、组织指导、监督检查、考核评估；推动建立健全投资者保护相关法规政策体系；统筹协调各方力量，推动完善投资者保护的体制机制建设；督导促进派出机构、交易所、协会以及市场各经营主体在风险揭示、教育服务、咨询建议、投诉举报等方面，提高服务投资者的水平；推动投资者受侵害权益的依法救济；组织和参与监管机构间投资者保护的国内国际交流与合作。	未公布

---

① 中国人民银行在反洗钱、金融消费者权益保护和征信等领域颁布规范，如《金融机构反洗钱和反恐怖融资监督管理办法》《关于银行业金融机构做好个人金融信息保护工作的通知》《关于金融机构进一步做好客户个人金融信息保护工作的通知》《征信业务管理办法》。同时，中国人民银行出台标准指引，如《个人金融信息保护技术规范》；原银监会出台《商业银行信息科技风险管理指引》《银行业金融机构外包风险管理指引》等规范；银保监会出台《银行保险机构信息科技外包风险监管办法》；证监会出台《证券期货业数据分类分级指引》等。

由多个主体履行金融消费者保护职责容易造成监管冲突和真空。大数据背景下,科技的无边界性与数据多元性的结合加剧了金融业混业经营的特征,同一类个人金融数据可能同时被运用于银行保险、证券等多个领域。各个金融监管主体下设的金融消费者保护部门的各自职责范围和对金融消费者的表述迥异,容易产生监管冲突和监管真空。如表 1 所示,"一行两会"在定义金融消费者方面即已产生冲突。中国人民银行采用"金融消费者"表述,银保监会则在 2018 年机构整合的基础上,将原保监会所称的保险消费者和银监会所称的银行消费者统一称为"消费者",证监会则聚焦于本领域金融消费者投资的特征,采用"投资者"的称呼。从实质来看,不论是银行、保险还是证券业的消费者,均为金融消费者,应统一采纳金融消费者表述。① 虽然中国人民银行 2016 年发布《中国人民银行金融消费者权益保护实施办法》设置了"个人金融信息保护"专章,但仅适用于银行业,提供跨市场、跨行业交叉性金融产品和服务的其他金融机构以及非银行支付机构,同样属于金融消费者的保险消费者和证券消费者(投资者)却无法在个人金融信息方面获得特别保护。

此外,由关注金融市场稳健运行的"一行两会"内设金融消费者权益保护部门实施个人金融数据保护容易造成监管职责冲突。相较于金融消费者权益的保护,同时负责促进银行业和保险业稳健运行的"一行两会"更注重行业整体利益的维护,当与金融消费者权益保护发生冲突时,金融消费者权益保护就极易沦为一般金融监管目标的附庸。② 数字经济的发展,个人金融数据的合理利用对金融业的创新发展至关重要。若由"一行两会"内设的金融消费者保护机构具体负责个人金融数据监管,实则将个人金融数据的保护和利用复合归属于同一个机构,放大了上述金融业发展和个人金融数据保护的冲突。

(二) 独立金融消费者保护局监管框架的分步设计

个人金融数据安全监管主体设计,有学者认为应由银保监会、证监会分别履行银行保险、证券市场的个人金融数据保护职责,央行负责沟通与协调较为

---

① 参见杨东:《论金融服务统合法体系的构建——从投资者保护到金融消费者保护》,《中国人民大学学报》2013 年第 3 期。

② 参见郑岩:《数字金融背景下个人金融数据风险监管问题》,《沈阳师范大学学报》2021 年第 2 期。

妥当。① 也有学者建议整合"一行两会"金融消费者保护职责，成立统一的金融消费者保护机构，由该机构统一负责整个信息领域的保护职责，同时在金融领域与金融监管机构积极开展合作，就金融行业的信息保护作具体的执行性规定。②

金融业混业经营发展趋势下，统一的金融消费者保护机构设置能有效促进金融消费者保护水平的提升。然而，金融消费者保护部门的设置，与一国金融部门的法律体制、组织架构、业务规模、监管能力、政治优先级、金融市场发展程度密切相关。③ 为有效平衡个人金融数据保护与共享利用之间的冲突抵牾，结合我国金融监管体制，建议在未来出台的《金融消费者保护法》中统一金融消费者保护工作的负责部门。对此，可参照金融法院先行设立金融法庭，而后独立设置金融法院的实施方式，④ 在剥离银保监会、证监会个人金融数据安全监管职能基础上，短期内统一由中国人民银行下设的金融消费权益保护局行使金融消费者保护职能，形成由下设于中国人民银行的独立金融消费者保护机构以及银保监会、证监会、各金融业协会等组织积极落实金融消费者保护机构要求，并促进个人金融数据利用的个人金融数据监管架构。未来再设置单独的金融消费者保护机构，以保障其独立性和专业性。

将统一的金融消费者保护机构下设于中国人民银行，存在制度上和实践中的可行性。制度层面，我国《个人信息保护法》和《数据安全法》均明确金融监管部门负责职责范围内的个人金融数据保护工作。⑤ 上述规定中的金融监管部门并没有特指"一行两会"，为未来履行个人金融数据监管职责的机构设置留下了空间。此外，中国人民银行实然承担了大数据背景下个人金融数据保护职责。我国个人金融数据安全监管始于中国人民银行，2011 年中国人民银行发布《关于银行业金融机构做好个人金融信息保护工作的通知》，规定由中国人

---

① 参见张继红、颜苏：《大数据时代我国金融信息保护机构的模式选择》，载郭峰主编：《证券法律评论》（2018 年卷），中国法制出版社 2017 年版，第 252-266 页。

② 参见廖凡：《论金融科技的包容审慎监管》，《中外法学》2019 年第 3 期。

③ 参见郑博等：《金融消费者保护的国际比较研究》，《宏观经济研究》2018 年第 3 期。

④ 2008 年上海在民事审判庭、刑事审判庭的基础上，专门设置了金融法庭，审理金融类案件。此后，南昌等地区先后设置金融法庭。2018 年，上海金融法院设立；2021 年，北京金融法院设立。

⑤ 《数据安全法》第六条第二款规定：工业、电信、交通、金融、自然资源、卫生健康、教育、科技等主管部门承担本行业、本领域数据安全监管职责。《个人信息保护法》第六十条第一款规定：国家网信部门负责统筹协调个人信息保护工作和相关监督管理工作。国务院有关部门依照本法和有关法律、行政法规的规定，在各自职责范围内负责个人信息保护和监督管理工作。

民银行及其地市中心支行以上分支机构对银行业金融机构履行个人金融信息保护义务情况进行监管。此后，中国人民银行下发了《关于金融机构进一步做好客户个人金融信息保护工作的通知》《中国人民银行金融消费者权益保护实施办法》《个人金融信息保护技术规范》等一系列文件，对个人金融数据保护提出明确要求。实践方面，中国人民银行在金融消费者保护，尤其是在个人金融数据保护方面具备网点人员优势和技术优势。与同样实行垂直管理的银保监会、证监会派出机构覆盖到省级区域相比，中国人民银行的网点众多，能覆盖到市县级区域，有利于保障基层金融消费者个人金融数据权益保护。此外，个人金融数据保护制度多以技术标准先行的方式出台，而中国人民银行同时承担金融标准化组织管理协调和金融科技相关工作，便于统一开展金融科技背景下个人金融数据保护工作。《个人金融信息保护技术规范》是目前个人金融数据保护领域的重要指南，负责金融标准化技术归口工作的全国金融标准化技术委员会（SAC/TC 180）秘书处设在中国人民银行科技司。[①]

　　具体职责方面，内设于中国人民银行的金融消费者保护机构除承担保障金融消费者知情权、金融消费者资产安全等权利外，还应重点保障金融消费者个人金融数据安全权，包括在特定情况下，代替大量个人金融数据受侵害的金融消费者提起个人金融数据公益诉讼。技术的运用加剧了个人金融数据损害的隐蔽性、潜伏性、扩散性，虽然《个人信息保护法》明确了个人信息受侵害后的举证责任倒置，但与传统个人金融数据受侵害情形不同，大数据背景下个人金融数据受侵害也存在受害主体数量巨大，单一受害主体损失较小的特点，使得个人金融数据侵害具备了公益诉讼的特征，需要由专业机构代替金融消费者维护其合法权益。最高人民检察院 2020 年 9 月出台《关于积极稳妥拓展公益诉讼案件范围的指导意见》，已然明确将个人信息保护作为网络侵害领域的办案重点，纳入了公益诉讼范畴。未来应在金融消费者保护专门立法中，明确侵害众多不特定金融消费者合法权益等损害社会公共利益的行为，独立的金融消费者保护机构可以向人民法院提起公益诉讼。在与检察机关职责划分上，检察机关在发现损害个人金融数据的情形后，应当首先履行诉前程序，依法督促或者支

---

① 《第四届全国金融标准化技术委员会章程》。

持金融消费者保护机构提起民事公益诉讼。①

最后，应注重发挥第三方机构对独立金融消费者保护局个人金融数据安全监管中的补充作用，包括金融行业协会的自律监管和中介机构的监督作用。政府、市场和社会组织在结构、功能等层面的互补性决定必须通过多元协同合作供给，方能有效求解单一供给方式面临的困境。② 我国《数据安全法》已肯定行业协会在数据安全保护中的作用，明确要求推动有关部门、行业组织、科研机构、企业、个人等共同参与数据安全保护工作。实践中，基金业协会、保险业协会等金融业协会在自律监管中承担了部分金融消费者权益保护职能，由其承担部分个人金融数据投诉纠纷化解工作，可以有效缓解监管机构面临的工作压力。同时，也可参照目前财务审计制度，设立第三方大数据审查机构对个人金融数据处理活动进行合规审查。《个人信息保护法》明确要求个人信息处理者定期对其处理个人信息遵守法律、行政法规的情况进行合规审计，并赋予"履行个人信息保护职责的部门"在履行职责中可以要求个人信息处理者委托专业机构对其个人信息处理活动进行合规审计。在具体实施层面，由于个人信息处理活动关涉个人隐私，建议未来出台对实施审计的第三方机构进行考核的具体要求，并授予其执业资格。③ 第三方中介机构凭借其专业能力，对金融机构的数据准确性、分析合理性及算法安全性进行审核，促使其做到数据合规。

四、监管对象扩展：第三方服务提供商的监管纳入

大数据的广泛应用，打破了个人金融数据主要由特定金融机构处理的封闭性，以开放银行为代表的开放金融模式，彰显了市场对个人金融数据开放共享的强烈需求。数据开放共享中，第三方服务提供商（Third-pafrty Service Provid-

① 参见《最高人民法院、最高人民检察院关于检察公益诉讼案件适用法律若干问题的解释》第十三条规定：人民检察院在履行职责中发现破坏生态环境和资源保护，食品药品安全领域侵害众多消费者合法权益，侵害英雄烈士等的姓名、肖像、名誉、荣誉等损害社会公共利益的行为，拟提起公益诉讼的，应当依法公告，公告期间为三十日。公告期满，法律规定的机关和有关组织、英雄烈士等的近亲属不提起诉讼的，人民检察院可以向人民法院提起诉讼。人民检察院办理侵害英雄烈士等的姓名、肖像、名誉、荣誉的民事公益诉讼案件，也可以直接征询英雄烈士等的近亲属的意见。
② 参见李蕊：《公共服务供给权责配置研究》，《中国法学》2019 年第 4 期。
③ 参见李勇、许荣编著：《大数据金融》，电子工业出版社 2015 年版，第 151 页。

er，TPP）实质上对个人金融数据具备了一定的处理能力，且代替银行等金融机构直接面向金融消费者。据此，需跳出对第三方服务提供商施以合同约束的传统民法思维之窠臼，将第三方服务提供商纳入个人金融数据监管对象范畴，增设准入前的资格认证和准入后的承担持续信息披露等监管义务。

（一）开放金融背景下第三方服务提供商实然参与个人金融数据处理

以开放银行为代表的开放金融契合了当下数据共享的需求。2019 年 12 月，英国金融行为监管局（FCA）发起了开放金融的征求意见（Call for Input：Open-Finance），并将开放金融列入其 2019 年和 2020 年业务计划，明确了开放金融下共享数据范围（见表 2）。2021 年 3 月，FCA 发布了对"开放金融"意见征集活动的反馈声明（Open Finance-Feedback Statement），阐释了开放金融的下一步发展计划。[①] 澳大利亚的消费者数据权（Consumer Data Right，CDR）超越了开放银行业务，赋予第三方访问消费者抵押和个人贷款数据的权利。[②] 我国的开放金融实践业已拉开序幕，如 2020 年 9 月浦发银行、太平洋保险、国泰君安证券等 12 家融合银证保业务的金融机构成立了开放金融联盟。

开放金融是指用户可以通过应用程序编程接口（API）等技术向受信任的应用方（TPP）授予对其数据的访问权限，应用方可以使用这些数据来开发满足消费者当前和未来需求的创新产品和服务（见图 1）。作为在其他部门更广泛地推动开放数据的一部分，开放金融还可以支持跨部门创新并帮助在整个经济中释放数据的价值。

[①] See FCA, Call for Input：Open Finance, available at https：//www.fca.org.uk/publication/call-for-input/call-for-input-open-finance.pdf, visited on May 20, 2022.

[②] See ACCC, Commencement of CDR Rules, available at https：//www.accc.gov.au/focus-areas/consumer-data-right-cdr-0/commencement-of-cdr-rules, visited on May 20, 2022.

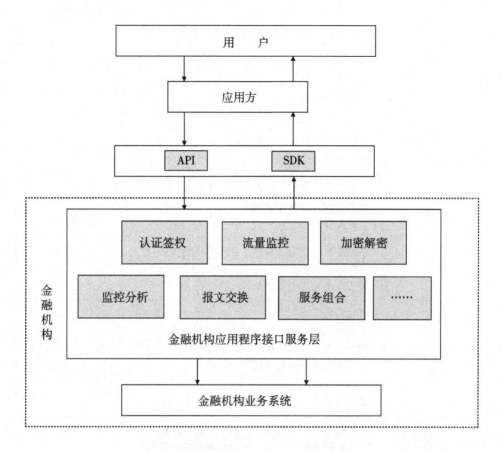

图1　开放金融应用程序接口逻辑结构图①

　　开放金融的核心要素是数据，基本要求是数据共享，重要参与主体是第三方服务提供商，运行前提是第三方服务提供商对诸如客户数据的读取。由表2可看出，第三方服务商可以根据业务场景的不同，读取诸如客户姓名等基本数据以及金融账户交易等个人敏感数据。如何规范第三方服务提供商的数据共享行为，将是开放金融健康发展的前提，也是开放金融活动中维护金融消费者权益和金融安全的重要措施。

---

① 根据中国人民银行《商业银行应用程序接口安全管理规范》绘制。

表 2　开放金融下共享数据范围①

市场	数据共享
储蓄	·产品信息（功能、条款，包括费用或收费） ·余额和交易信息
抵押贷款	·产品信息（功能、条款，包括费用或收费） ·余额（贷款规模）和财产价值 ·支付记录
消费信贷	·产品信息（功能、条款，包括费用或收费） ·信用额度、限额和余额 ·付款和使用记录
投资	·产品信息（功能、条款，包括费用或收费） ·余额和交易信息 ·投资历史和历史风险敞口
养老金	·产品信息 ·基金价值和预测 ·贡献历史 ·投资资产的费用和收费 ·当前的缴费率 ·累积回撤率
保险	·产品信息（政策功能、包括费用或收费在内的条款、除外责任） ·基本客户数据（姓名、地址、索赔历史数据） ·其他客户信息

　　与国外开放金融实践自始由监管层"自上而下"推动，在早期将第三方服务提供商纳入监管的路径不同，我国开放金融实践呈现出金融机构自主发起的特点，由四大行等金融机构依托集团资源优势，将金融服务融入合作伙伴企业门户 App。虽然近年来中国人民银行相继出台《金融科技（FinTech）发展规划（2019-2021 年）》《商业银行应用程序接口安全管理规范》，明确要借助 API 深化跨界合作，拓展金融服务的广度与深度，但关于第三方服务提供商数据共享的相关规则体系与治理框架尚在构建过程中。2020 年《个人金融信息保护技术规范》将受"监管"主体拓展至新型的互联网金融持牌机构和地方的金融组

---

① See FCA, Call for Input: Open Finance, available at https://www.fca.org.uk/publication/call-for-input/call-for-input-open-finance.pdf, visited on May 20, 2022.

织，其将金融机构定义为"由国家金融监管部门监督管理的持牌金融机构，以及涉及个人金融信息处理的相关机构"。但《个人金融信息保护技术规范》作为行业标准，仅参考适用而无强制力。① 在开放金融背景下，应加强对第三方服务提供商的处理个人金融数据的监管。

（二）应明晰第三方服务提供商的资格认证与信息披露义务

在开放金融背景下，原始收集者或处理者将数据传输给第三方，第三方使用或传播数据不当，采取的安全措施不充分或弱于预期，均会使个人金融数据面临较大威胁。检视我国《个人信息保护法》和《数据安全法》，集中于信息披露等角度对第三方数据处理机构提出要求，但并未明确第三方服务提供商的事前准入资质要求。在信息披露义务方面，仅要求个人信息处理者承担一般公开信息披露义务。不同于一般产业，个人金融数据不仅关涉个人隐私，而且攸关国家金融安全，第三方服务提供商资质的空白和承担信息披露义务内容的不完全性，不利于个人金融数据保护和有效利用。

一方面，需要明晰第三方服务提供商认证标准。各国均对第三方服务提供商的资质提出相关要求，如 FCA 将第三方服务提供商纳入监管范畴，英国在启动开放银行计划时，即已要求其中的账户信息服务商（Account Information Service Providers，AISP）和支付发起服务提供商（Payment Initiation Services Provider，PISP）在开展业务前，必须获得 FCA 的注册或授权。② 我国金融监管部门也明确了要将所有金融活动全部纳入监管，③《个人信息保护法》赋予金融监管机构对处理敏感个人信息的行政许可设定权，明确"法律、行政法规对处理敏感个人信息规定应当取得相关行政许可或者作出其他限制的，从其规定"。未来，建议我国金融监管部门将参与金融活动的第三方服务提供商纳入监管范畴，明确资质条件标准，包括第三方服务提供商的安全政策、治理、业务连续性安

---

① 《个人金融信息保护技术规范》（JR/T 0171—2020）由中国人民银行发布，属于金融行业标准。根据《标准化法》规定，行业标准属于推荐性标准，而非强制性标准。

② See FCA, The FCA's Role under the Payment Services Regulations 2017 and the Electronic Money Regulations 2011.

③ 参见孟凡霞、李海颜：《银保监会：依法将金融活动全面纳入监管，所有金融业务必须持牌经营，消除监管套利》，载 https://baijiahao.baidu.com/s? id＝1710231318437551058&wfr＝spider&for＝pc，2021 年 11 月 20 日访问。

排以及测试《重要数据目录》① 中描述的重要数据的访问流程。此外,由于开放金融下第三方服务提供商所参与的金融数据的重要性和专业性,也可要求负责第三方机构管理的董事或高级管理人员具备提供开放金融服务的适当知识和经验,其水平应与业务活动固有风险的性质、复杂性和规模相称。

另一方面,需明确第三方服务提供商的定期信息披露义务。金融消费者的知情权保障是个人数据保护的核心内容,金融机构与第三方机构履行持续公开的信息披露义务是保障金融消费者知情权的关键手段。② 开放金融模式下,数据交互中个人金融数据暴露风险陡增。一项调查显示:如果个人金融数据发生泄露,55%的消费者会将其归咎于第三方服务提供商。③ 我国现有数据监管法律虽已构建了个人信息处理者的信息披露规则体系,但集中于个人信息处理者获取授权时的基础信息披露和发生损害时的临时信息披露,均为"一次性"披露信息,而鲜少关注数据使用过程中的定期信息披露。如《个人信息保护法》第十七条明确了第三方服务提供商处理一般信息时需要公开名称、联系方式等基础信息,第三十条明确处理敏感个人信息时需要公开的处理必要性、对个人权益的影响;《数据安全法》第二十九条规定了发生数据安全事件时,应当立即采取处置措施,按照规定及时告知用户并向有关主管部门报告。大数据背景下,数据处理活动的高频化与"一次性"的信息披露操作产生冲突,个人金融数据处理者是否按照其所披露的规则严格开展处理活动,个人由于信息不对称原因而难以获知。故而,应构建第三方数据服务提供商在处理个人金融数据时的定期信息披露义务。具体而言,可以参照传统金融机构信息披露义务的范围,明确第三方服务机构信息披露义务包括定期信息披露和临时信息披露。定期信息披露包括月度、季度、年度数据处理报告等内容的公开。临时信息披露包括变动类信息,如可能影响第三方经营能力、数据处理能力的信息,以及数据安全事件的临时披露。

---

① 《数据安全法》第二十一条第一款规定:……国家数据安全工作协调机制统筹协调有关部门制定重要数据目录,加强对重要数据的保护。

② 参见赵吟:《论开放银行数据共享中的信息披露义务》,《政治与法律》2021 年第 2 期。

③ 参见胡伟洁:《英国开放银行计划的影响》,《中国金融》2021 年第 11 期。

五、监管方式迭代：实时化、预判性的事前监管

数据在利用中实现价值，金融是数据价值变现的最重要领域之一。[①] 个人金融数据由封闭静止转变为高速流动，在促进数据高度利用的基础上，也对金融监管机构常态化、实时化、动态化的个人金融数据监管方式提出了新的要求。

（一）以事后监管为主的个人金融数据监管困境

由于传统的金融活动以线下为主，且底层数据静止于特定金融机构内部、呈现出碎片化特征，传统金融监管侧重于对金融机构已固化静止性历史数据进行查阅分析，以判定金融机构是否履行合规义务，具体表现为监管机构通过实际驻场进行专项检查，或要求金融机构进行报表报告等方式开展监管活动。然而，上述监管措施均属于对被监管机构过去特定时段内已实施行为的事后评判，存在滞后性。

随着数字金融的发展和信息技术的深层运用，诸多交易得以在线上完成，金融机构对个人金融数据已实现了电子化形式存储及处理，个人金融数据也具备数量上的规模化、类型上的多样性和流通上的高速性等特征，传统的迟滞化的事后监管难以因应高频流动的个人金融数据利用活动，金融监管的难度逐步增大。因为事后监管所观测到的问题只是特定被监管对象在过往某一时期内的个人金融数据合规状态，实践中在爆发严重个人金融数据安全事件或重大负面舆情的情况下，相关部门方才采取对金融机构进行监管约谈等监管措施，存在严重的滞后性，而目前尚未建立制度化、常态化的实时监测工作机制。

（二）运用监管科技实现预判性的事前监管

金融的数字化发展也需要监管的数字化因应，而监管的艺术在于既不限制市场的创造力，又能敏锐地嗅到新的市场风险而防患于未然。[②] 伴随着金融科技的深度发展，亟须通过科技来强化个人金融数据安全监管的有效性，包括利用自动化的程序以降低金融监管成本、借助数据分析科学来强化资料识别及分

---

① 参见吴晓灵、丁安华：《平台金融新时代——数据治理与监管变革》，中信出版集团 2021 年版，第 147 页。

② 参见万建华：《金融 e 时代：数字化时代的金融变局》，中信出版社 2013 年版，第 235 页。

析能力。[①] 大数据、人工智能、区块链等监管科技[②]的运用,为常态化、实时化、动态化的个人金融数据安全事前监管创造了条件。

一是通过 API 等监管科技手段,实现金融监管机构获取监管数据的实时性。借助 API 技术将金融监管系统直接对接到金融机构系统,通过实时的数据抽调等行为,实现金融监管机构对数据行为的直接、实时获取,减少传统金融监管下监管机构需实际驻场获取实时监管所需资料的成本,也降低了金融机构履行合规报送义务时中间环节所产生的数据泄露风险。金融监管机构系统与金融机构的系统对接,实质上是金融监管机构单方面数据获取,据此需要设定监管科技可自动爬取金融机构系统数据的范围(目录),[③] 使金融监管得以遵从臂距原则,实现谦抑和适度。

二是借助人工智能(AI)分析,实现金融监管的预判性。通过大数据分析与风险画像,可以有效观测个人金融数据处理情况,提前预判可能存在的个人金融数据安全风险,提升个人金融数据监管的前瞻性和准确性,促进个人金融数据的合理保护与有效利用。在关注大数据分析技术带来便利性同时,数据应用本身所产生的"数据风险"也需要金融监管者予以警惕。因数据封闭而产生的全体数据不足、海量数据汇集而产生的过度混杂,以及集中于相关关系的数据可视化分析而缺少对因果关系的细致探寻,使得大数据在带来便捷的同时,也产生了由于数据真实性和"虚假关系"所带来的数据分析错误风险,即"数据风险"。如果协助作出交易决策的自适应机器学习系统,很多甚至全部存在同

---

① See Dirk Broeders and Jeremy Prenio, "Innovative Technology in Financial Supervision (SupTech) -the Experience of Early Users", *FSI Insights on Policy Implementation*, No. 9, 16-17, available at https://www.bis.org/fsi/publ/insights9.pdf, visited on Nov. 19, 2021.

② 对于监管科技(SupTech,我国台湾地区称为"监理科技")的概念,学界早期将其与合规科技(RegTech,我国台湾地区称为"法遵科技")混用,认为狭义的监管科技是指金融机构内部使用科技手段达到合规要求,广义的监管科技则不仅包括金融机构的使用,还包括金融监管机构使用科技手段来达到监管目标。参见杨东:《监管科技:金融科技的监管挑战与维度建构》,《中国社会科学》2018 年第 5 期;臧正运:《监理科技发展的关键挑战——以台湾纯网银数位监理申报机制为例》,《月旦法学杂志》2021 年第 9 期。2020 年 10 月 FSB 发布的报告中,明确区分 SupTech 与 RegTech。本文提及的监管科技指 SupTech,仅指金融监管者在对创新技术的利用。See FSB, The Use of Supervisory and Regulatory Technology by Authorities and Regulated Institutions-Market Developments and Financial Stability Implications (2020), available at https://www.fsb.org/wp-content/uploads/P091020.pdf, visited on Nov. 20, 2021.

③ 参见许可:《数据爬取的正当性及其边界》,《中国法学》2021 年第 2 期。

样的缺陷，那么整个市场就会变得更加脆弱。① 一方面，大数据分析对数据的质量和要求极高，一旦混入错误信息会使数据分析结果失真，干扰金融监管决策。另一方面，即便数据真实，大数据分析结果也可能因集中于对相关关系的分析而使分析结果缺少逻辑推理和因果关系的洞察而"失真"。此外，断裂数据、缺失数据的存在将会使这种虚假关系伴随数据量的增长而增长，从而很难接触到真相。② 综上，运用大数据提升监管效能的同时，金融监管部门应警惕个人金融数据监管中产生的"数据风险"，并制定具体细则规范金融市场主体数据质量，同时应建立具体规章制度规范基于大数据分析的决策行为。

诸如大数据、人工智能、云计算等监管科技的运用，在提升金融监管效能的同时，也对金融监管资源、力量提出了新的要求。除了金融监管机构主导研发的监管系统外，基于监管力量的有限性，不可避免与第三方科技公司存在技术上的委托开发等关联。在使用第三方科技公司开发的监管科技时，应首先利用监管沙盒，在小范围测试监管科技解决方案的可行性，及时对测试情况进行评价和调试，而后再投入使用，以控制和降低因技术创新带来的个人金融数据泄露风险。③

---

① 参见［英］维克托·迈尔-舍恩伯格、肯尼斯·库克耶：《大数据时代：生活、工作与思维的大变革》，盛杨燕、周涛译，浙江人民出版社 2013 年版，第 41-42 页。

② 参见刘德寰、李雪莲：《数据生态的危险趋势与数据科学的可能空间——兼谈中国市场调查业的现状与问题》，《现代传播》2016 年第 1 期。

③ 参见张龄方：《论我国内地监管沙盒实施主体的确定》，《南方金融》2019 年第 7 期。

智慧停车政府规制的必要性和制度设计[*]

郑 翔[**] 高 婕[***]

目 次

很多城市车主都会遇到这样的情况,为了支付停车费用,自己的手机已经下载了好几个停车场的 App(应用客户端),但每次新到一个商场或者医院等公共场所的停车场,甚至只是去隔壁的小区停车,还得下载一个 App 才能在该区域的停车场使用车位、交付停车费。这些智能停车 App 似乎只完成了停车支付功能,却没有车主需要的空车位提示、车位引导、反向寻车甚至自动停车等功能。这不禁让人思考,智慧停车系统到底够不够智慧?是否真的解决了"停车难"问题?政府应该鼓励发展何种"智慧停车"系统?城市交通法律制度应该如何规制智慧停车这一新型停车模式?本文从智慧停车模式发展的现状出发,思考政府规制智慧停车的必要性,结合城市交通法律制度存在的缺失,提出完善智慧停车规制的一些设想。

[*] 本文获得北京交通大学专业学位研究生教学案例开发项目《轨道交通民事案例开发项目》资金支持。

[**] 北京交通大学法学院教授。

[***] 江苏省南京市雨花台区人民法院法官助理。

一、智慧停车政府规制的现实必要性

（一）智慧停车的概念和优势

随着我国城镇化建设速度加快，人口、资金、技术等要素急速向城市聚集，大中城市汽车保有量每年呈直线上升趋势。传统停车管理模式已无法应对日益激化的停车供需矛盾，在智能交通领域，许多厂商已投入巨大的研发力量研发智慧停车物联网系统，以实现停车诱导、车位引导、反向寻车、移动支付等功能。智慧停车信息化系统接入互联网建设被视为城市静态交通实现智能化管控，促进整个城市内停车资源的高效流转，解决城市交通拥堵和停车难的有效措施。

智慧停车，不仅是停车场场地的概念，而是一个智慧交通系统[1]中的重要组成部分。停车场是指供机动车停放的场所，包括独立建设的停车场、配建停车场、临时停车场。智慧停车是指智慧停车企业充分借助互联网和大数据资源，开发手机 App 或小程序，用户通过该程序获得停车（位）场位置查询、预订、导航等智慧服务，停车完成后向智慧停车平台在线支付停车费用的停车体系。[2]智能停车的建设目标是建成城市级综合停车管理系统，横向引入不同产权和管理模式的停车资源，构建统一的智慧停车服务平台。用户可以掌握实时更新的停车信息，减少车辆在途时间和缴费时间，提高停车位使用流转效率，以静态交通系统的高效、方便、灵活助力动态交通运行的畅通无阻。与传统停车管理模式相比较，智慧停车的优越性体现在：

（1）非现场管理，省时省力。用户只需在首次使用智慧停车平台时进行注册账号，输入个人信息和绑定车牌号，平台会通过用户的实时位置推送距离最近的停车位。驶出停车场时智慧停车平台自动感应计费、抬杆，全过程无感支付，使用时间和收费明细发送到用户手机，无需扫码、刷卡或付现，简化服务流程，提高出行效率。

---

[1] 智慧交通系统（Intelligent Transport System 或者 Intelligent Transportation System，ITS）是通信、控制和信息处理技术在运输系统中集成运用的通称，是将先进的信息技术、通信技术、传感技术、控制技术以及计算机技术等有效集成运用于整个交通运输管理体系，而建立起的一种在大范围内、全方位发挥作用的，实时、准确、高效的综合运输和管理系统，是一种能提高交通系统的运行效率、保障交通安全、降低环境污染、减少出行成本的信息化、智能化、社会化、人性化的新型交通运输系统。

[2] 参见刘宪：《城市公共停车与智慧交通的一体化解决方案》，《中国信息界》2014 年第 5 期。

（2）收费公开透明。传统停车场收费标准不一，部分停车管理员存在随意要价、侵吞停车费用的现象。智慧停车平台实现了在线提供停车服务，用户在手机端预约车位、计算时长、在线缴费、查询账单，有效减少乱收费现象。另外，传统停车管理模式非常容易发生现金外流的现象，智慧停车实行系统自动收费，每一笔账款都经过电脑统计分析和记录，减少了舞弊的可能。

（3）保证车辆停放环境安全。传统停车模式下人工收开卡可能导致停车无记录可循、车辆受损无法提供证据等问题，对车辆安全保障力度不够。智慧停车管理系统可以全自动存储每一笔泊车记录，出入口自动进行信息内容核对，提高停车环境的安全性。

（二）智慧停车运行实践中的主要问题

1. 智慧停车技术尚未实现全覆盖，供需矛盾仍然突出

智慧停车技术的引入，虽在一定程度上提高了用户停车的效率，但不能从根本上疏解停车难问题。平衡停车位的供需矛盾既要提高增量，扩大智慧停车设施的覆盖范围和新建智慧停车场（位），促进智慧停车产业发展，又要保证存量的高效流转，完善车位错时共享规则，满足用户多样化多层次的静态交通需求。

2. 停车资源缺乏统一调配机制，停车平台数量多、信息分散

许多城市进行的智慧停车建设中，政府积极引导、鼓励形成统一的停车信息平台，但是形形色色的资本进入智慧停车系统开发领域，成立各种类型各种规模的智慧停车经营企业，导致停车资源没有形成统一规范的调配机制。以北京市为例，北京市成立北京静态交通投资运营有限公司①，建立统一的官方信息平台。但实践中仍有大量停车平台未完全接入统一的官方信息平台。比如爱泊车开发的智慧互通、北京捷顺开发的天启平台、海淀区城市管理委（交通委）主导建设的"海淀区智慧停车管理服务系统"等。据统计，当下北京市的智慧停车企业数量多达 4500 余家，市场份额前 5 名的智慧停车平台提供的停车

---

① 北京静态交通投资运营有限公司是在市国资委、市交通委的领导下，由首发集团、首钢集团、京能集团、首开集团按照 28%、24%、24%、24% 的比例，共同出资 10 亿元组建的市属国有企业，于 2017 年 10 月成立。

泊位的数量总计仅占北京市的 11%。① 城市中智慧停车平台"野蛮生长"，分割城市停车资源，技术的运用并未实质解决城市"停车难"问题。

3. 存在逃避缴费、错误计费等现象

智慧停车平台的收费流程是车主在线上注册账户、绑定车牌，在线下通过停车设施的感知功能自动收取费用，无须设置停车管理人员。因为没有现场收费人员，部分用户发现了智慧停车的技术漏洞，采取遮挡车牌等手段故意逃避缴纳停车费用，导致高位摄像头等监控设备无法识别、计费和追缴。

另外，因为智慧停车系统需要车主自主输入车牌号码，实践中已出现车主错误输入车牌号并绑定，而智慧停车平台未能及时处理，导致车主面临天价滞纳金和接连不断收到催缴停车费用信息的现象。② 还有因智慧停车计费系统出现错误，给车主多计费的情况。③ 而应该缴纳费用的车主的知情权也受到了侵害，对自己已欠缴停车费用可能面临罚款和计入征信系统的情况并不知情。因为其不会收到相关智慧平台的提示信息，可能会误以为无须缴费或者误以为自己已经缴费。

二、智慧停车政府规制的制度需求

（一）智慧停车规制制度概况

智慧停车法律制度应涵盖智慧停车的布局建设、投融资、研发推广、运营维护各环节全过程。但是，在智慧停车产业蓬勃发展过程中，现有停车管理制度还不够完善，缺乏全周期的整体规范，对智慧停车规制的价值目标还未清晰定位。

我国法律法规中，关于机动车停放管理的规定，主要是 20 世纪 80 年代制定的《停车场建设和管理暂行规定》（2018 年废止）、《停车场规划设计规则（试行）》（2004 年废止），还有《道路交通安全法》及《道路交通安全法实施

---

① 参见张景华：《"互联网+停车"开启北京智慧停车新时代》，载光明网，https：//epaper. gmw. cn/gmrb/html/2017-11/15/nw. D110000gmrb_ 20171115_ 1-09. htm？div=-1，2021 年 1 月 15 日访问。

② 参见陈圣禹：《路侧电子停车输错了号码误绑了他车，没想到麻烦接踵而来》，载《北京日报》2021 年 3 月 11 日。

③ 参见江滢：《车开走了还在计费 "智慧停车" 咋了？回应：遭黑客，正在修复》，载《成都商报》2019 年 8 月 29 日。

条例》中关于车辆停放的规定。① 公安部 2009 年发布了行业标准《城市道路路内停车泊位设置规范》（GA/T 850—2009），规定了路内停车泊位设置的一些规范。

2015 年，国家发改委发布《关于加强城市停车设施建设的指导意见》，首次规定停车信息化建设吸纳社会资本、推进停车产业与互联网的深度融合发展，支持移动终端互联网停车应用的开发与推广。这被认为是国家层面实施建设信息化的停车场的开始。随后交通运输部和住建部也陆续出台了有关城市停车设施规划导则、建设指南和加强管理的通知，为城市停车设施的规划建设和日常管理提供方向性的引导。②

在地方层面，早期是从静态交通管理角度将停车定义为交通体系的一部分。近些年，许多城市制定了停车管理条例，对智慧停车管理做了一些原则性规定，总体思路是鼓励和推广应用智能化、信息化手段管理机动车停车场。如《北京市机动车停车条例》第七条规定，本市有序推进停车服务、管理和执法的智能化、信息化建设，引导停车服务企业利用互联网技术提高服务水平。《广州市停车场条例》第十条规定，市交通行政主管部门应当建立全市统一的停车信息管理系统，对收集到的停车场信息实行动态管理，实时公布经营性停车场和城市道路临时泊位的分布位置、泊位数量、使用状况和收费标准等信息。区人民政府应当在本行政区域内设置智能停车引导系统，发布停车引导信息，并负责停车引导系统的运行、维护和管理。区交通行政主管部门应当组织、督促辖区内的停车场经营者按照技术规范向停车信息管理系统实时、直接上传相关停车数据。

2019 年北京市正式实行道路停车改革，引入智慧停车电子计费模式，在城区范围内全面取消了人工停车收费。北京市交通委 2020 年发布《北京市机动车停车信息服务规范（试行）》，针对北京市辖区内智慧停车运行平台和各个停

---

① 《道路交通安全法实施条例》第三十三条规定：城市人民政府有关部门可以在不影响行人、车辆通行的情况下，在城市道路上施划停车泊位，并规定停车泊位的使用时间。

② 2019 年交通运输部等部门发布《绿色出行行动计划（2019—2022 年）》，提出推动智慧停车系统建设，促进"互联网+停车"融合发展，方便群众在线查询和预约停车泊位。2019 年公安部、住建部发布《关于加强和改进城市停车管理工作的指导意见》，要求建立城市停车基础信息数据库，持续更新城市停车场建设管理、布局、泊位使用、收费标准等数据，对外开放应用。建设城市停车管理信息平台，共享停车场库动静态信息，向社会提供信息服务。

车场的管理公司，规范其在停车信息的获取、使用，停车设施的建设、维护等环节的行为。2021年2月，交通运输部印发《关于开展ETC智慧停车城市建设试点工作的通知》，选定北京作为试点城市，提出数字赋能产业融合。结合"新基建"，通过大数据、人工智能、5G等与ETC技术的融合应用，强化"ETC+互联网"产业融合，打造ETC+静态交通管理、ETC+车主服务等ETC+产业链，形成数据驱动的管理服务新模式。

可以看出，针对智慧停车的管理规则散见于各个条例、办法、意见中，法律层级低，没有考虑智慧停车法律关系的复杂性。在宏观层面，智慧停车涉及产业政策、财政补贴、公共交通价格调控等问题；在微观层面，既有智慧停车平台不正当竞争、垄断价格、损害消费者权益等市场规制性质经济法问题，也有车辆保管合同、停车场车辆剐蹭事故、侵害个人信息和隐私的侵权责任等民事法律问题，还有因智慧平台非法交易个人信息、车辆及车辆财物盗窃引发的刑事法律问题。智慧停车管理的法律框架涉及多个法益，当前相关管理制度缺乏系统思考，智慧停车政策法规和交通管理法律衔接度不够。

（二）智慧停车规制制度的主要不足

1. 智慧停车规制机构职责不明监管范围交叉

智慧停车系统在智慧交通发展过程中属于新交通业态，相关的监管机构职责分散、多头管理、监管范围交叉、监管方式滞后于新技术的发展。以北京为例，智慧停车管理是由发展和改革委员会负责制定统一的收费标准，交通委运输管理局负责停车日常规范管理，公安局交通管理局施划路边停车位和处罚违章停车，城市管理委员会负责打击黑停车场，以及街道和居民委员会对居住小区进行行政管理和自治管理。因此，智慧停车管理事实上形成了多头管理的格局，在具体职责履行过程中会出现职能交叉、职能缺位问题。

2. 智慧停车市场主体定位不够准确

智慧停车系统运用范围比较宽泛，既有交通枢纽、旅游景点附近专门的地面停车场，也有商场、写字楼等专用的地下停车场或空中停车楼，占有城市道路划定的停车位，还有居住小区内部的停车场。这些停车场的性质存在较大差异。有些地域的停车资源偏向公益性，如医院附近的停车场，有些领域属于商业性，如高档小区的停车场。但是智慧停车平台市场准入机制没有加以区分，导致过多智慧停车企业急速进入市场，停车资源被无序分割。而智慧停车系统缺乏市场准入标准，也导致服务质量参差不齐，出现"智慧停车不智慧"的现象。例如智慧技术不过关、使用界面不方便；信息收集范围狭窄，容错率低；后台服务不完善等。

3. 智慧停车数据信息规制缺乏规范

(1) 智慧停车平台系统个人信息收集和使用规则不统一

停车信息属于隐私范畴，同时也是非常敏感的个人信息，它能够直接关联到个人，反映个人的特征。但是现在还缺乏智慧停车平台系统个人信息收集和使用的统一规则，在审核过程中没有严谨的信息安全审核机制，实践中出现部分平台不用任何验证，便可绑定车牌号，不仅第一时间接收到车辆出场通知，还可以通过"欠费记录"功能栏查询到车主的车辆入场时间、出场时间、停车地点、停车时长、车位号等信息。[①] 另外，与平台疏于管理缺乏审核相反的是，有些智慧停车平台要求用户填写身份证号码、个人家庭住址等信息，甚至要求刷脸识别。此类收集用户个人信息的行为超出了停车收费目的，过度收集个人信息。

(2) 智慧停车平台系统缺乏信息共享机制

当前，多个不同的智慧停车平台体系在一个城市中并存，却因为缺乏信息合作与共享机制，形成"信息孤岛"。即使城市政府管理机构想建立一个市级的停车统一信息平台，各智慧停车平台以保护商业机密为理由拒绝接入统一信息平台，有些停车场经营者认为收集、录入信息的工作烦琐，增加了额外的负担，有些单位内部停车场拒绝接收外来车辆，使得通过静态交通引导动态交通目的难以实现。

另外，智慧停车信息资源与执法、司法需要还无法高效衔接。例如，在车辆盗窃、剐蹭等法律纠纷的证据调取与核实环节，纠纷处理机构能否要求平台提供所收集的资料，是否需要车主事前的知情同意，证据调取的具体流程应如何设置等问题缺乏相关规定。再如，司法机关如需扣押案件被执行人的车辆，能否要求智慧停车平台帮助查询车辆停放位置、所有权人等车辆基本信息，是否与平台发布的用户协议冲突，以及哪些政府机关有调取信息的权力、是否需

---

① 参见孙朝：《随意查询他人停车位置，专家：智慧停车侵犯车主隐私需担责》，载《南方都市报》2021 年 5 月 6 日。

要向上级法院报批或者备案等，还缺乏具体法律规定。

4. 智慧停车收费机制存在缺失

停车政府定价制度难以规制智慧停车平台的价格垄断行为。对于道路停车，许多城市采用分区域分时段的差别化收费模式，但划分还不够精细。智慧平台利用区位优势，存在收取垄断高价或者隐性增加停车费用的现象。由于城市中心停车资源总是处于稀缺状态，而获得特定停车场经营权的企业总是具有某种区位的特殊垄断性，往往会利用该优势收取垄断高价。例如，在停车高峰期加收额外的费用；改变计价标准，如不按每 15 分钟计价，而按每半小时计价，导致停车时间即使仅超过 1 分钟，也要按照半个小时收费。

三、智慧停车规制的价值目标和基本原则

（一）智慧停车规制的价值目标

智慧停车是城市智慧交通建设的重要组成部分，其本质是城市管理问题，是要解决城市民生问题。智慧停车管理大大超出线下车场管理的难度，不仅要建立停车场业务管理规则、智慧停车平台数据管理规则，还要结合横向产业（例如物流、旅游业、公共交通等）的联合运营管理等，是对整个城市静态交通构成一个新的运营协作模式，因此需要对城市交通规制逻辑的理解和城市交通运营管理规则的创新。对智慧停车的规制，需要政府出台相关行业管理办法、多部门协同、产业政策结合行政法规等一系列引导，才能支撑起智慧停车平台的建设发展。

1. 智慧停车规制的效率目标

"大数据+互联网"时代的智慧停车，通过互联网把分散的停车场连接起来，破除信息孤岛，实现有限停车资源的优化配置，有效整合公共停车场、配建停车场、小区停车场的停车泊位资源，提高停车场的周转率、降低空置率，提高停车使用者的便利性和停车场的使用效率。通过数据资源的整合，增强城市交通管理部门监管能力，为停车场及道路交通资源规划提供辅助决策数据，提升管理水平和管理效率，而且可以通过科技征管手段，规范停车收费发票使用监管，促进城市相关税收增长。

从车主角度来看，为车主和车位提供对接服务，盘活车位空闲时间，提高

车位的使用率，真正实现数据共享。车主可以预先查询、预订空余泊位，盘活停车存量资源，减少车辆在途时间成本，节省了出行时间。

2. 智慧停车规制的安全目标

建立"互联网+智慧停车管理系统"，某种程度上相当于建立城市智能安全防范体系，可以通过智慧停车系统实时查缉布控盗抢、套牌车辆，查阅特定车辆轨迹，实现智慧城市物防、技防、人防、联防等四防一体化建设。

3. 智慧停车规制的秩序目标

对智慧停车平台的规制可以发挥政府公益服务作用。政府可以要求智能停车平台提供规范化的服务，实现五个统一：统一规划与设计、统一标准与接口、统一数据与应用、统一选型与采购，最后实现统一管理；让智慧停车系统真正成为一个大的数据共享与交换平台。最终完善城市停车管理体系，使城市停车管理网络化、信息化、规范化，从而营造顺畅的动态交通环境和有序的停车秩序，减少部分道路交通流，避免由于寻找泊车场所或者等候车位而造成的无效行驶，有助于维护交通秩序。

4. 智慧停车规制的环保目标

智慧停车平台的广泛使用，可以减少使用者对停车场的寻找时间，减少车辆的无效低速行驶，降低城市的碳排放和环境污染。还可以通过"互联网+智慧泊车管理系统"给决策者提供第一手信息数据，使停车场建设与环境治理相结合，为在人口密集的地方建设停车场或允许新能源汽车通行提供数据。

(二) 智慧停车规制的基本原则

智慧停车规制政策的基本原则应包括政府引导、企业参与、科学规划、便民利民。

政府引导指的是政府对智慧停车企业进行有效的监督管理和规则制订，尤其是在智慧停车的规划建设、运营管理、责任归属等方面完善制度的设计，规范市场主体的行为，建立公平有序的营商环境。

企业参与指的是鼓励企业研发使用新技术，引导智慧停车产业发展，形成投资多元化、经营规模化、管理专业化的产业发展格局，通过法律法规和行业标准的完善，为技术的推广使用提供制度上的保障。

科学规划指的是根据城市汽车保有量和已有的停车泊位的使用率等供需因素，对城市静态交通规划进行数据征集、科学论证、定期更新。

便民利民指的是智慧停车法律法规的制定应从人民群众的需求出发，综合考量机动车驾驶人员、行人、闲置车位的所有权人等多方主体的利益，提高群众出行质量。

四、智慧停车规制的制度设想

不同城市不同停车业态的多样性造成了整个停车信息系统业务逻辑的复杂性，城市智慧停车系统的规制，和单个车场管理体系相比规模庞大，需要在技术层面形成整体解决方案，综合运用大数据管理、信息安全管理、行业信息协同等管理能力。同时要考虑智慧停车系统联网后衍生的新业务功能需求，如分时租赁、充电桩等。规制措施的设计，不仅需要考虑技术规则的法治化，更需要深入思考停车本身线下业务逻辑和整个城市停车综合业态运营规制规律，形成科学、有效的治理模式。

（一）明确智慧停车监管机构职责

应明晰停车管理部门职责，建立统一管理机构。为统筹安排城市停车公共资源，规范公共停车管理和服务，机构上应将之前履行停车管理职能的各机构部门进行协调整合，建立统一、专业的智慧停车管理机构，针对违法违停、欠费不缴等行为实行综合执法治理。智慧停车涉及公共利益和社会治理秩序，可考虑由综合治理部门负责智慧停车管理机构的工作领导。职能上，智慧停车管理机构要协调统筹好两方面，一是市级智慧停车管理机构要从全市道路资源实际出发，管理智慧停车位的施划、建设、验收、运营，与智慧停车企业协作，为其开展停车服务提供规则的解读和方向的把控。二是各辖区智慧停车管理机构要在市级管理机构的领导下，整理辖区内道路的权属关系，升级改造居住区的传统停车位，盘点已有停车资源进行有效利用。

（二）扶持和规范智慧停车市场主体

1. 在产业扶持政策上，要加强静态交通基础设施改造，合理布局智慧停车场，鼓励发展智慧停车设施，改造传统停车场，优化供给服务。政府以设立新兴产业资助项目的方式，选取典型智慧停车企业的研发、建设项目进行分阶段分领域的资金资助，并且鼓励社会资本流入，以配发公司股份或者项目委托、授权经营等多元化的渠道对接社会资本，既减少财政的负担，又提高社会资本的参与度和活跃性。

2. 在市场准入方面，完善负面清单制度，结合智慧停车行业特点，建立行业统一的审查标准，审查重点在于智慧停车技术领域的精度是否达到行业的平均水平、用户协议的规定动作是否遵循平等原则、费用收取是否存在垄断价格、后期智慧停车位建设规划是否履行既定承诺等。由行业协会自查自纠后，交由市场监督管理部门复查。

3. 明确智慧停车企业的社会责任。(1) 在规划建设方面，智慧停车平台应遵循城市交通的系统规划，对于老旧小区、学校、医院、交通枢纽等地的智慧停车位配建数量应适度提高，对于城市边缘区域，要按照附近的汽车保有量规划、修建停车场，满足出行停车位的刚性需求。① (2) 考虑弱势群体的需求，例如关注残疾人、孕妇、儿童及老年人等群体的不同需求，充分体现人性化设计理念。在智慧停车场建设时应配设电梯、无障碍通道、电动汽车充电桩等，实现科学布局，方便出行。(3) 用智慧停车实现环境改善，减少碳排放。智慧停车平台应从查询、预约、导航、反向寻车、无感支付等方面优化服务内容，减少全过程的使用时间，降低机动车在停车场内和周边道路的滞留时长，实现节能减排、绿色环保的出行理念。

(三) 建立标准化智慧停车数据信息规制规则

1. 制定智慧停车平台车主个人信息收集使用标准

制定智慧停车平台车主个人信息收集使用标准的目的，是在公民个人信息权益保护与数字经济发展之间寻求平衡。智慧停车企业不能因为追求大数据这一核心资产而忽视公民的个人信息保护；同样，政府在制定规则时也不能片面强调个人信息保护，一味压抑企业在智慧停车技术开发方面的积极性和创造性。智慧停车平台运行具有车主信息的收集、利用、共享权利，又有保护用户信息不被滥用的义务。

智慧停车企业应当遵守《民法典》和《个人信息保护法》等相关法律法规的规定，以合法正当、量少够用、不过度处理为原则，建立健全用户信息安全保护机制，在用户同意的基础上，公开信息收集的目的、方式和使用范围后，

---

① 参见舒诗楠、张晓东、李爽：《北京多层级协同停车规划体系构建与治理实践》，《城市交通》2019 年第 1 期。

才能收集利用个人信息。为车辆缴费，提供车牌号和手机号加上必要的网上支付方式就足够了。规定平台不能向用户推送个性化信息及广告，收集的个人图像、身份特征信息只能是平台运营所必需，不得公开或者向他人提供。

2. 规范智慧停车平台信息共享规则

健全停车信息共享制度，签订信息共享和保护协议，通过建设统一的停车资源云盘，供各平台上传停车数据，设定云盘管理员，实现停车信息资源在智慧停车、智慧交通领域的共享共建，为政府相关部门制定政策方针时提供第一手信息资料，缓解目前智慧停车信息碎片化的趋势。主要内容包括：鼓励各智慧停车平台接入市级静态交通数据平台，协调交管部门、公安部门等建设智慧交通大数据信息共享平台，为进行智慧交通的综合监测、分析、决策提供数据支持。

3. 利用数据信息平台实行智慧执法、智慧司法

交管部门针对违法停车、欠费不缴等事项开展执法时，可通过查询平台数据库中涉事车辆违法次数，选择不同的处罚措施：初次违法应以批评教育为主，违法次数较多的应在法定范围内加大处罚，后续交管部门应在智慧停车平台公开发布执法意见通知书，保证执法的透明和公正，公示违法车主部门的部分信息也可以起到警示和教育作用。再如，在法检系统与平台之间打通绿色通道，法检办案人员在线提供立案证明，便可获取案件审理需要的影音录像、车主信息、行车路线等证据；在案件执行阶段，可对接智慧停车平台查询失信被执行人名下车辆信息，分析行车位置辅助确定失信被执行人是否有高消费行为。

（四）完善智慧停车收费规制机制

1. 完善计费的信息披露和公开制度

首先，应在法律中明确停车场的商业性质，将机动车停放作为一个市场来运作，其管理措施要反映停车空间和时间方面的经济效益和环境成本。停车场不同于为全体市民提供服务的道路、轨道等公共设施，其具有一般商品属性，应该坚持用者自付的市场化原则。政府应该是政策措施的制定者和设施运行管理的监管者，车位建设运营应由商业资本来经营，使停车成为一个经营性产业。其次，如果占据城市道路停车，因为城市道路属于公共所有的资源，停车位的建设占用了部分公共资源，在一定程度上牺牲了社会资源，所以停车收费应收之于民、还之于民。最后，考虑到商业化的停车服务，因为区位优势属于资源

稀缺的商品,政府划定的道路停车位又具有公共产品属性,属于政府定价的范畴。因此,政府向社会公开应当明确智慧停车的收费制度依据,制定统一、合理的收费标准,公开政府公益性停车场的收费明细,严格规范商业化停车场价格行为,要求其明码标价。

2. 实行城市停车资金专项制度

对政府公益性停车收益,实现资金专款专用,应将上交的停车费用设置专门账户,用于发展和建设智慧停车产业、完善公共停车设施和交通设备以及维护和修缮停车占用的道路。

3. 进一步细化差异化的收费标准

具体区分方法包括分区域:根据城区人口和建筑密度、商业繁华程度、车位供需状况等因素划分区域;分类型:公建配建、居住区小区、枢纽、公共停车场;分位置:路内车位,路外地面车位,地下车位;分时段:白天、夜间或高峰时段,非高峰时段;分形式:按时间(小时、天、月、年)收费、按时间递进收费、按次收费、免费。收费结构上,按照资源性质以及停车管理理念,路边、占用道路资源的停车位收费应该高于地下停车位。同时,为合理利用停车资源,应调整路外与路边停车、地上与地下车位的收费比例,以平衡路外与路边、地上与地下停车的关系,让道路主要用来通行。①

4. 提供计费错误救济渠道

针对计费错误,智慧停车平台应该开通线上投诉渠道,由专属客服团队对停车计费争议进行解决与反馈。同时,在订单页面增加收费异议选项,用户选择此项后,停车费用暂不扣除,待争议解决后再行支付停车费用。政府针对公众投诉较为集中的停车收费违规行为,增设平台监督员,及时处理用户投诉事项;对多次发生违规计费的平台下发整改通知书;实行停车场线下随机巡视,检查设备运营情况,现场解决停车发生的矛盾纠纷。建立智慧停车企业、从业人员信用记录,纳入信用信息共享交换平台,如果出现部分智慧停车服务商涉嫌违法违规收费、拒绝退费等严重失信行为,应实行政企合作、多元监管和联合惩治,完善企业信用监管制度。

---

① 参见郑翔:《北京市治理交通拥堵法律问题研究》,北京交通大学出版社 2016 年版,第 154 页。

结 论

　　智慧停车技术的推广使用让人民感受到指尖上的优质智慧停车服务体验，也提高了动态道路的通行效率，减少了因停车慢、停车难引发的拥堵现象，实现了整合传统停车资源，创新管理模式的基本目标。但是，仅有一套智慧停车的基础技术架构远远不够，在法律制度层面完善智慧停车运行规则具有重要作用。应把智慧停车制度设计置于整个智慧交通系统中进行考量，特别是"十四五"规划中提出构建基于 5G 的应用场景和产业生态，与自动驾驶深度融合，实现动静态交通紧密结合、车路协同的出行服务，建立兼具绿色环保、安全可靠、高效快捷的信息化、智能化、法治化的智慧交通运行体系，更要不断更新智慧停车法律制度设计，实现公共资源的合理利用。

防范化解重大风险与政府投资项目
"后评价"的法律完善[*]

张 艺[**] 尹艺霏[***]

目 次

2021 年 12 月举行的 2021 年中央经济工作会议指出:"要正确认识和把握防范化解重大风险。要继续按照稳定大局、统筹协调、分类施策、精准拆弹的方针,抓好风险处置工作……"[①] 政府投资是中国特色社会主义市场经济体制的重要特征,在疫情结束、国内国际双循环等特殊背景下,其重要性更加凸显,[②] 其中蕴含的重大风险防范化解问题也具有更加重要的意义。"后评价"是规范和监督政府投资的重要制度,历来为党和国家的法律法规及公共政策高度

　* 本文是国家社科基金一般项目"地方金融系统性风险的'央地协同治理'及其法律构造研究"(19BFX166)的研究成果。

　** 对外经济贸易大学法学院博士研究生。

　*** 对外经济贸易大学法学院互联网金融法律研究中心研究助理。

　① 新华社:《中央经济工作会议举行 习近平李克强作重要讲话》,载中国政府网,https://www.gov.cn/xinwen/2021-12/10/content_ 5659796.htm,2022 年 9 月 1 日访问。

　② 参见于安:《论政府投资法的基本制度》,《法学论坛》2021 年第 3 期。

重视。2019 年 4 月，国务院发布《政府投资条例》（以下简称《投资条例》），规定投资主管部门或者其他有关部门应当按照国家有关规定选择有代表性的已建成政府投资项目，委托中介服务机构对所选项目进行后评价。但是，目前后评价制度在评价主体、评价指标、评价程序、评价结果的约束力等方面仍存在诸多亟待解决的问题。加强法律规范体系建设，是完善后评价制度、规范和优化政府投资决策和管理、实现政府投资项目经济与社会效益的根本。本文拟循此思路，梳理我国政府投资项目后评价制度的演进，总结并分析后评价制度的法律规范现状及其存在的问题，并就完善我国政府投资项目后评价制度的法律规范体系的具体路径提出相应的对策建议。

一、我国政府投资项目"后评价"制度的演进

从我国政府投资项目后评价的立法与实践来看，后评价是运用一定的评价方法与评价指标，对投资目标、项目建设全过程、项目效益等进行全面评价，并将评价结果及时反馈给各相关方，从而规范政府投资行为和实现政府投资效益的制度。后评价制度主要由评价机构、评价内容和指标体系、评价程序性规范和评价结果的约束力等内容构成。① 改革开放以来，与日益兴起的政府投资相伴而生，政府投资项目后评价制度也得以逐步形成和发展。②

（一）20 世纪 80 年代：以国外贷款项目"后评价"为核心

20 世纪 80 年代，得益于我国与国际金融组织开展国际合作项目，建设项目后评价的相关理论和实践进入国内。我国开始对外学习交流后评价的相关理论，并探索建立建设项目后评价制度。在这一阶段，我国主要围绕国外贷款项目制定了后评价的相关制度。以世界银行贷款项目为起点，我国开始建立利用国外贷款项目的后评价制度及相应的法律规范。原国家计委于 1988 年发布《关于委托进行利用国外贷款项目后评价工作的通知》，对后评价的方法和内容进行了规定，组织开展了针对重点项目的后评价工作。但这一时期的后评价制度只是初步借鉴了域外经验和理论，对评价内容和指标选取等问题的规定比较模糊、

---

① 参见姚光业：《建立投资项目后评价机制的构想》，《经济与管理研究》2002 年第 3 期。

② 参见孙放：《中国政府投资法律规范的缺失与困境——基于 1980-2010 年政府投资及其制度规范的实证分析》，《甘肃政法学院学报》2012 年第 3 期。

单薄。比如此时的"后评价"主要依据项目"前评估"报告的数据和指标,在施工建设和财务等方面进行总体性的对比与分析,未能突破"前评估"的局限性。①

(二) 20 世纪 90 年代至 2003 年:以全国重点建设项目"后评价"为核心

1990 年 1 月,原国家计委发布《关于开展 1990 年国家重点建设项目后评价工作的通知》,随后我国初步完成了第一批国家重点建设项目的后评价工作,也标志着我国后评价制度的建设重心从国外贷款项目向国家重点建设项目转变。② 1991 年 7 月,原国家计委讨论修改《国家重点建设项目后评价工作暂行办法(讨论稿)》,初步建立了完整的国家重点建设项目后评价制度。随后,原交通部、中国农业银行、中国建设银行、原国家海洋局等部门分别印发了行业性建设项目的后评价工作管理办法、后评价报告编制办法等规范性文件,推进相关行业内政府投资项目后评价工作的开展。这一时期,我国政府投资项目的后评价工作取得了初步成效,政府投资项目主管部门、高校研究机构以及工程中介公司等纷纷开展对政府投资项目后评价的研究,也促进了后评价制度相关理论的发展。

(三) 2004 年至今:以政府投资项目"后评价"为核心

2004 年 7 月,国务院发布《关于投资体制改革的决定》,提出建立政府投资项目后评价制度,对政府投资项目进行全过程监管。后评价制度开始适用于全部政府投资项目,也开启了以政府投资项目作为后评价核心的新阶段。2008 年 11 月,国家发改委颁布《中央政府投资项目后评价管理办法(试行)》(以下简称《管理办法(试行)》),对中央政府投资项目的后评价工作程序、管理和监督、评价成果应用等进行了规定。《管理办法(试行)》推动了后评价制度的发展,2010 年 3 月,第十一届全国人民代表大会第三次会议发布《关于2009 年国民经济和社会发展计划执行情况与 2010 年国民经济和社会发展计划的决议》,提出健全政府投资管理制度,深化投资体制改革,加强政府投资项目后评价,完善投资项目后评价制度。《管理办法(试行)》也带动了各行业主管

---

① 参见杨晓春、苑红、张映强:《我国投资项目后评价发展历程及趋势分析》,《中国工程咨询》2011 年第 8 期。

② 参见薛敏、陆惠民:《完善我国政府投资项目后评价体系研究》,《工程管理学报》2011 年第 3 期。

部门和各级地方政府投资主管部门制定具体领域和地区的实施办法及细则，比如 2010 年 2 月，水利部发布《水利建设项目后评价管理办法（试行）》；2010 年 7 月，住房和城乡建设部也发布了《市政公用设施建设项目后评价导则》。2014 年 9 月，国家发改委在《管理办法（试行）》的基础上发布《中央政府投资项目后评价管理办法》（以下简称《管理办法》）以及《中央政府投资项目后评价报告编制大纲（试行）》（以下简称《编制大纲（试行）》），进一步明确了中央政府投资项目后评价的工作程序、成果应用、监督管理以及报告编制等事项。《管理办法》和《编制大纲（试行）》对后评价制度作出了更细致的规定，并带动了其他部门完善相关领域的后评价制度，比如 2015 年 3 月，水利部发布《水利建设项目环境影响后评价导则》和《流域综合规划后评价报告编制导则》；2015 年 4 月，原环境保护部也发布了《建设项目环境影响后评价管理办法》。此外，包括北京、上海、广东等多个地方的政府投资项目后评价管理办法也纷纷出台。政府投资项目后评价制度的法律规范体系已经基本成形。

二、我国政府投资项目"后评价"法律规范的现状和问题

（一）我国政府投资项目"后评价"的代表性法律规范分析

1.《中央政府投资项目后评价管理办法》的规定

国家发改委 2014 年颁布的《管理办法》，是我国第一部综合性的政府投资项目后评价法律规范，对于后评价制度的构建和细化具有基础意义。首先，《管理办法》明确了后评价的制度定位和组织机构。在制度定位上，后评价制度的启动时点为项目竣工验收并投入或者运营一段时间后，这不仅赋予了后评价作为政府投资管理工作最后一个环节的重要地位，也促进了政府投资全过程管理框架的形成，从而修正了计划经济体制下只关注项目前期的决策和审批、忽视项目建设过程以及实际运营效果的弊端。[①] 在组织机构上，国家发改委负责总体组织和协调，包括确定待评价项目，审查项目单位提交的自我总结评价报告，委托开展后评价的咨询机构，建立后评价信息管理系统、成果反馈机制、经验推广机制等。项目行业主管部门和项目所在地的省级发改部门，分别负责指导、

---

① 参见马小丁：《投资项目后评价——全过程监督管理的重要手段》，《中国投资》2010 年第 8 期。

协调、监督项目单位的工作,以及协调本地区有关单位配合项目后评价的具体实施。其次,《管理办法》构建了后评价的工作程序。所有中央政府投资项目均须提交自我总结评价报告,包括项目概况、项目实施过程总结、项目效果评价、项目目标评价以及项目总结等 5 项内容,国家发改委据此确定开展后评价的项目名单并制定后评价年度计划。《管理办法》规定了 9 条适用后评价的项目选择标准,包括具有重大指导和示范意义、对节约资源与保护环境有重大影响、对优化资源配置有重要借鉴作用、采用新技术与新工艺等先进技术、投资建设情况复杂、对弱势群体影响较大、投资预算较大、对社会民生有重大影响以及社会舆论普遍关注等。具体实施后评价的主体为具备相应资质的工程咨询机构,《管理办法》对其实施后评价的程序和内容、评价的规范性与独立性、评价方法和指标、公众参与和专家意见听取等也均作出了基本规定,要求上述机构独立开展后评价工作,并在规定的时间内提交评价报告。《编制大纲(试行)》则对评价报告应当包括的主要内容作出了基本规定。再次,《管理办法》规定了后评价的结果反馈及应用制度。后评价结果是规划制定、项目审批、资金安排以及项目管理的重要参考依据,国家发改委负责将后评价结果及时提供给相关部门和省级发改部门等单位。针对后评价发现的问题,前述单位和项目单位负责分析原因、提出改进意见并报送国家发改委。后评价结果中形成的经验和做法,由国家发改委会同有关部门负责定期汇总及推广。最后,《管理办法》设置了后评价的管理和监督机制。政府投资项目单位负有积极配合义务和相关文件资料提供义务,否则予以通报批评、暂停安排中央投资等处罚。实施后评价的工程咨询机构负有评价报告质量担保义务和保密义务。中国工程咨询协会对工程咨询机构及其相关人员进行检查,对机构资质予以评定。

2. 行业主管部门制定的相关法律规范

有关行业主管部门针对本行业内重大建设项目出台的后评价管理办法,虽然其适用范围不限于政府财政预算资金投资的项目,但也属于后评价法律规范的重要组成部分。比如原交通部 1989 年颁布的《港口建设项目后评价报告编制办法》,明确了后评价是项目管理的最终环节,在项目建成投产 2-3 年后对投资建设全过程进行考察,港口建设的中大型及重点项目均应开展后评价,由港务局具体负责,并对后评价的依据、方法、成果等进行了基本规定。其 1996 年颁布的《公路建设项目后评价工作管理办法》,列明了公路建设项目开展后评价的项目选择标准，规定了"统一领导、分级管理"即地方、部委、国家三级组成的管理体系，由项目法人或者建设单位自行承担后评价工作。2003 年，原国家海洋局颁布《海洋石油开发工程环境影响后评价管理暂行规定》，适用于在建设过程中出现与环境影响报告书有不相符情况的项目。企业可自行选择符合相应资质的后评价机构，原国家海洋局各海区分局进行监督管理；在正式开展后评价之前，企业应当编写评价方案并交专家审批；对于后评价发现的问题，企业应当限期整改，逾期不改则主管机关可责令其限期整改。2015 年，原环境保护部颁布《建设项目环境影响后评价管理办法（试行）》，适用于对环境影响较大且运行过程中出现不符合环境影响报告书情况的建设项目，后评价在项目正式投入生产或者运营 3-5 年内开展；环境保护主管部门负责建设项目环境影响后评价的管理，建设单位自行组织与开展后评价工作并对评价结论负责；未按要求开展环境影响后评价或者不落实补救方案的建设单位，由相关行政机关责令其限期改正。

3. 《政府投资条例》的规定

《投资条例》是我国针对政府投资最新颁布的综合性行政法规，第二十六条规定了政府投资项目的后评价制度。后评价制度的适用范围扩大至全部政府投资项目，突破了先前仅对中央政府投资项目或特殊行业建设项目实施后评价的局限，真正实现了政府投资项目的全过程管理。根据《投资条例》的规定，实施后评价的项目主要为有代表性的、已建成的政府投资项目。按照投资与决策相统一、收益与风险相统一的原则，由投资主管部门或者其他有关部门负责组织和实施后评价，确定适用后评价的项目名单并委托实施后评价的中介服务机构。《投资条例》强调了后评价的客观性、全面性和实用性，后评价应当依据项目建成后的实际运营效果进行，在内容上应当涵盖政府投资项目审批和实施的全过程即实施全面评价，评价报告应当对政府投资项目的审批、实施等方面提出明确意见。

（二）当前我国政府投资项目"后评价"法律规范存在的问题

1. 后评价的组织管理机构与实施机构设置不合理

首先，当前我国组织和管理政府投资项目后评价的机构主要为投资主管部门或者其他对政府投资项目负责的相关部门，具体的后评价工作则由中介服务机构负责实施。如果将后评价仅仅定位于对政府投资项目进行全过程管理的手段，由投资主管部门负责后评价的组织和管理无可厚非，但从完善政府投资监管体系的角度出发，由投资主管部门主导后评价则难以保障评价的独立性，也削弱了后评价对投资主管部门的监督功能。① 其次，后评价的组织和管理机构较为分散，各类、各级投资主管部门之间缺乏协调。不同投资主管部门进行后评价所依据的法律规范不尽相同，评价标准也不尽一致。缺乏统一的机构对后评价进行组织和管理，影响了后评价的绩效。② 最后，后评价的具体实施机构主要是市场中介服务机构或者工程咨询机构，以及部分政府投资主管部门自己成立的机构。当前专业的后评价中介机构数量较少，且存在地方保护主义、行业性垄断等弊端，难以满足实践的需要，也与政府投资项目后评价所要求的独立性及公正性相悖。政府投资主管部门自己建立的后评价机构权威性不足，缺乏统一机构予以组织和管理，在规范性上也有所欠缺，实际作用有限。③ 总之，目前后评价的组织管理机构以及具体实施机构均存在比较严重的设置不健全问题，难以产出有效的评价报告，削弱了后评价对于政府投资项目监督管理的重要意义。

2. 后评价的内容和指标体系设置不完整

由于政府投资项目类别的复杂性，不同行业、不同评价阶段的后评价在内容和指标上存在较大的差异性。因此对政府投资项目后评价的内容和指标体系进行设计特别是予以细化和量化，客观上存在比较大的难度。目前我国出台了部分政府投资项目后评价报告的编制办法，以规范项目后评价报告的内容。早期制定的后评价报告编制办法主要侧重于评价项目对国民经济效益、政府财务效益以及经济社会发展的影响，对项目在资源与环境效益、社会效益等方面的影响则关注较少。这与政府投资项目后评价的重点日益向经济与社会的综合发展、关注项目的实际社会效益等趋势不符。2014 年颁布的《编制大纲（试行）》虽然引入了资源与环境效益评价、社会效益评价以及可持续性评价，但一方面，其仅适用于国家发改委审批的中央政府投资项目，适用范围存在局限性，无法对一般性的政府投资项目后评价起到约束作用；另一方面，其关于中

① 参见姚光业：《北京市公共投资监管问题与对策研究》，《新视野》2009 年第 6 期。
② 参见孙慧、石烨：《世界银行项目后评价反馈系统对我国项目后评价工作的启示》，《国际经济合作》2009 年第 1 期。
③ 参见冯果、张东昌：《市场深化下政府投融资体制的治道变革》，《现代法学》2014 年第 3 期。

央政府投资项目后评价的指标设置，主要明确了适用性、可操作性、定性和定量相结合的原则，以及提出了规范性、科学性、系统性的总体要求，但并未制定具体的指标体系。虽然无法针对各个行业、各个评价阶段制定具体的评价内容和指标，但仍然应当针对政府投资项目的实际情况进行总结和提炼，对后评价中具有共性的内容和指标进行整合，并推进相应的体系化和制度化工作。细化、量化、个性化的内容和指标，可以由各行业和地区的投资主管部门依据行业和地区的投资项目特点加以确定。总之，目前后评价的内容和指标体系设置不完整，影响了后评价的权威性和科学性。[①]

3. 后评价的程序性规范不完备

一方面，目前尚没有规范政府投资项目后评价程序的强制性规定，实践中大多数后评价的程序是依照各行业、各地方颁布的实施办法进行。后评价程序的每一个环节都与评价结果紧密相关，但各行业、各地区对后评价程序的要求不一，互相之间缺乏协调，难以满足后评价对客观性和准确性的要求。另一方面，政府投资项目后评价缺乏有效的成果反馈机制。成果反馈是后评价制度的核心特征，是后评价制度目标得以实现的关键，决定了项目后评价形成的经验和教训能否在其他类似的项目建设和管理中得到应用。当前我国政府投资项目后评价的相关法律规范比较强调评价报告的编制，但对于评价成果反馈的重视则远远不够。[②] 实践中，政府投资项目后评价的成果主要以后评价报告以及定期汇编的其他后评价成果等形式进行反馈，形式比较单一。而且大量资料仍以文本的形式存放和管理，不利于后评价成果的交流和使用。[③] 缺乏有效的成果反馈机制严重影响了后评价成果在新设政府投资项目中的应用，损害了后评价制度的实际效果。

4. 后评价结果的约束力不明确

后评价制度不仅是实现政府投资项目全过程管理的重要举措，同时也是对政府投资行为进行监督与考核的核心依据。在政府投资项目的建设和管理中，

---

① 参见葛振忠、王洪礼、孙昭：《国债投资项目后评价创新研究》，《生产力研究》2007 年第 22 期。

② 参见王立国、韩爱津：《公共项目后评价反馈机制优化研究》，《学术交流》2012 年第 11 期。

③ 参见孙慧、石烨：《世界银行项目后评价反馈系统对我国项目后评价工作的启示》，《国际经济合作》2009 年第 1 期。

存在全体纳税人作为委托人与政府作为代理人、政府作为委托人与项目的具体建设及管理单位作为代理人等多重委托代理关系，需要完善后评价制度的功能以实现对代理人的监督。① 目前相关法律规范在定位上明确了后评价制度作为政府投资项目监管体系的重要部分，在内容上也突出了后评价制度对于投资项目决策和运行全过程的监管意义，但对后评价结果的约束力、强制力尚不够明确。国家发改委2008年颁布的《管理办法（试行）》曾明确规定政府投资项目的后评价结果是政府投资责任追究的重要依据。这一规定确立了后评价制度在政府投资责任追究中的重要作用，也在一定程度上赋予了后评价制度以强制力和约束力，但是国家发改委在2014年颁布《管理办法》时，删除了将政府投资项目后评价结果作为责任追究依据的规定。此外，《管理办法》在对工程咨询机构、项目单位及其工作人员的责任追究方面也呈现出弱化的现象。比如，《管理办法（试行）》规定工程咨询机构有弄虚作假行为或者结论严重失实等情况的，依法追究相关单位和人员的行政和法律责任，而《管理办法》未对上述情况进行规定。《管理办法（试行）》还规定项目单位有虚报瞒报和数据资料等弄虚作假行为的，追究相关单位和人员的行政和法律责任，而《管理办法》针对相同情况仅规定根据情节轻重给予通报批评和暂停其他项目投入的处罚。综上，尽管相关法律规范已经将后评价结果作为政府投资项目监管的手段，但没有赋予后评价结果应有的约束力，后评价结果对政府投资项目管理各环节的相关组织和人员也没有充分的约束力，这些问题无疑妨碍了后评价制度应然效果的实现。

三、我国政府投资项目"后评价"法律规范体系的完善路径

（一）优化政府投资项目后评价的立法理念与立法模式

随着政府投资项目后评价理论研究和实践探索的深入，其在提高政府投资决策水平、改善政府投资效益中的作用也日益凸显。② 强化法治建设，是完善政府投资项目后评价制度、充分实现其应然效果的根本。目前，已有的后评价

---

① 参见王延华、何维达：《政府投资项目监管的对策措施研究》，《宏观经济管理》2013年第3期。
② 参见李波、李晴：《政府投资驱动模式的反思及其改革出路》，《华东政法大学学报》2013年第5期。

法律规范主要是行业主管部门或地方政府从各自的角度出发，对特定范围内的政府投资项目做出的相对孤立且效力层级较低的规定，缺少在全国范围内统一适用的政府投资项目后评价法律规范。后评价制度在立法上的缺漏已经成为其发挥应然作用的根本障碍。

我国政府投资项目后评价的立法应当遵循"独立性"与"科学性"两大核心理念。[①] 独立性是指政府投资项目后评价的全过程应当独立，不受任何组织和个人的干预。政府投资项目的后评价应当以事实为依据，坚持公正、中立的评价立场。后评价的独立性主要通过独立的评价机构得以实现，政府投资项目后评价的立法应当依据独立性原则明确评价机构的设置，保证后评价结果的公正。[②] 科学性是指政府投资项目的后评价必须客观、合理，并契合政府投资项目对绩效反馈的实际需求。[③] 科学性主要通过后评价结论得以体现，后评价立法应当确立科学性评价理念，为政府投资项目的后评价设置合理的内容与指标体系，以及相应的评价流程，实现后评价结论对于完善政府投资项目管理的制度效果。

政府投资项目后评价的立法模式，建议由中央制定统一的后评价共性法律规范及配套法律细则，行业主管部门和地方参照前述法律规范和配套细则，制定本行业和本地区适用的后评价管理办法及实施细则。完善我国政府投资项目后评价法律规范体系的首要措施，应当是由国务院尽快制定"政府投资项目后评价条例"及相应的配套法律细则，如"政府投资项目后评价实施细则""政府投资项目后评价报告编制管理办法""政府投资项目后评价工作机构管理办法"等，逐步形成覆盖后评价各个环节的综合性法律规范体系，做到政府投资项目后评价有法可依。行业主管部门和地方在不违反前述共性法律规范及其配套法律细则的前提下，制定行业性政府投资项目和地方性政府投资项目的后评价法律规范。中央、行业主管部门及地方立法的当务之急，是对后评价机构的权限和职能、后评价内容与指标、后评价程序、后评价成果的约束力等目前法

---

① 参见叶建华：《投资项目后评价的新构思》，《宁夏大学学报（人文社会科学版）》2009 年第 2 期。

② 参见李东方：《证券监管机构及其监管权的独立性研究——兼论中国证券监管机构的法律变革》，《政法论坛》2017 年第 1 期。

③ 参见王利明：《论行政协议的范围——兼评〈关于审理行政协议案件若干问题的规定〉第 1 条、第 2 条》，《环球法律评论》2020 年第 1 期。

律规范比较薄弱的地方进行强化,将政府投资项目的后评价纳入法治化、规范化的轨道。①

(二) 确立政府投资项目后评价的主体结构

完备的政府投资项目后评价主体结构,应包括领导机构、组织管理机构与实施机构。②

一是后评价领导机构。为了推动政府投资项目后评价的统筹协调和规范化,应当在各级政府层面设置专门的政府投资项目后评价领导机构,并明确其职权范围。政府投资项目的决策、管理与后评价应当分别由彼此独立的不同机构承担,以此保障后评价的独立性。后评价领导机构应当不隶属于任何同级政府部门,与政府投资项目监管有关的各个部门均应参与,共同组成专门机构以领导政府投资项目的后评价。③ 在《投资条例》全面实施的背景下,建议在国务院层面成立"政府投资项目后评价管理委员会"(以下简称后评价管理委员会)作为后评价的统一领导机构,统筹协调和规范全国范围内政府投资项目的后评价。从当前的政府投资项目监管体系来看,发展改革部门主要负责立项审批,财政部门主要负责预算编制、资金拨付和资金支出监管,审计部门主要负责对项目投资和财政收支进行审计监督,人民银行负责执行货币政策和银行监管。综上,"后评价管理委员会"可以参照国务院反垄断委员会、国务院金融稳定发展委员会的模式,由国家发改委、财政部、审计署、中国人民银行等与政府投资项目有关的中央部门派驻代表组成,作为常设机构在国务院的领导下工作,并向国务院报告工作情况。地方层面的领导机构也应当按照同样方式组建,并受中央机构领导。在后评价立法中应当明确规定各层级领导机构的职权,包括制定后评价的相关法律、政策以及其他规范性文件,制定后评价的指标体系,管理各层级后评价的组织管理机构及实施机构,组织与协调后评价成果的反馈和应用等。

二是后评价组织管理机构。建议在中央和地方的"后评价管理委员会"下设专门办事机构,具体承担各级政府投资项目后评价的组织与管理工作。在后

---

① 参见鲍良:《公共投资项目绩效评价与管理体系研究——以京津风沙源治理工程项目为例》,中国地质大学(北京)2008 年博士学位论文,第 73 页。

② 参见任旭、刘延平:《构建政府投资建设项目后评价机制研究》,《中国行政管理》2010 年第 3 期。

③ 参见姚光业:《北京市公共投资监管问题与对策研究》,《新视野》2009 年第 6 期。

评价立法中应当明确各层级组织管理机构的职权，包括制定相应领域后评价的实施细则，对后评价实施机构的准入和评价行为予以组织和管理，汇总后评价成果并上报给相应的"后评价管理委员会"，并及时反馈给相应的投资主管部门等。从已有的后评价法律规范来看，目前的后评价组织管理机构实际上就是投资主管部门及有关行政机关，由其负责后评价项目和后评价实施机构的选择。这种制度安排虽然有助于提高后评价工作的效率，但作为投资主管部门，与项目建设单位之间往往存在利益相关性，容易对后评价的中立性和客观性造成不确定的影响。此外投资主管部门及相关行政机关众多，分散化的组织管理也容易造成不统一。所以理想化的安排应当是在"后评价管理委员会"下设立专门的办事机构，统一处理一级政府投资项目后评价的组织和管理工作。当然，随着简政放权改革的深入，对于许多市场准入及行为评价的权力，政府在逐步向行业协会放权。政府投资项目的后评价虽有特殊性，但是在未来政府投资项目普遍实行后评价的情况下，后评价的具体组织管理工作也可以逐步放权由相关投资项目领域的行业协会进行。后评价管理委员会及其下设的专门办事机构可以专门负责相关规则的制定及监管工作。

三是后评价实施机构即具体执行机构。《投资条例》规定，目前我国政府投资项目的实施机构已经由中介服务机构承担。相比由投资主管部门或其他有关行政机关直接实施后评价而言，这是个进步。不过，要保障后评价机构的真正市场化。目前，有后评价资质的一些中介服务机构在性质上还属于投资主管部门或有关行政机关的下属事业单位，或者与后者存在不同形式的隶属关系或利益关系，导致实际上无法发挥后评价的独立功能。解决这个问题在整体上需依赖中介服务机构市场化改革的成效，但也应当在未来的后评价立法中明确要求后评价实施机构的独立性，禁止中介服务机构与投资主管部门及有关行政机关之间存在影响后评价独立性的关系。还应当注意，政府投资项目本质上具有公益属性，市场化的中介服务机构是以营利为目的的社会组织，评价费用容易引发争议。此外，中介服务机构之间存在竞争，其评价的独立性也存在道德风险。[①] 应当看到，在市场经济条件下，第三方评估、社会性评估是大势所趋。

---

① 参见李善波、时现：《政府投资项目后评价的监督约束机制探讨》，《审计与经济研究》2008 年第 6 期。

组织管理机构应当强化对社会化评价实施机构的资质管理、明确收费标准、引入政府采购和招投标程序，并加强对社会化评价实施机构的监管。

（三）构建政府投资项目后评价的指标体系

从制度构成来看，完整的后评价制度包括后评价内容、后评价方法以及后评价指标三大部分。后评价内容是后评价制度的适用对象与分析目标，准确的内容选择是后评价结论具备科学性的前提。后评价方法是在进行项目后评价的过程中，结合项目建设情况选择并改进具体的评价方法，有效的方法是后评价结论具备科学性的保障。后评价指标是指实际开展后评价的具体依据，是对政府投资项目实际效果的全面检验和综合判断，也是形成后评价结论的直接来源。

评价指标体系在很大程度上影响着后评价的总体效果。科学的后评价指标体系是完成政府投资项目后评价的前提，也是保障后评价结果质量的关键。[①]不同行业和地区政府投资项目的后评价指标体系在侧重上有所不同，内容上也存在差异，因此设置统一的后评价指标体系存在较大难度，但可以也应当根据政府投资项目的共性建立一个相对完整、可行的后评价基础指标体系，作为差异化项目评价具体指标设置的基础。[②]这一任务应当由"后评价管理委员会"完成，以规范性文件的形式发布政府投资项目后评价报告编制大纲及范本，设置政府投资项目后评价基础指标体系。

此外，"后评价管理委员会"还应当针对政府投资项目的特点，制定我国政府投资项目后评价的具体指标体系，并根据实际需求及时修订。[③]政府投资项目后评价的内容大体可以分为项目过程后评价、效益后评价以及可持续性后评价等主要方面。过程后评价主要涵盖对项目决策、设计、准备、实施、运营等阶段的后评价，回顾与总结项目投资与建设的全过程。效益后评价主要包括经济效益后评价、环境效益后评价、社会效益后评价等，从不同维度对政府投资项目的实际效益进行评价。[④]可持续性后评价主要考察项目管理的科学性，

---

① 参见廖造壮、陈悦华、蒙环宁：《电网建设项目后评价指标体系研究》，《项目管理技术》2012年第 1 期。

② 参见张飞涟、张涛：《城镇市政设施投资项目社会影响后评价内容及指标体系的构建》，《改革与战略》2006 年第 11 期。

③ 参见方兴君、祁晓丽：《后评价指标体系瑕疵及研究方向》，《中国石油企业》2018 年第 9 期。

④ 参见雷中英、陈微：《工程项目后评价内容分析》，《当代经济》2008 年第 7 期。

以及项目对经济、环境、社会的贡献及其可持续性等。① 政府投资项目的后评价报告编制大纲及范本应当规范和指导政府投资项目后评价的具体内容。在进行具体项目的后评价时，选择合理的方法和指标非常重要。后评价报告编制大纲及范本中应当包括后评价的方法与参数，规范和指导政府投资项目后评价的实施，明确后评价的通用方法和指标参数，并根据项目建设和管理的实际需要适时调整，以提高评价标准的合理性和评价结论的可靠性。

（四）完善政府投资项目后评价的程序性规范

一是后评价的启动程序。完善政府投资项目后评价的程序性规范，首先应当确立后评价的启动程序，明确实施后评价的项目选择标准。由于现实中我国政府投资项目数量众多，外加人力、财力、物力等资源的限制，对全部政府投资项目均进行后评价存在较大难度。② 选择具有特殊性、典型性的政府投资项目进行后评价，才能更客观、更高效地反映政府投资项目存在的普遍问题。目前，我国在政府投资项目后评价的选择上大多使用概括性和模糊性标准，比如笼统地表述为应当选择影响重大、有借鉴作用和指导意义、投资数额较大以及社会普遍关注的项目，而没有设置明确的项目选择标准。对此应当参照政府投资项目招投标的相关规定，一方面，根据政府投资项目的性质发布需要开展后评价的"政府投资项目指导目录"；另一方面，根据政府投资项目的投资规模或者政府投资金额占总投资金额的比例，规定必须进行后评价的投资规模或所占比例。③

二是后评价的运行程序。后评价的运行程序完整覆盖从后评价的项目选择到后评价的结果反馈，通过严格适用法定程序促进评价结果的科学性。④ 首先，应当借鉴目前中央政府投资项目后评价的经验，在后评价运行程序中规定项目建设单位的自我评价环节，并将其自我评价报告送交后评价组织管理机构和实施机构，作为组织管理和实施后评价的基础和参考。对此，"后评价管理委员

---

① 参见张飞涟、张涛：《城镇市政设施投资项目社会影响后评价内容及指标体系的构建》，《改革与战略》2006 年第 11 期。

② 参见胡俊：《授权视角下国有资本投资运营公司特殊治理的法律改进》，《法学杂志》2019 年第7 期。

③ 参见任旭、刘延平：《构建政府投资建设项目后评价机制研究》，《中国行政管理》2010 年第 3期。

④ 参见张俊卿：《建设项目后评价工作程序设计》，《基建优化》2006 年第 5 期。

会"应当出台"政府投资项目自我评价报告编制办法"等法律规范,指导项目建设单位实施自我评价。其次,在自我评价报告的基础上,后评价组织管理机构委托市场中介机构对政府投资项目开展后评价。市场中介机构应当根据项目的性质与特点成立专项工作组,收集项目资料和相关文件,设计和制定后评价方案。在现场调查、听取工作人员和专家意见的基础上,通过汇总分析形成后评价报告,报送组织管理机构。最后,各级组织管理机构对后评价报告进行审核和总结,并将后评价成果和结论报送领导机构即同级"后评价管理委员会"。自我评价报告和后评价报告的编制机构对报告的真实性负责。

三是后评价的结果反馈程序。后评价的结果反馈程序是指将后评价结果以一定形式反馈给投资主管部门和其他有关部门,是将后评价结果应用于政府投资项目监管实践的关键环节。后评价结果反馈程序的核心任务,是将后评价形成的经验与教训以合理的形式反馈到所有项目相关方,并促进政府投资项目建设管理各阶段信息的交流与共享。① 一方面,应当在后评价的相关法律规范中明确规定项目后评价结果的主要反馈形式,及时将问题、结论、经验与教训等信息进行汇总,促使后评价过程及结果的相关信息能够在各项目相关方之间实现交流与共享。后评价成果应以专项报告、公开出版物、信息网络管理系统、行业内部研讨和培训等形式予以发布、推广和宣传,以促进反馈形式的多样化和公开化。另一方面,应当强制规定后评价成果向政府投资主管部门、项目设计机构、建设机构以及运营单位等进行反馈。应当建设政府投资项目后评价成果的推广机制,将后评价成果推广至规划、审计、税务、金融行业主管部门等政府投资项目的相关方,便利其行使规划、决策、管理和监管等职能。② 在保障后评价信息安全的前提下,还应当通过合理的方式将后评价成果扩散至其他机构和社会公众,以此打破信息壁垒,构建有效的沟通机制并接受社会监督。

(五) 明确政府投资项目后评价结果的约束力

一方面,应当明确后评价结果对于政府投资项目全过程管理的约束力。后评价作为政府投资项目监管体系的重要组成部分,旨在对项目投资、建设与运营的全过程进行评价和监督。后评价作为一种监管机制和措施,其功能的实现

---

① 参见王立国、韩爱津:《公共项目后评价反馈机制优化研究》,《学术交流》2012 年第 11 期。
② 参见邹焕聪、董玉荣:《政府投资项目审计监督的法律问题研究——基于地方立法文本的规范分析》,《河北法学》2017 年第 9 期。

依赖与之配套的责任追究制度。因此，后评价结果不能仅仅作为政府投资新项目的借鉴或参考，在项目后评价中发现的问题和责任，也应当对项目相关负责人产生直接约束，以增强后评价的权威性。应当在政府投资项目后评价的法律规范中明确后评价结果对项目本身的约束力，切实发挥后评价的监管功能。应当严格规定政府投资项目决策和管理部门必须根据后评价结果，及时纠正政府投资过程中出现的违法或不合理现象，依据后评价结果重新考察和评估政府财政资金的投入和使用状况，及时改正项目投资与建设过程中的错误。应当将后评价结果作为政府投资责任追究的明确依据，通过后评价结果判断在项目决策、设计、实施与运营的过程中是否存在渎职、失职以及其他违法或不当行为，追究相应机构和人员的行政和法律责任。①

　　另一方面，明确后评价结果对于政府投资主管部门的约束力。后评价的关键在于将后评价总结的经验和教训应用于政府投资项目的监管，以提高政府投资决策与管理的法治水平。应当加强后评价成果在政府投资主管部门的项目决策及实施中的应用，明确后评价结果对于政府投资主管部门的约束力。政府投资主管部门进行投资规划和决策时，应当以先前同类项目的后评价经验、教训以及整改建议作为依据。在进行新项目的规划与决策时，政府投资主管部门应当在相关文件中注明对以往后评价成果的分析与参考情况，否则不得批准和实施该项投资决策。应当明确后评价结果作为政府投资主管部门绩效考核的重要依据。② 后评价对于政府投资主管部门的约束力应当体现在奖惩机制之中，充分发挥后评价的监督功能，将后评价作为监督政府投资主管部门合法、合理履职的重要方式。应当明确规定依据后评价结果对政府投资主管部门及其组成人员进行考核，将后评价结果作为政府投资主管部门绩效考核及奖惩的重要依据，从而激励政府投资主管部门审慎行使投资决策权。③

四、结　论

　　《投资条例》的颁布标志着我国政府投资的监管及相应的法治建设进入了

---

① 参见孙耕耘：《云南省省级政府投资项目监督机制研究》，《经济问题探索》2010 年第 3 期。

② 参见谢琳：《地方政府债务的司法化解》，《中国政法大学学报》2021 年第 1 期。

③ 参见李善波、时现：《政府投资项目后评价的监督约束机制探讨》，《审计与经济研究》2008 年第 6 期。

新的阶段。政府投资作为政府实现其公共管理和服务职能的重要方式,在当前复杂多变的经济与社会环境中发挥着越来越重要的作用。① 政府投资项目的实际效益直接关系着国民经济发展和社会公共利益。后评价在提高政府投资的决策和管理水平、加强政府投资项目的全过程管理、促进《投资条例》的顺利实施等方面均具有重要意义。为了实现防范化解政府投资项目重大风险的战略目标,应当加强政府投资项目后评价的法律规范体系建设,明确政府投资项目后评价制度的法律地位,加快推进政府投资项目后评价的相关立法,从评价机构及职权设置、评价内容及指标设置、评价程序设置、评价结果约束力等方面为政府投资项目后评价提供坚实的法律保障。

---

① 参见孙宪忠:《"政府投资"企业的物权分析》,《中国法学》2011 年第 3 期。

讲　座

Economic Law Review

规制时代的法治解读

规制时代的法治解读 *

史际春 **

目　次

引言：从当代国家（政府）成为无所不管的"不管"政府谈起

各位同学、老师，大家下午好！

在座的可能听说过，一些国家有所谓的"不管部"或"不管部长"。"不管"就是啥都不管，没有具体的职责；但又啥都管，其他部委管不了、管不好的，就由其来管。所以"不管部长"比其他部委的长官都要大，按照我们中国人的说法，高半级吧。之所以说这个，是想跟你们讲，现在的世界上的国家都

---

　* 2021 年 6 月 21 日兰州大学法学院讲座，刘光华教授主持，根据录音整理，已经作者审阅。

＊＊ 中国人民大学法学院教授、安徽师范大学"法治中国建设研究院"特聘教授。

不得不成为"不管国家",或者说"不管政府"了。中国政府是"广义政府",须承担"无限责任"。在老百姓眼里,他们的心里,所有的党政机关,人大、政协、法院、检察院、人民团体、各级党委等都是政府,都是国家。你国家、政府就是要服务老百姓,老百姓有啥问题,都应该给他解决。中国是这样,其实其他国家也不得不这样,只是中国更需要这样,更有这样做的条件。因为中国没有利益集团,共产党代表全体人民,不允许存在利益集团,不像有些国家那样,无论是立法、政策,还是选举,利益集团都可以通过政治献金、游说和代理人,让国家、政府服务于该集团的利益。中国没有这种现象,谁都可以通过正式渠道或私下发表意见,谁都可以上访,谁的意见或诉求合理,党和国家都应该支持。站在这个立场或角度,我们的政府干了很多其他国家的政府不想干、不干或干不了的事情。比如春节前可能出现的农民工讨薪问题,各级党政机关都非常重视,提前部署,防止出现不良后果。机关、国有企事业单位要带头,在春节前把该付给农民工的工资给付了,整个国家机器运转起来解决这个问题。

上面说的这些,都是"不管政府"也即"广义政府、无限责任"的表现。刚才我也讲了,不仅仅中国,世界各国也大体如此,为什么啊?外国政府主观上可能不想这么干,但是老百姓逼着他干。老百姓要求解决问题,群情激愤,政府能无动于衷吗?所以,我今天主要是跟大家讲讲"不管政府""广义政府、无限责任"的道理。这个道理就是美国学者桑斯坦讲的——当今世界进入了规制国的时代。

一、规制时代的原因:社会化导致公共管理 对社会之空前广度和深度渗透

桑斯坦 1990 年出版了一本书《权利革命之后:重塑规制国》,书中提出了规制国家(regulatory state)的概念,书的中文版是 2008 年出的。那么我在他这个基础上说,现在各国整体上进入了规制时代,规制国家、规制时代的主要原因,就是政府成了经济国家、社会国家、行政国家,财税法上还讲财税国家、税收国家,不再是过去的那个"守夜人"了。"守夜人"就是维护治安,管好外交、国防,其他的事你政府都不要管,所谓小政府,不是我们前面讲的"不

管政府"，不是什么都可以管的"无限责任"政府。

什么叫规制呢？简言之，规制就是宪法法律概括授权，政府在概括授权的范围内自由裁量、相机抉择，对经济社会的某一个领域或某一种事物进行管理监督。比方说，证券监管，法律概括授权，证监会爱怎么管就怎么管，只受宪法、民主法治、上级和民意的一般约束，法律不去具体地管它。银保监会、中国人民银行、发改委、工信部、交通运输部等扮演的都是这样的角色。

之所以产生经济国家、规制国家、社会国家、行政国家，归根到底是因为社会化。人与人之间的关系不再是简单的线性关系，而是极为复杂的网状关系，人与人密切相连，高度依赖，经济、社会、政治、文化、国内国际高度依存，牵一发而动全身。你们可以想象得到，我刚才讲的人与人，政治、经济、文化等，还有国内国际，是如何高度相关的。中国的珠三角堵车，一些意外的情况叠加，全世界的电子元器件供应就受影响；东京一个地方发生水灾，各国汽车配件的供应就乱套了。任何一个产品，都不仅仅涉及生产该产品的员工和老板的关系，从原材料的开采、加工、采购、生产或制造、运输到成品在世界各地销售，牵扯到众多国家的政府资源环境管理部门、产业主管部门、市场监督管理机关、海关、进出口检疫检验等，私人企业也不光是私人的事情，政府不可避免地被卷入其中。有的政府很腐败，有的政府很廉洁。一国的腐败程度、政府能力的强或弱，也是一个产品的生产销售消费过程中涉及的所有法律关系的一部分。可能某个国家、政府特腐败，这个产品就供应不上了，或者成本就突然提高了很多，等等。凡此种种，各国政府不得已承担起了经济社会的 CEO 职能。什么叫 CEO？中国人好多搞不清楚。有总经理，有董事长，为什么还要搞一个 CEO？总经理是纯粹打工的，董事长可能不到公司上班，公司里面可能还有其他的董事在上班，公司的日常运转需要一个说一不二的"一把手"，CEO就是这样的一个概念。在政府承担起经济社会 CEO 职能的同时，产生出了三种要求和现象。

第一是公法私法化。公法普遍渗入原先私人的领域、私人的事务、私人的关系当中去，比如一个合同、一个交易，如果涉嫌垄断了，就要去反垄断。刚才我举例的，证券也好，银行也好，保险也好，都是这个道理。我国还有一个制度的优越性，最近也在大量宣传，就是我们的经济社会发展运行是有规划的，不像西方国家走一步算一步，某领导人上台青睐某事，干一阵子可能就不干了。

中国之所以不像他们那样缺乏长期性、稳定性,正是因为公法不再局限于国家、政府及其权力,而通过规划对经济社会进行全面的安排和组织,这也是一种规制(regulation),一种宏观的规制。

第二是私法公法化。对此我印象特别深的是,跟你们这么大读硕士的时候看我国台湾地区的商法教科书,书中说,商法分商公法、商私法。商私法是企业的经营和交易之法,商公法就是对证券、保险、银行等监管之法。除此之外,政府自己也成为市场主体,大规模参与市场交易和投资经营活动。其中的一个表现是,各国政府公共开支占社会总开支的比例很高,大概是一半对一半的比例。政府花钱交易、投资经营、政府采购、PPP(政府和社会资本合作)等,是不是就把私法公法化了?政府花钱是提要求的,这个要求就是公法化的,从而把交易关系公法化了;政府自己办企业、开公司,则把公共的因素、权力的因素渗透到企业和公司关系里去了。

第三是政府代表国家参与国际竞争。由中华人民共和国的政府代表这个国家的人民,在世界上竞争。经济脱不开政治,战争也是政治,还有意识形态的竞争。所以呢,"广义政府、无限责任"背后的原因是很深刻的,不是随便讲的。这是第一个大问题。

二、"规制"辨析——经济法的本质和核心是规制

规制时代,也就是经济法时代,因为经济法的本质和核心是规制。经济法、社会法出现以前是没有规制的,至多说有点萌芽,规制出现以前是没有经济法、社会法的,为什么?那时只要人们照着法律去做,有意见、有纠纷、有问题诉到法院去,没有政府的事,政府你管好治安和对外关系就行了。所以呢,规制的产生和发展是跟经济法、社会法相伴而行的。有一本规制手册,牛津大学编的,里面就按照我刚才讲的,政府在法律概括授权之下自由裁量对某领域或某事物进行管理监督,按照这个概念梳理了规制的由来,其初步成形正是在 19 世纪初。当时出现了工厂法,即劳动法,也是广义社会法的产生,政府开始设立相关部门,对劳动关系进行规制。不是法律直接调整,而是规制。然后是 19 世纪末 20 世纪初,公用事业大规模形成的过程中,规制开始确立,并得到大发展。比如在座的对《谢尔曼法》耳熟能详,1890 年开始反垄断了,垄断都是私

人的交易和经营行为，你去反它干啥？《谢尔曼法》是以谢尔曼这个参议员的名字命名的，谢尔曼说了，垄断必然导致政治上的独裁专制，所以要反。他就是这样巧妙地把公和私连接起来，产生出相应的规制。在这前后有了邮政的规制、州际贸易的规则、垄断和不正当竞争的规制，等等，你们也都知道1896年德国出台了世界上第一部反不正当竞争法。到了二十世纪六七十年代，工业社会爆发式地发展，导致了规制的普遍确立，几乎每个经济社会领域都有了规制，使得规制无所不在。

桑斯坦1990年提出"规制国"，要重塑规制国。1990年是什么背景？私有化（Privatization），表面上是私有化，其实不是私有化，实际上是国有企业、政府和其他公共机构的市场化运行，比如政府提供公共服务也要使用者付费。过去的那一套，官僚主义的、国有企业不作为商事主体或民事主体的那种规制不行了，要在市场化的基础上重塑规制（Re-regulation），优化、重构政府对经济社会的规制。规制这个词，过去是没有的，我上硕士生、博士生的时候就没有。什么时候出现的呢？1992年，日本经济学家植草益的《微观规制经济学》一书出了中文版，我当时还买了一本。这本书里第一次把regulation翻译成规制，日语里有很多汉字，正规、严肃的表达都要用汉字，译为"规制"挺好的，我们拿过来就用。但是经济法学者将其误读了。《微观规制经济学》这本书里讲，规制分为公的规制和私的规制，公的规制又分为宏观政策和微观的规制，本书研究微观规制，所以不涉及宏观政策或宏观规制，经济法学者居然将此误解为宏观政策不是规制。植草益明确讲宏观政策是规制，中国经济法学者却将其演绎成宏观调控法跟市场规制法的对立、宏观调控法不是规制这样一种错误。何况呢，宏观调控法这个概念是可以成立的，但是宏观调控制度是无法从法律制度中分出来的。现在有很多学者都在讲竞争法、破产法都有宏观调控的功能，从这个意义上讲，它们也是宏观调控法。经济法学科图书的"宏观调控法"里，大多数是微观规制的内容，比如规划和产业政策、财税、金融等制度中大多数是微观的规则，不是宏观调控法。宏观调控法作为一个概念是可以成立的，但以此为标准来对法律制度进行划分是不可能的。

规制的概念引进中国以后，把相关概念搞得很乱。比方说，我们原本一直都是讲法律调整，什么叫法律调整？就是法律对社会关系加以规定，上升为权利（力）义务，通过行政执法、司法等加以保障。规制概念出现以后，出现了法律规制的说法,但是按照规制的概念,"法律规制"是不能成立的。现在大家都这样用,就算了,你就把它理解为法律调整吧,但是实际上没有"法律调整"准确。法律调整不一定是管理监督,现在越来越多的法律调整,是通过规制下相关主体的协同行动来保障法律关系的实现,经济法、行政法大多数是这样。

规制概念进来以后,又跟我们原有的一个概念产生了交集——管制。管制这个概念,中国一直以来都有的。但是很多学者翻译英文 regulation 的时候,把它翻译成管制。这有什么办法呢?也没有办法,他非要这样翻译,这样一来,管制这个词就多出了一个概念。管制概念本来是 control,硬生生又多了一个 regulation。规制是中性的,而 control 的感情色彩、价值色彩很重。规制可以有柔性的平等的一面。

另外就是规制与宏观调控的关系。我刚才讲了,宏观调控也是 regulation,货币、利率、税收、税率、财政政策等的宏观调控也是规制,符合规制的概念和要求。硬要把宏观调控与规制分开,逻辑上和实践中都是讲不通的。

然后就是规制与经济法的调整。经济法领域的法律调整,现在也常常讲经济法规制,跟刚才讲的"规制"引入之后出现了法律规制的概念是一样的。经济法规制属于法律规制,这个说法不准确,最好不要这样用。规制不仅仅在经济法领域,规制是经济法的核心、本质,但是其他法律部门也涉及规制,最典型的就是社会法。社会法分广义、中义、狭义,广义就是第三法域,狭义就是劳动法和社会保障法,中义就是经济法加上除了劳动法和社会保障法以外的其他社会法,比如说教科文卫体法。经济法以外的其他社会法领域都属于规制的范围,为什么?因为现在经济、社会、文化等,政府规制无所不在了。规制的主体是政府,是具体的行政机关,所以规制也是行政法的重要组成部分。行政法学者现在也广泛地研究规制。这就涉及行政法和经济法的关系。行政法和经济法的关系不能在范围上划分,反垄断行政执法,你说它是行政法还是经济法?从范围上划分不了。市场监督管理总局作为反垄断执法机构,它去反一个垄断,形成一个反垄断的法律关系。从行政执法这个角度,它就是行政法;从反垄断的角度,它就是经济法。所以解释行政法与经济法的关系、对其作一个划分,简而言之就是形式和内容的关系。以反垄断行政执法为例,经济法关注的是该经济关系有没有构成垄断?如果构成垄断,是什么样的垄断?应该怎么样来反?

从行政法的角度，则是这个执法的主体适当不适当？执法的程序和行为适当不适当？不适当的话，被执法的主体可以提起行政复议、行政诉讼等。所有的规制领域都是这种形式和内容的关系，所以行政法学者广泛研究规制，你不要奇怪，也不用担心行政法抢你的饭碗，为什么？因为行政法没有分则，只有总则，这是我上硕士生的时候被当时的法学大佬们牢牢灌输的一个观念。现在好多人都不懂，为什么行政法没有分则？因为现在是行政国家、规制国家，经济、社会、文化、政治所有的领域，行政和规制无所不在。如果行政法有分则，任何一个人都研究不了行政法。太复杂了，经济、社会、文化、政治包罗万象，一个人掌握不了，而且这样一来，法律部门划分也没有必要、没有意义了。所以行政法的分则就变成了其他法律部门，行政法本身事实上就没有分则了。经济的规制就变成经济法了，教育和体育的规制就成了教育法、体育法，疫苗的规制就变成医疗卫生法，等等。那有行政法学者非要研究某个分则，可不可以？当然可以！从一个人来讲，他（她）可以既研究行政法总则，又研究某一个或几个行政法分则，比如刚才举例的教育法、体育法、医疗卫生法等，这完全不矛盾，西方国家的大学教授都是这样的，想研究什么就研究什么，这与法律部门、法律关系等的划分没有关系。当然此时的行政法分则已不属于行政法了。总之，如果把行政法的分则放到行政法里，任何一个人都研究不了，行政法也没法学、没法教了。在规制时代，行政国家的时代，行政法分则成为其他法律部门的组成部分，仅剩行政的外衣还是行政法，也即行政法总则。

规制进入中国以后，形成了中国特色的规制，我想有以下几点特色。

第一是没有利益集团。正因为没有利益集团，所以政府可以内嵌于市场，不拘一格地全方位规制。现在网上把合肥市政府夸成一朵花，该市引进京东方、现在又引进了蔚来汽车，不仅提升了产业档次，创造了就业，政府通过资本运作还赚了几十上百个亿，增加了财政收入，可以说合肥市政府比一个精明的商人还厉害，你说它该不该干这个事？有利益冲突就不能干，没有利益冲突就可以干。它是为了全体合肥人民的福祉，为什么不可以干？说不可以干是没有道理的。

第二就是积极、长远的宏观调控。主要的具体表现就是规划，这已成为中国共产党治国理政的一种重要方式。规划和产业政策是不可分的。规划的规范性文件可能就叫政策，产业政策的规范性文件也可能叫作规划。2008年金融危机时，我们搞了十大产业政策，也是十大规划，两个名称是混用、不分的，当然规划的范围更宽，不限于产业和经济。我一直说，中国的产业政策与竞争政策只有协同的问题，不存在矛盾冲突。为什么？因为没有利益冲突，有党的一元化领导，可作长远打算、长远规划，超出一时一地一部分人的利益和要求。宏观调控或宏观政策其他国家也有，但是没有中国这么有特色，效果没有中国这样好。

第三是政府对经济社会的自觉、及时、有效的回应性。从中西部开发、振兴老工业基地，到扶持"三农"、脱贫攻坚取得全面胜利，以及防疫物资生产、疫苗开发，中国在共产党领导下完美诠释和实践了"广义政府、无限责任"的内在要求。

三、从"私人自治+司法"到政府尊重市场和社会基础上的事前、事中、事后全方位监管

"不管政府""无限政府"是怎么运作的呢？具体来说就是政府尊重市场和社会基础上的事前、事中、事后全方位监管，自由与规制并行不悖。我们常常讲，在私的领域、私法的领域，法无禁止即可为；在公的领域，公法的领域，法无明文不可为。这个说法对不对？前面半句对了 1/3，后面半句全错。为什么说只对了 1/3 呢？法无禁止即可为，没错，可是他在那儿为得不妥当怎么办？我又要讲储值消费老板跑路的事情，某人开一个小按摩店，这是法无禁止即可为的，但是他把消费者储值的钱卷走跑路了，你政府要不要管？必须管。这个是 1/3 要管的。其次是市场准入，负面清单外的法无禁止即可为，清单内有的禁止进入，有的须经过审批进入，那么，禁止的主体或者项目，或者需要审批、备案的没有经过审批或备案，他就在那干了，怎么办？政府当然也要管，必须管。这是我们现在的一个弱项。即使是合法准入了的，相关主体做违法乱纪、损害消费者和公共利益的事，也是不可避免的，对此政府也要管。所以说 1/3 对了，还有 2/3 没说到。各种市场操纵、欺诈、行为和主体应当变更而没有办理变更手续，等等，合法进入以后，需要政府管的情形太多了。以上是事先、事中的监管。事后监管就是一旦出了问题，比如老板跑路，政府要积极承担，第一时间进行处理，给老百姓一个说法，不能推三阻四，对老百姓的诉求和损失置若罔闻。

在公的领域，法无明文不可为这个说法之所以全错，是因为普遍的规制，宪法法律的概括授权对政府来说就是"帝王条款"，政府职责范围内的任何问题它都有权管，也应该管，否则就是失职。这也是"广义政府""无限责任"的应有之义。

四、规制时代之法治模式表达

规制时代使整个法治模式都发生了变化。过去将法治表述为有法可依、有法必依、执法必严、违法必究，现在的说法是科学立法、严格执法、公正司法、全民守法。规制时代不再是这样。这种法治表达的前提是存在可供人们遵守和严格执法的法律或法条，但此前提是不成立的。开头就讲了，规制的本质是法律概括授权之下政府自由裁量履行职责这样一种法治现象，无法套用我们曾经对法治的理解和表达。规制时代的法治模式可以有以下三个表达。

第一个表达是社会和市场充分自治，加政府指导监管，加司法审查。现代的法治要以自治为基础。社会关系、法律关系太复杂了，不以自治为基础，直接的法律调整行不通、做不到。自治，最典型的就是我经常举例的淘宝天猫平台的自治、大学的自治、住宅小区的自治，等等。电商平台每天处理成千上万的交易，"双11"什么的更是海量天文数字，溢出来需要行政调解、行政处理、法院审理的矛盾纠纷，我相信万分之一都不到吧。那么，大量的矛盾纠纷就通过自治解决了。原曾委托我做过一个项目，就是电商平台的规则和平台自治，去调查了淘宝、天猫、京东、唯品会等，一个平台的规则打印出来都有几尺厚，很复杂的。不是法律，但是通过这些规则把社会关系调整得很好。我们学校内部，班级的管理，课程的管理，教职员工和学生的管理，如果都是法律直接来调整，也是不切实际的，不啻为大炮打蚊子。所以首先要自治，基础是自治，再加上政府指导监督，比如甘肃省教育厅对兰大进行指导监督，浙江省市场监督管理局、国家市场监督管理总局对淘宝天猫进行指导监督。实在不行的，司法审查，就是诉讼，民事诉讼或者行政诉讼，当然也不排除刑事诉讼。马云和马化腾都表示过，他们要处理内部的犯罪行为，然后移交司法。

第二个表达是法律概括授权，加公私主体自由的裁量和行为，加问责制。法律对政府是概括授权，其实对我们每一个自然人也是概括的授权。怎么概括授权？权利。你的权利边界在哪？法律没有明确规定，也无法明确规定。根据你的言论自由权，你可以说哪些话、不可以说哪些话，法律没有讲，也不可能清楚地讲。在行使权利的过程中，你的行为跟其他主体发生交集，不愉快、愤怒、吵嘴打架、沟通协商、互谅互让、投诉、举报、诉讼等，有问题了，于是博弈，也不妨通过调解、仲裁、行政处理、法院审理等解决。权力、权利、公私主体自由裁量都要纳入问责制的框架，才是法治，不然社会就乱套了。问责制，可能在座的听我讲过无数遍了，总的来说就是先概括授权，确定你的权利（right）和职责（responsibility）。其次是博弈，你在自由行使自己的 right 和 responsibility 的过程中，与相关主体之间发生博弈。有人抱怨、骂你、提意见、检举控告，等等，那么 right 和 responsibility 的主体就须积极地应对、回应，认为自己对的就坚持干，认为错了那就改吧，或大张旗鼓地改，或悄悄地改，或者一边跟人家吵一边改，等等。最后加上 liability，法律责任，履行职责或行使权利不当，或经不起博弈，那就承担法律上的不利后果，停止行为、赔偿、行政处罚、拘役、有期徒刑，等等。

第三个表达是法的政策化和政策法治化。规制时代，法的政策化，出现了大量的行政立法、行政执法，规制的方法就是行政立法、行政执法，也即政策。按照传统的观念，行政立法和行政执法并不是法，而是行政。那么在规制的过程中，法通过行政立法和行政执法的灵活性、应变性，随时随地适应经济社会的要求。法的政策性也表现为传统上由议会或权力机关制定的法律趋于灵活性和变动性，法律立改废的速度和程度越来越大，法律中的宣示性条款、宗旨性条款、兜底性条款、授权性条款等越来越多。这是法的政策化。政策的法治化主要表现为政策的规范性和具体化。规范性就是表现为规范性文件。根据《中国共产党党内法规和规范性文件备案审查规定》，党组织制定的党内法规和规范性文件也要进行备案审查。也就是说，政策和法不再能够清楚区分。同时，政策越来越具体。比如关税税则每年或者每一两年、两三年调整一次，属于政策范畴，也即规制范围内的行政立法，但它非常具体，不是我们原来所说的政策弹性大、变动大、抽象、不具体。国家市场监督管理总局刚发布的《经营者集中申报审查暂行规定》也非常具体，包括其他的反垄断指南在内都属于政策，作为规制暨日常执法的依据。也就是说，法和政策（law and policy）融为一体了。

结 语

今天讲的结论就是，当代的经济社会条件决定了国家、政府必须是"不管政府"，严格执法、恪守法条的时代过去了，进入了我以上描述的动态法治时代。归根到底这是社会化及规制国家、经济国家、行政国家所决定的，是一种不以任何人的意志为转移的客观规律、客观要求。我就讲到这，谢谢大家，下面照例跟大家交流互动。

征 稿 启 事

《经济法学评论》是中国人民大学经济法学研究中心主办的学术集刊，自2000年创刊每年连续由中国法制出版社出版，2014年入选中文社会科学引文索引来源集刊 CSSCI 法学类集刊（2014-2016），此后连续入选，目前入选 CSSCI（2021-2022）收录集刊，成为弘扬中国经济法学的窗口。

《经济法学评论》以学术性为唯一评价标准，热忱欢迎经济法总论、主体制度、规划和产业法、财税法、金融法、竞争法、消费者法、对外贸易法等领域内规范且有创见的力作。来稿字数不限，尤其鼓励精辟的点睛之作以及深入、系统且富有新意的专题研究。

来稿请发至电子邮箱：yaohaifang@ruc.edu.cn、fenghui19832003@aliyun.com。投稿请以 Word 文档形式，邮件暨文档名均请按"作者+文章名"的方式标注。一个月内未收到编辑部用稿反馈的，可自行处理。本刊不允许一稿多用，相关责任由作者自负。本刊已按惯例授予数据库电子版权，凡投稿的作者视为同意本刊的授权，本刊支付的稿酬中已包含上述著作权使用费；如不同意请在投稿时注明。

来稿请附中文摘要、关键词、作者简介及联系方式等相关信息。我刊采用文内脚注，每页重新编号。

脚注格式示例如下（非直接引用请标明"参见"或"转引自"）：

著作：作者：《书名》（卷或册或版次），出版社及年，页码。如：史际春、邓峰：《经济法总论》（第2版），法律出版社2009年版，第17页。

论文：作者：《论文名》，《杂志名》年及期。如：史际春、冯辉：《"问责制"研究》，《政治与法律》2009年第1期。

译著：[国籍]作者：《书名》（卷或册或版次），译者，出版社及年，页码。如：[英]哈耶克：《立法、法律与自由》（第一卷），邓正来等译，中国大百科全书出版社 2000 年版，第 12 页。

文集：作者：《文章名》，载编辑作品编者或单位：《编辑作品名称》，出版社及年。如：冯辉：《论"经济国家"：概念、发生及其意义》，载史际春主编：《经济法学评论》（第十卷），中国法制出版社 2009 年版。

报纸：作者（或单位，或无）：《文章名》，载《报纸名》，出版时间。如：赵娟等：《预警余额宝类基金》，载《经济观察报》2014 年 2 月 24 日。

网站：作者（或单位，或无）：《文章名》，载网址链接，访问时间。如：叶檀：《优先股折射普通股民的可怜》，载 http：//blog. sina. com. cn/s/blog_ 49 818dcb0102fyjf. html，2014 年 3 月 24 日访问。

外文或其他注释采用通行惯例，标注信息务必充分，本刊统一予以编辑。

中国人民大学经济法学研究中心
《经济法学评论》编辑部

图书在版编目（CIP）数据

经济法学评论. 第 21 卷，2021 年. 第 1 辑 / 史际春主编；姚海放副主编. —北京：中国法制出版社，2023.9

ISBN 978-7-5216-3228-6

Ⅰ.①经… Ⅱ.①史…②姚… Ⅲ.①经济法-法的理论-文集 Ⅳ.①D912.290.1-53

中国版本图书馆 CIP 数据核字（2022）第 254060 号

责任编辑　周琼妮（zqn-zqn@126.com）　　　　　　　封面设计　周黎明

经济法学评论 第 21 卷（第 1 辑）
JINGJI FAXUE PINGLUN DI-21 JUAN（DI-1 JI）

主编/史际春
副主编/姚海放
经销/新华书店
印刷/北京虎彩文化传播有限公司
开本/710 毫米×1000 毫米　16 开　　　　　　印张/ 17.75　字数/ 254 千
版次/2023 年 9 月第 1 版　　　　　　　　　　2023 年 9 月第 1 次印刷

中国法制出版社出版

书号 ISBN 978-7-5216-3228-6　　　　　　　　　　　　　定价：68.00 元

北京市西城区西便门西里甲 16 号西便门办公区
邮政编码 100053　　　　　　　　　　　　　传真：010-63141600
网址：http://www.zgfzs.com　　　　　　　　编辑部电话：010-63141807
市场营销部电话：010-63141612　　　　　　印务部电话：010-63141606

（如有印装质量问题，请与本社印务部联系。）